区域经济学
学科前沿报告
2019

孙久文　夏　添◎主编

T
HE FRONTHR
REPORT ON THE
DISCIPLLNE OF
RECIONAL
ECONOMIC

经济管理出版社
ECONOMY & MANAGEMENT PUBLISHING HOUSE

图书在版编目（CIP）数据

区域经济学学科前沿报告（2019）/孙久文，夏添主编.—北京：经济管理出版社，2019.7
ISBN 978－7－5096－6738－5

Ⅰ.①区…　Ⅱ.①孙…②夏…　Ⅲ.①区域经济学—研究　Ⅳ.①F061.5

中国版本图书馆 CIP 数据核字（2019）第 146167 号

组稿编辑：申桂萍
责任编辑：刘　宏
责任印制：黄章平
责任校对：王纪慧

出版发行：经济管理出版社
　　　　　（北京市海淀区北蜂窝 8 号中雅大厦 A 座 11 层　100038）
网　　址：www. E－mp. com. cn
电　　话：（010）51915602
印　　刷：三河市延风印装有限公司
经　　销：新华书店
开　　本：787mm×1092mm/16
印　　张：16.25
字　　数：366 千字
版　　次：2020 年 6 月第 1 版　2020 年 6 月第 1 次印刷
书　　号：ISBN 978－7－5096－6738－5
定　　价：78.00 元

目　录

第一章 区域经济学学科 2017 年以来国内外研究热点综述*

2017～2018 年，国外区域经济学依旧保持区域科学的交叉性，除了在经济学框架下研究产业集聚问题，开始对古典区位论进行回顾。同时，知识网络分析、生态足迹也是当下国外区域经济学的地理学转型。我国的区域经济学进入一个新阶段，随着区域协调发展成为总领性战略，对于其理论深化和实践创新的研究如雨后春笋。本章主要介绍两部分内容：国外近年来的研究话题、方法和理论视角，我国区域协调发展理论与实践探索。后文将对这两部分进行文献支撑。

第一节 全球化下城乡发展、人口迁移与产业再布局

美国地理学家乔尔·科特金（Joel Kotkin）曾在《新地理：数字经济如何重塑美国地貌》中这样评价 21 世纪美国的经济地理格局演变："以往，企业都在邻近自然资源的地方选址，如港口、河流、煤炭或者铁矿附近。并且，对于企业而言，能够以较低的薪水招到通常没有技能的劳动力往往很重要。但是，为什么还有些人与企业迁移到荒凉的地方呢？例如，美国中西部的北部地区或者英国中部地区。在今天这个信息时代，重要的资产已不再是自然资源，而是获得高技能劳动力——尤其是科学家、工程师以及其他主导新经济的专业人士——的能力。以往，各个地区为争取企业在本地落户，竞相提供低工资、税收刺激及配套的基础设施；如今获胜者是那些吸引到主导这些公司的组成及发展的员工与投资者的地区。这一转变重新排列了美国的地理版图而且仍在继续。"[1]随着信息技术和人工智能的不断发展，传统经济格局被逐步打破，全球市场的滞后期越来越短，城市化正在改变人们的生活方式。日本著名空间经济学家藤田昌久教授曾指出，知识的交流与创造作为集聚外部性来源和经济增长的内生因素，将深刻影响知识创造社会发展及全球化进程，而人工智能将在知识创造社会成为活跃的主体，并将塑造知识创造社会的未来。人工智能

* 本文刊发于《经济学家》2019 年第 7 期，有精简。

[1] ［美］乔尔·科特金. 新地理：数字经济如何重塑美国地貌［M］. 王玉平，王洋译. 北京：社会科学文献出版社，2010：3－4.

与人类形成的竞争与替代关系将深刻影响未来的劳动力市场，促使人类的职业分工面临深刻变革，并形成基于人工智能系统的新职业内容。因此，全球化趋势下由经济要素转变带来的集聚模式的转变表现为乡村城市化、人口流动与制造业的再布局。

一、城乡发展与贫困问题

1920～1970 年是美国的新型城市化时期，这一时期美国城市人口超过 50%，大都市区逐渐替代"城市"成为美国最主要的空间载体。1910 年，仅有不到 1/3（28.3%）的人口居住在都市区，然而到了 1960 年，都市区已经拥有超过一半（55.6%）的人口，2010 年这一比例更是达到了 83.7%。去中心化是美国城市化的一个主要发展方向，2000 年以后，美国一半以上的人口住在都市区内部的郊区地带。如此高城市化率下，农村地区是否依旧存在，还是已经融入了大都市区？城乡关系问题成为高城市化率国家普遍存在的现实挑战。表 1 说明了城乡之间的互动关系，农村有市场化需求，城市有产品服务的要素需求。

表 1 城乡产品的互动关系

城市向农村提供的产品	农村向城市提供的产品
就业	劳动力
私人和公共物品	私人、公共物品以及服务交易市场
城市设施	城市设施市场
娱乐活动市场	室外娱乐
农产品市场	食品安全与安保
环境治理需求	自然环境
财产税/土地市场	居住和产业用地需求

这种城乡依赖关系在细微的尺度方面更为明显，2014 年美国县级的收入标准差要比州级水平高出 50%，而且在 2010 年之后还在不断扩大。这种城乡二元结构下，城市的扩张在理论上是有助于城乡居民的收入收敛的。那么在大都市区成为主流之后，我们应该如何定义农村呢？

美国俄亥俄州立大学的马克·帕特里奇（Mark Partridge）教授认为，应该重新定义新都市毗邻区（Ruban‑adjacent Rural），因为远郊区域通常仍独立于城市的发展，依旧靠农业来发展经济，这些地区才是农村。Rodriguez‑Poze 和 Ketterer（2012）发现，美国和欧盟西部地区的城市设施（Amenity）更发达，这是城乡的重要区别之一。对于这种分散型农村地区，基于地区的政策往往很难奏效，以人为本的区域政策更容易实施。据统计，2017 年都市毗邻区的人口规模已经达到 2611.1 万人，非毗邻区则有 1991 万人。前者的增速始终保持后者的一半水平（1990～2017 年，都市毗邻区的人口增速为 14.42%，非毗邻区为 7.25%）。此外，从就业情况来看，都市县的产业就业率普遍高于非都市县。

因此，这种以城市主导的增长验证了都市毗邻区存在的价值，通过不断的城市化来发挥集聚经济的溢出效应。对于这种相对落后地区，其政策路径应该是寻求与其他区域的合作。具体而言，商业环境维护（Business Retention）很重要，如投资环境。创业必需品（Start - up Necessity）比创业机遇（Start - up Opportunity）更为重要（Stephens and Partridge，2011；Stephens et al.，2011），如教育、企业家精神以及生活质量（Urban Amenity）。提升区域的吸引力比区域补偿政策要更具有可持续性。

贫困问题在全球范围依旧存在，并呈现出多维性、相对性和动态性，其原因主要是经济社会的发展推动人们物质生活水平的提高，基本生活标准难以满足体面的生活（Descent Living）。Oshio T. 和 Kan M.（2014）通过研究日本多维贫困（收入、教育、社会保护和住房条件）与健康水平（健康自测水平、心理压力和吸烟状况）的关系（样本量为24905 个个体）指出，多维贫困在识别健康状况不佳的个体方面具有有效性。当使用性健康和生殖健康作为健康结果时，由三个或四个贫困维度（收入、教育、社会保护和住房）联合定义的多维贫困优先于低收入和其他一维贫困类型。Nakamura S. 和 Avner P.（2018）从肯尼亚内罗毕市的工作和劳动力的空间匹配角度入手，发现仅有 10% 的工作可以与居住匹配，大多数贫困劳动力的就业机会受限。因此，发展中国家的首都（首位大城市）普遍出现卧城模式，良好的职业区位也是城市提供的设施之一。对于发展中国家的贫困研究，主要还是集中在生活成本的问题上。Gibson J. 和 Le T.（2018）还发现，大多数发展中国家缺乏空间分类的价格数据，因此他们在越南尝试了获取分类价格数据的新方法——利用本地专业知识获取 1000 多个社区中 64 种商品价格的均值和方差。通过这些价格的基本信息来计算区域生活费用指数，接着使用食品恩格尔曲线得出平减指数。

世界银行《2018 贫困与共享繁荣：拼出贫困的拼图》公布了最新的贫困线，每天生活费低于 3.2 美元代表的是中等偏低收入国家的贫困线标准，每天生活费 5.5 美元（约38 元人民币）代表的是中等偏上收入国家的贫困标准。消灭贫困的难度体现在三个方面：第一，贫困国家并未受益，在 14 个极贫困国家中，有 2/3 的国家年均收入增长率低于2% 的全球平均增长水平。第二，正如之前公布的，贫困线大幅上浮，按每天 38 元人民币计算，每人每月的最低贫困线升至 1140 元人民币，按三口之家计算，家庭月总开支为3420 元人民币。按 2018 年上半年人均可支配收入计算，仅上海、北京、浙江、天津、江苏、广东、福建、辽宁、山东这 9 个省市的人均可支配收入超过了全国平均线。第三，社会贫困线，即为保持人们在发展水平不同的国家和地区享有相同的生活服务而设立的贫困标准，普遍高于绝对贫困线。这说明，全球尺度的区域差距仍严重制约着发展中国家和欠发达地区的发展，尤其是在撒哈拉以南的非洲。因此，多维贫困将成为未来衡量真实贫困现象的主要指标，它将把农村地区的货币贫困人口、城市中的失业人口、家庭中子女数量较多的人口等考虑进去。

二、人口流动与人力资源积累

其实，人口流动也是导致贫困多样性的重要原因之一，这里主要总结人力资源积累和人才流动的趋势和机制。

Dijk J. V.（2018）发现，欧洲存在劳动力市场两极化（Polarization）趋势——中间技能水平者消失，加之高学历者的流动性和低学历者的安土重迁，因此劳动力市场存在一种职业干预（Career Intervention）——边干边学（Studying and in Employment）。那么，毕业生就会流动在大城市之间（倾向于短距离迁移），大城市面临人才积累（Brain Gain），小城市面临人才流失（Brain Drain）。

亚洲国家十分注重教育对人力资本积累的作用，尤其是中学教育。Lee 和 Francisco（2010）通过回归发现，父母教育、生育率下降、公共教育支出都提高了大学的入学率。目前，亚洲国家的教育年限增幅依旧小于发达国家，这意味着未来要花更多资金来进行人力投资。Bridgespan 集团的《美国农村的社会流动：年轻人正在攀登收入阶梯的社区的见解》报告中指出，推动年轻人收入快速增长的因素有六种：维护社区的命运共同感、把握一切机遇、获得生活技能的机遇、早期的职业规划、强大的软支持以及可选择的良好教育。

2017 年，世界银行的报告《向着机遇迁移——东南亚国家克服劳动力流动障碍》指出，1995～2015 年，东盟的区域内移民大幅增加，使马来西亚、新加坡和泰国成为区域移民中心，拥有 650 万名移民，这占到东盟移民工人总数的 96%。目前，东盟移民通常是低技能和无执照的，他们被迫寻求就业机会，主要是在建筑、种植园和家庭服务部门。但东盟经济共同体鼓励人口流动的法规仅涵盖医生、牙医、护士、工程师、建筑师、会计师和旅游专业人士这类熟练职业。这部分职业占该地区全部职业的 5%。因此，东盟的移民程序依旧存在限制性，主要是受移民涌入会对接收移民的经济体产生负面影响的观点影响。

该报告估计，减少流动障碍将改善工人的福利。如果仅针对高技能工人，则提高 14%，如果针对所有工人，则提高 29%。东南亚国家正在简化一些移民政策，比如菲律宾完善的移民劳工保障系统、柬埔寨等国简化移民手续、马来西亚修改了现有的税收政策等。总体而言，东南亚各国都在减少劳动力流动门槛，这也是其成为世界工厂的原因之一。

三、制造业再布局与协同集聚

从全球范围来看，制造业再布局开始向发展中国家进军，并呈现出以下四个特征：第一，生产活动在世界范围内更分散（Jones and Kierzkowski，2005；Fujita and Thisse，2006）。随着相关服务的成本下降，技能型工人和非技能型工人的收入差距显著，交流成本和贸易成本逐步变低。第二，生产活动在区域内更加集聚。根据新经济地理学理论，随着贸易成本的下降，产业集聚是经济活动最基本的空间形态。第三，最终产品部门及其中间产品部门会在同一区域内共生集聚（Fujita and Thisse，2013）。相较于最终产品的运输成本，中间产品的运输成本升高，商务服务具有不完全贸易性。第四，在面临巨大的经济波动时，世界范围内的生产活动布局模式（分散或者集聚）是不稳定的。21世纪初以来，随着市场主体地位的确立，我国成为全球产业再布局的代表国家（Gao X.，2018），尤其是产业转入式再布局（Relocation–in）。金融危机以来，越来越多的外国公司离开中国并迁往东南亚。根据美国跨国管理咨询公司波士顿咨询集团（BCG）的报告，2004年中国的平均直接生产成本比墨西哥低6%，但到2014年，墨西哥的生产成本比中国低4%。根据BCG的数据，目前中国的平均制造成本仅比美国低约5%，制造业相对成本的这些动态变化促使跨国公司重新评估其制造地点，导致全球供应链发生巨大变化。印度、印度尼西亚、荷兰和英国在全球制造业中占据突出地位，并被称为"区域性新星"。中国不再像过去那样具有竞争力。墨西哥重新获得了低成本制造优势，可以为美国消费者生产产品。因此，中国的制造业面临着巨大的压力，一方面市场从外贸转向内需，另一方面技术升级和人力资本积累也迫在眉睫。

共生集聚是产业对之间两两集聚的现象，并形成制造业—服务业共生集聚的模式。Billings S. B.和Johnson E. B.（2012）先后对服务业、制造业单独和相互做了集聚测算，发现前者中的生活性服务业存在与制造业共生集聚的情况。Ellison G.等（2010）构建了共生集聚指标来对美国制造业的共生集聚水平（用工厂层面数据）进行测算，并检验了马歇尔外部性的三个来源（劳动力市场池、投入产出品共享和知识溢出）对其的贡献水平。其结论既具有一般性——投入产出品共享最显著，也具有产业差异性——对于产品运输成本低的产业，劳动力市场池更显著。Faggio G.等（2017）沿用E–G指标，对英国的上班区域（TTWA）的产业共生集聚水平进行测算，并用马歇尔外部性的三大来源进行回归。其考虑产业异质性，即将企业按照产业的年龄（新旧）、科技水平、劳动力教育水平、产业组织结构（市场内外企业数量）等标准，分别考察了产业共生集聚的异质性。Strange W.（2018）利用同样的数据库对97个产业进行分析，检验结果显示企业邻近、产业动态性、在市企业规模和工人教育水平都是影响共生集聚的异质性因素。

第二节　古典区位论的复兴与现代集聚理论的反思

古典区位论指的是以生产活动为研究对象，以收益最大化为目标，可静态优化的区位理论，其特点是坚持要素的不完全流动性、经济活动的不完全可分性和商品劳务的不完全流动性。这一理论对于早期城市的形成和发展具有启蒙作用，尤其是工业区位论。现代集聚理论起源于马歇尔的外部性，并被拓展成劳动力池、中间产品共享和知识溢出。本质上讲，马歇尔外部性又称为外部经济，是由产业中相似企业不断集聚而形成的规模报酬递增。之后，随着不同产业企业的集聚现象的出现，雅各布斯外部性出现。最终，产业集群带来区域竞争力的提升，这是波特外部性的要义所在。随着集聚经济理论的不断成熟，它与现实的距离不仅表现在行业的更新，而更多的是空间尺度上的混乱，因此有人提出"韦伯与格莱泽谁是对的"这一命题。

一、传统空间布局理论的承袭与整理

阿尔弗雷德·韦伯曾经这样定义过区位：对于一个具体的厂商而言，区位数值也是具体的，而这些权重数值却可以通用于生产同类产品的厂商。当每个厂商都有原材料来源以及他们所服务的市场，那么区位数字代表了一个厂商所服务的范围以及采购原材料的地方。通常工业区位论被图形化为区位三角形，那么厂商布局成为一个三角形求重心的问题。从发展阶段来看，区位三角形先是一个纯数学问题（非加权），之后逐步开始考虑距离权重，然后发展成 Simpson（1750）的流学理论模型，物理模型的引入是在 1687 年（Varignon），真正成为城市经济学模型是 1872 年（Launhardt）。

从更宏观的角度来看，区位论包括了农业区位论、工业区位论、市场区位论和新经济地理学。杜能（1826）最早注意运输成本，他发现离消费市场距离的远近对农作物的布局有重大影响，他计算出各种农作物组合的最合理的分界线，并将农作物组合按运输成本划分成六个同心圆状的农业圈。韦伯（1909）开创性地分析了区域间、国家间的经济区位，认为理想的厂商区位是生产和分配过程中所需运输里程最短和货物重量最少的地点。他在运输费用之外又增加了劳动费用和聚集因素，并由上述三者决定的最小成本作为厂商最优区位的标准。霍特林（1929）发展了企业间空间竞争理论，重点分析了在线性市场上的企业之间的区位竞争。然而，韦伯以后的区位理论研究者发现，最小生产成本不能最终确定企业的最优区位，成本最低也不意味着利润最大化。这样，他们创立了以利润最大化为原则、以市场规模为中心的区位理论。克里斯泰勒（1936）认为，高效的物质生产和流通的空间结构是以城市为中心的多级市场区构成的网络体系。廖什（1938）进一步发展了区位理论，解释了为什么区域会存在，定义了依赖于市场区以及规模经济和交通成本之间关系的节点区。这不仅使区位分析由单纯的生产扩展到市场，而且开始从以单个厂商为主扩展到整个产业。

区位理论研究的宗旨是为不同企业和部门寻找最佳的生产区位，使得企业或部门最大限度地降低生产成本，实现利润最大化，然而该理论存在很大的局限性。一是该理论以新古典的完全竞争理论为基础，认为市场是完整的，不存在不确定性，因而不存在实现交易所需的信息搜寻费用，同种同质产品的价格差只因运输成本而产生。然而，市场实际上并不是完整的，存在许多不确定性，因此不同市场之间的商品价格差，不仅要考虑运输成本，还要考虑对不确定性的贴现。二是传统区位理论的分析方法是局部均衡方法，是静态的方法。这种分析方法试图寻找一种力的平衡点并在这些平衡点上配置厂商，然而这种平衡以单个厂商经济行为为基础，忽略了其周边经济活动所产生的一系列影响，尤其是忽略了通过产业链或技术溢出表现出的经济活动间的相互依赖、相互制约关系。三是传统的区位理论只注重运费或劳动力费用等经济因素，忽略了制度、技术创新以及经济政策等的作用。

集聚理论最早的原型是马歇尔外部性，后来加入雅各布斯外部性之后形成了城市经济理论，即本地化经济和城市化经济。关于二者相对优势的一些事实存在矛盾：集聚经济的实证研究主要是在做纯密度机制的分析，其实就是将其归为两种舒适性福利效应，一方面实证研究很强调高生产率集聚的结构问题，另一方面作为市场的城市集聚其实是在有限的空间内提供大量的消费可能性。Puga（2010）总结了集聚经济的各种来源及其比较优势，来源主要有三种：一是由随机机制或比较优势决定的超越阈值的生产集聚机制；二是工资和收入的空间分布；三是生产率的结构性空间变量。文献主要是关注以生产为导向（企业）的集聚经济，但其实最近以消费为导向的外部性对城市本地优势的影响更大。Glaeser 等（2001）发现消费外部性对经济增长具有三方面的间接影响：一是高（Amenity）城市高增速；二是高地租高增速；三是反向流动的兴起。更靠近一个多样化且广泛的消费组合能够解释其微观机制，Oner（2017）发现在大都市市场内更靠近商店将会提高都市区的吸引力，但大都市的农村地区就不存在这种效应。

二、集聚经济下的尺度挑战

对于空间尺度问题的研究，关键是为了解决空间政策精准性的问题。空间尺度或者区域规模，是一个区域系统。如果我们把地球表面看做一个整体，它按照一定的标识不断分解成为一个一个的部分，就是区域。同理，如果我们把全国看做一个整体，它不断分解出来的部分，就是区域。区域具有层级性，空间的尺度是衡量的标准之一。例如，我们现在有很多区域规划，西部大开发规划、东北振兴规划、中部崛起规划，涉及的空间范围有几十万到几百万平方公里；而类似国家级新区规划、自由贸易区规划、承接产业转移示范区规划等，一般是几百公里到几千平方公里，空间尺度的巨大差异给我们的印象深刻。

区域的空间尺度决定了其规划的性质。就其对应的空间政策而言，可分为空间中性政策与基于地区政策。前者是对国家—区域尺度上的特殊区域做出政策倾斜，旨在改善整体福利水平；后者则侧重城市圈—都市区尺度上的要素集聚，旨在提升城市群的竞争力，二者的结合使得我国经济地理格局呈现"大分散、小集聚"的特征。

随着交通和通信技术的快速发展，空间尺度问题是区域经济学和经济地理学研究的一大议题。区域经济学和经济地理学学者都主张垂直嵌套式的尺度关系，城市经济学学者则主张资本循环下政府自主选择式的尺度关系，社会学者更倾向于社会资本的网络化的尺度关系（贺灿飞和毛熙彦，2015）。它们与空间经济理论形成三种空间尺度架构思路：自上而下的政府分级分权、自下而上的企业集群溢出和平行网络化的多点成面。

我国区域经济自产生以来，其协调性的问题始终困扰着我们。其一，传统行政区经济的影响深远，致使政策寻租难以用市场化手段来抵消；其二，东中西部地区的发展阶段差异随着交通基础设施一体化水平的提高正在缩小，南北经济增速差距成为国家—区域尺度上的一大问题；其三，城市区域化趋势下城市群的空间集聚对空间尺度提出新的要求，新尺度无疑应优化经济的空间格局。

空间尺度的重要性何在？辛普森悖论（Simpson's Paradox，1951）就指出数据的合并有可能导致相反的结论。这表明，研究大尺度问题时，对空间异质性的讨论通常是不可避免的。当然，空间异质性又将尺度问题简化成区位问题，即假设不同区位的空间单元结构是不同的。

一以贯之的空间范式并不能解释所有集聚效应（Mori and Smith，2015），集聚在空间范围内是存在尺度衰减效应的（Ciccone，1998；Rosenthal and Strange，2003），但空间尺度与集聚机制的相互关系尚不明晰。因此，应通过实证寻找尺度重构的标准以及其他理论关于尺度重构的新思路。在实证研究中，厂区尺度（Establishment）成为较新的一个尺度，其集聚形式为共生集聚（Co‐agglomeration），发生空间范围接近于中国行政区划中的街道。城市尺度的研究对象主要是市域范围内的建成区以及城市群里的中心城市，国家—区域尺度则对应区域化的城市群和大都市区。

第三节　区域协调发展理论深化与创新

一、区域协调发展的理论阐释与结果评价

（一）区域协调发展的理论内涵

马克思主义经典理论当中，对协调发展的思想较早就有阐述。《资本论》第一卷专门有一章论述了"协作与分工"的问题。毛泽东主席在"论十大关系"一文中，重点阐述了如何正确处理沿海与内地的关系问题。邓小平同志在 20 世纪 90 年代初的南方谈话中，提出"两步走"方针，阐述了沿海地区与内地互相帮扶的基本路线。习近平总书记多次强调区域协调发展的重要意义，提出了京津冀协同发展、雄安新区等重大战略，使区域协调发展的理论与实践更好地结合起来。

关于区域协调发展的具体内涵，国内学者有较多深入的研究成果。范恒山、孙久文（2012）认为，以人为本是区域协调发展的核心，全面协调可持续是基本要求，统筹兼顾是实现协调的基本方法。覃成林（2011）认为，区域协调发展是在区际相互联系这一前提下，区域经济联系日益紧密，区域分工更加合理，区域间社会经济发展差距逐渐缩小并收敛的过程，其特征为：区域经济联系日趋紧密，区域分工更趋合理，区域经济社会发展差距减小，整体经济效率持续增长。张可云（2007）指出，区域协调是国内不同区域走

向或趋于理想均衡状态的过程。郝寿义（2007）认为，区域协调发展是区域经济高效增长、区域差距合理并逐步收敛，经济分工趋向合理，区域间经济开放程度较高、交往密切、经济互动为良性、正向积极促进的一种状态和形成这种状态的过程。安虎森（2012）认为，区域经济协调发展的实质是区域经济差距保持在合理区间内。

（二）区域协调发展的结果评价

1. 区域协调发展的评价标准

学术界对区域协调发展的评价目前主要体现在以下七个方面：第一，地区经济是否持续发展（覃成林，2011）；第二，区域差异是否控制在合理限度内（覃成林，2011）；第三，区域经济联系是否密切（覃成林，2011）；第四，地区公共产品是否均衡（陈栋生，2005）；第五，区域分工是否合理，协作情况如何，是否存在非市场壁垒（国家发改委宏观经济研究院，2003；陈栋生，2005）；第六，城乡收入和生活水平是否一致，政府区域管理制度与规则是否完善（国家发改委宏观经济研究院，2003）；第七，地区保障程度是否协调（国家发改委宏观经济研究院，2003）。

2. 区域协调发展的评价方法

区域协调发展的评价方法主要集中在区域差异测度标准可分为绝对差距和相对差距的评价，其中绝对差距可用标准差、极差、平均差测度，相对差距可用变异系数、泰尔指数、基尼系数、相对极差等方式测度，Williamson（1965）在此基础上构建了具有综合测度功能的变异系数。对于区域空间互动的测度可通过多层次空间互动模型（简称DS模型）来进行。

20世纪60年代以来，国外学者研究区域依赖和相互关系时主要使用重力模型、投入产出分析框架和一般均衡（CGE）模型。其中，重力模型应用最广，投入产出分析框架越来越被广泛应用，CGE模型因自带缺陷，没有被广泛应用。国内学者对于区域之间联系的研究主要通过引力模型来进行，投入产出分析也越来越受到重视（石敏俊，2006）。

国内测度区域协调发展的方法前期主要有比例定义法、关联法、功效系数法，后来国内学者引入模糊数学、灰色理论等，如覃成林（2011）利用模糊数学隶属度方法构建了区域协调度衡量函数，将区域协调实测值与期望值进行比较来发现区域协调度。区域协调发展测度的其他方法有主成分分析法（高新才，2010）、AHP方法（吴殿廷，2007）、因子分析、协调度模型和GIS空间自相关分析、ESDA方法等。

二、区域协调发展的主要阶段和当前特征

中国共产党在领导人民建设社会主义现代化强国的过程中，对经济社会发展的主要矛盾的认识，是随着经济社会发展的形势而不断深化的。回顾我国经济社会主要矛盾的三次转变，区域发展战略都进行了重大的调整：①新中国成立之后，中央提出"先进工业国与落后农业国之间的矛盾"，区域发展战略的重点是沿海与内地关系的调整和加快内地的

工业发展；②改革开放之后，中央提出"人民日益增长的物质文化需要同落后的社会生产力之间的矛盾"，区域发展战略随之调整为向沿海倾斜的率先发展战略，进入21世纪以来又调整为涵盖四大板块的区域发展总体战略；③党的十九大之后的新时代，中央提出"人民日益增长的美好生活需要和不平衡不充分的发展之间的矛盾"，区域发展战略调整为以区域协调发展为引领的新战略。

研究我国区域协调发展战略的形成过程，我们将其划分为三个阶段：1995～2003年、2004～2012年、2013年至今。其中，第一阶段是改革开放初期，我国受到国际产业转移的影响，东部与中西部差距逐步拉大的阶段，这也是区域协调发展战略正式提出前的一段时期；第二阶段是区域协调发展提出之后的一段时期，东北、中部均有比较快的发展速度，区域协调发展战略作用明显；第三阶段是三大战略统筹时期，国家相继提出京津冀协同发展、长江经济带发展和"一带一路"倡议，区域协调发展战略的统领地位开始显现，整个国家的区域发展格局开始由条块转为东中西联动。通过历史纵向视角研究区域协调发展战略的演变历程，进而展望我国区域协调发展未来的发展方向。

新时代区域协调发展的空间特征包括区域经济新格局和新形态、区域政策新内容和区域发展新方向。首先，新时代我国区域经济格局呈现出如下特征：第一，多支点、轴带经济和网络化发展。多支点主要表现在我国21个城市群规划相继出台，东部地区的京津冀、长三角、珠三角城市群继续提升，中部的中原城市群和长江中游城市群日渐成熟，东北中部城市群开始复苏，位于西部地区的成渝城市群、黔中城市群、滇中城市群、藏中南城市群、天山北坡城市群、兰州—西宁城市群、宁夏沿黄城市群和关中城市群八个城市群有较大的发展。城镇化作为重塑我国经济地理的主要动力，不断平衡我国的区域经济发展格局，拓展我国经济发展空间腹地，为我国宏观经济增长找寻新的空间动力。第二，轴带经济表现在"一带一路"倡议、京津冀协同发展和长江经济带发展战略的实施，以交通轴线来辐射我国区域是产业转移最有效的形式，也体现了我国经济增长的包容性和共赢性，还体现了我国对于区域生态环境共治的重视，经济发展不再以资源环境为代价，可持续发展理念将贯穿我国的协调发展历程。第三，网络化发展则体现在我国城市之间的空间、产业、经济多重联系的增多，尤其是在高速铁路开通之后。时空距离的收缩加快了中西部地区的发展脚步，也推动东部经济的转型升级。

其次，2017年以来，我国出台了三个具有代表性意义的区域发展战略——雄安新区、粤港澳大湾区和上海自由港，这分别对应了我国三大城市群的未来发展方向，展示出区域发展的新形态。雄安新区作为继深圳、上海浦东之后的又一个国家级新区和改革试点区，与京津冀协同发展战略是一脉相承的，更加具有特殊的行政地位和专门的制度设计，未来将成为北方改革试验田。粤港澳大湾区既是在之前珠三角城市群核心区基础上进行构建，又将香港和澳门的发展纳入统一框架，深刻体现"不同的社会制度，同样的发展目标"这一核心目的。上海自由港则是仿照香港之前的做法，将上海自由贸易区进行全面升级，在功能上更加凸显航运和贸易中心的作用，从而成为长三角经济转型升级的重要引擎。

再次，长期以来，我国区域经济政策是基于地区而制定的，过大的空间尺度的划分，导致区域经济政策的执行力大打折扣。同时，区域经济政策与省、市、县的地方发展政策存在重叠和冲突，政策评价机制和反馈调整机制的构建十分困难。新时代区域政策的新方向是区域政策的精准化和长效化，是未来研究探索区域政策的主要方向。

最后，党的十九大召开以来，区域协调发展已经从一个空间发展过程上升到了我国区域发展的纲领性战略，内容极大丰富。主要包括：①特殊区域发展战略，重点解决区域援助问题；②"四大板块"战略，重点解决国土全覆盖与板块协调发展问题；③经济带发展战略，解决加强区域协同、创新和经济联系问题；④城市化战略，解决区域发展的带动与承载问题；⑤问题区域战略，解决资源枯竭地区和衰退地区的发展问题；⑥陆海统筹战略，解决建设海洋强国问题。

三、新时代区域协调发展的重大问题

新时代我国区域协调发展存在五个重大问题：区域发展不平衡、城乡发展不平衡、区域间产业发展不充分和产业转移受阻、区域政策体系不完善、资源型地区和特殊类型地区发展存在瓶颈。

第一，区域发展不平衡表现在六个方面，分别是地区、城乡、人均差异导致的社会失衡，动力转换及创新不足的经济失衡，产能过剩与产能不足的结构失衡，高速工业化与生态约束的环境失衡，胡焕庸线与快速城镇化的空间失衡，分税制与绩效考核的管理失衡。

第二，城乡发展不平衡表现在六个方面，分别是以人口城市化为导向的人口结构失衡，以城市扩张、农村萎缩为主的空间失衡，以农村承接传统制造业转移为主的产业失衡，城乡管理体制分割的制度失衡，忽视小城镇过渡作用的城镇体系失衡，将城乡关系对立的城乡关系失衡。

第三，区域间产业发展不充分和产业转移受阻表现在六个方面，分别是人均生产力水平低、土地财政的不可持续、产业供给质量不高（供给侧改革压力大）、高强度的投资拉动、创新驱动力弱（产业链短）以及市场经济活力不足。

第四，区域政策体系不完善表现在四个方面，分别是以海陆距离为标准的区位导向导致内地缺乏吸引力，地带、板块、城市群、省区之间的尺度重叠导致的政策重复，区域协调发展的利益分配机制、合作发展机制缺失，政策实际操作效果不佳引发的政策失灵。

第五，资源型地区和特殊类型地区发展存在四个问题，分别是基础设施缺乏和基本公共服务不完善，制约地方经济发展；产业基础薄弱，难以发挥本地优势；经济制度单一，缺乏灵活有效的市场机制；资源环境的路径依赖较强，经济活动对生态环境产生负效应。

综上所述，新时代我国区域协调发展的问题可归纳为五个方面，从区域、城乡、产业、政策体系和特殊地区五个维度展开论述，主要总结五个方面的现状特征和存在原因（制约因素），以期能通过构建现代化经济体系和区域政策精细化来解决。

第四节　中国特色区域经济学理论体系

一、区域协调发展理论

实行改革开放以后，中国区域经济从均衡发展模式向非均衡发展模式转变，东部沿海地区，尤其是从珠三角到长三角再到环渤海地区取得了长足的发展，初步完成了邓小平同志"两个大局"构想的第一个大局。东部地区拥有先天的区位优势和经济基础，但更重要的是东部地区具有政策优势，尤其是让一部分地区先富起来的指导思想的确立和优先发展东部沿海地区的发展战略的实施，使得包括大量外资在内的各类生产要素向东部聚集，推动了东部地区的产业集聚和经济增长，导致了东部地区经济的"隆起"。与此相反，中西部地区在经济总量、人均收入、结构提升等方面都明显滞后于东部地区，成为我国经济发展相对滞后的地区。1986~1995 年，东部地区工业总产值所占比重由 1985 年的 60.3%提高到 1995 年的 66.0%，而中西部地区工业总产值所占比重分别由 1985 年的 27.2% 和 12.5%下降至 1995 年的 23.8% 和 10.2%；东部地区国内生产总值在全国所占份额，由 1980 年的 52.3%提高到 1993 年的 60.1%，而中西部地区分别由 31.2% 和 16.5%下降至 26.8% 和 13.1%。这意味着实施"两个大局"发展构想所提出的第二个大局的时机已经基本具备，要开始着手解决区际发展差距问题。中共中央制定"八五"计划时已经意识到解决东西部发展差距的重要性，提出了"充分发挥各地优势，促进地区经济合理布局和协调发展"的方针；1995 年 9 月中共十四届五中全会及之后制定的"九五"计划和 2010 年远景目标纲要，首次提出了"区域经济协调发展"的概念，系统阐述了此后 15 年国家的区域经济协调发展战略；"十五"计划进一步强调了东部沿海地区的发展和"实施西部大开发，促进地区协调发展"；"十一五"规划强调了协调发展和建立和谐社会的战略目标；"十二五"规划又把主体功能区战略上升为国家战略。至此，我国区域协调发展理论框架已经形成，其基本内涵包括区域协调发展的价值取向为效率优先、兼顾公平，区域协调发展要发挥各自比较优势，实行区际合作与优势互补，而其核心是适度倾斜与协调发展的结合。适度倾斜与协调发展相结合是指，"遵循区域经济发展不平衡规律，重点推进生产力空间布局，保证整个国民经济较快地发展，又按照可持续发展的要求，协调区际经济关系，充分发挥各地优势，实现区域经济共同发展"。

要实施"两个大局"发展构想所提出的第二个大局，扭转中国区域经济发展失衡的局面，实现区域经济协调发展，则必须要调整当时的区域经济发展战略，为此，中央提出了以西部大开发、振兴东北老工业基地、促进中部崛起、东部地区率先发展为主要内容的"四大板块"战略，党的十八大以来，以习近平同志为核心的党中央又提出了"一带一路"倡议、长江经济带建设和京津冀协同发展为主要内容的"三个支撑带"战略，形成了东中西互动、优势互补、相互促进、共同发展的新格局。西部大开发战略，以促进国民经济持续快速健康发展，实现中国现代化第三步战略目标，促进区域经济与社会协调发展，逐步缩小区际发展差距，实现各地的共同繁荣为主要目标。东北老工业基地振兴战略，以着力推进体制和机制创新，形成新的经济增长机制，推进产业结构优化升级，提高企业的整体素质和竞争力，坚持统筹兼顾，实现老工业基地经济和社会全面、协调和可持续发展为主要目标。中部崛起战略，以实现地区经济发展水平显著提高，发展活力进一步增强，可持续发展能力明显提升，和谐社会建设取得新进展为主要目标。鼓励东部率先发展战略，以提高自主创新能力，实现经济结构优化升级和增长方式转变，完善社会主义市场经济体制，发挥全国经济的带动作用为主要目标。在新时代，以习近平同志为核心的党中央正统筹实施"四大板块"和"三个支撑带"战略组合，即积极推进"四大板块"战略的同时，把"一带一路"建设与区域开发开放结合起来，加强新亚欧大陆桥、陆海口岸支点建设；推进京津冀协同发展，在交通一体化、生态环保、产业升级转移等方面率先取得实质性突破；推进长江经济带建设，有序开工黄金水道治理、沿江码头口岸等重大项目，构筑综合立体大通道，建设产业转移示范区，引导产业由东向西梯度转移。

二、新型城镇化与区域经济一体化

中国特色的社会主义城乡关系理论，提出了不同于西方发达国家城镇化理论的新型城镇化理论。城镇化是指由技术进步和生产力发展导致的分散居住在农村区域的农业人口转变为集中居住在非农村区域的非农人口，传统的乡村社会转变为现代城市社会的历史过程。改革开放后，我国的城镇化获得了快速发展，我国年均城镇人口增长率为1.02%，2014年我国城镇人口已占总人口的54.77%。2010年，"中央一号"文件提出要积极稳妥地推进城镇化，提高城镇规划水平和发展质量，以加强中小城市和小城镇发展作为重点，大力发展县域经济，提高城镇综合承载能力，吸纳农村人口加快向小城市集中；《中华人民共和国国民经济和社会发展第十二个五年规划纲要》提出坚持走中国特色城镇化道路，科学制定城镇化发展规划，促进城镇化健康发展；2013年中央城镇化工作会议提出，推进城镇化的主要任务为推进农业转移人口市民化，提高城镇建设用地利用效率，建立多元可持续的资金保障机制，优化城镇化布局和形态，提高城镇建设水平，加强对城镇化的管理。在此基础上，2014年3月，国务院印发了《国家新型城镇化规划（2014—2020年）》，强调了走中国特色的新型城镇化道路，全面提高城镇化质量。这样初步形成了不同于发达国家的我国独特的新型城镇化理论框架。新型城镇化是指以城乡统筹、城乡一体化、产城互动、节约集约、生态宜居、和谐发展为基本特征的大中小城市、小城镇、新型农村社区协调发展、互促共进的城镇化。新型城镇化就是把过去片面追求城市规模扩张、空间扩张改变为以提升城市的文化、公共服务等内涵为中心，真正使城镇成为具有较高品质的适宜人居之所。

区域经济一体化是一国经济发展中必然经历的过程，也是全球经济发展和经济空间作用的必然结果。区域经济一体化已成为世界经济发展的主要趋势，目前，世界上已有100多个区域经济一体化组织，140多个国家或地区参加一体化组织。在新常态下，无论是国内的区域经济一体化还是积极参与全球的区域经济一体化对中国都有积极的影响。

区域经济一体化的雏形可以追溯到1921年，当时的比利时与卢森堡结成经济同盟，后来荷兰加入，组成比荷卢经济同盟。1932年，英国与英联邦成员组成英帝国特惠区，成员彼此之间相互减让关税，但对非英联邦成员的国家仍维持着原来较高的关税，形成了一种特惠关税区。中国在区域经济一体化方面做出了巨大努力，分别从国内和国际两个方面积极推进经济一体化进程。

国内区域经济一体化是从改革开放以后逐渐兴起的，开始是珠江三角洲一体化，后来是长江三角洲一体化，再后来是环渤海特别是京津冀一体化。目前，国内明确提出建设经济一体化的地区包括辽中城市群、中原城市群、成渝城市圈、长株潭城市圈、武汉城市圈、呼包鄂城市圈、长吉图开发开放区、海峡西岸经济区等，几乎所有的省份都参与到区域合作与一体化建设的大潮之中。但除了珠三角、长三角、长株潭和辽中城市群一体化建设效果较好以外，其他的一体化都推进缓慢，效果有待显现。改革开放以来，我国经济开放程度不断加大，国内经济获得了快速发展。与此同时，我国不断探索区域经济一体化发展的新路径、新实践，建立了保税区、保税港区、保税物流园区等对外贸易优惠区域，加快了我国与世界经济一体化发展的步伐。目前中国在建自贸区19个，涉及32个国家或地区，其中已签署自贸协定14个。

自由贸易区是目前我国参与区域经济一体化的最新形式。自由贸易区通常指两个以上的国家或地区，通过签订自由贸易协定，相互取消绝大部分货物的关税和非关税壁垒，取消绝大多数服务部门的市场准入限制，开放投资，从而促进商品、服务和资本、技术、人员等生产要素的自由流动，实现优势互补，促进共同发展。有时，它也用来形容一国国内一个或多个消除了关税和贸易配额，并且对经济的行政干预较小的区域。国务院已于2013年9月批准了中国（上海）自由贸易试验区的建立，2014年12月批准了天津、广州、福建三个自由贸易试验区的建立，2017年3月又批准建立辽宁、浙江、河南、湖北、重庆、四川、陕西七个自由贸易试验区。中国（上海）自由贸易试验区（简称上海自贸试验区），总面积为28.78平方千米，范围涵盖上海市外高桥保税区、外高桥保税物流园区、洋山保税港区和上海浦东机场综合保税区四个海关特殊监管区域。2014年12月，全国人大常委会授权国务院扩展试验区区域，将面积扩展到129.72平方千米。上海自贸试验区的主要任务是探索中国对外开放的新路径和新模式，推动加快转变政府职能和行政体制改革，促进转变经济增长方式和优化经济结构，实现以开放促发展、促改革、促创新，形成可复制、可推广的经验，服务全国的发展。建设上海自贸试验区有利于培育中国面向全球的竞争新优势，构建与各国合作发展的新平台，拓展经济增长的新空间，打造中国经济"升级版"。

改革开放以来，我国在推进区域经济一体化方面取得快速发展的成功经验可以归结为两点：一是立足我国国情和自身发展的阶段性需要；二是适应国际形势变化，善于抓住外部机遇。当前，尽管国际金融危机和欧债危机给我国外贸出口造成较大困难，但经济全球化的深入发展和国际产业分工转移的大趋势没有改变，我国经济发展仍处在重要战略机遇期。因此要抓住机遇，加快区域经济一体化进程。

首先，在国内经济一体化方面，一是取消地方保护政策以鼓励资源自由流动，从而促进国内商品市场的统一，降低由于人为因素造成的区域贸易障碍；二是继续加大对交通运输、邮电通信等基础设施的投入，努力克服由于交通不便或信息受阻造成的区际交易高成本状况，为便利区际商品流通和信息传递创造良好的条件；三是加大产业转移和财政转移支付力度，促进区域经济协同发展。

其次，在对外贸易方面，一是促进外贸发展从规模速度到质量效益转型，把着力点转移到提升综合效益上来；二是促进外贸发展从外生动力到内生动力转型，从依靠外部资本、外部产业的投入拉动外贸，转向培育内生主体和产业，使其逐步成为我国进出口的骨干力量，降低对外贸易增长的外部依赖；三是促进外贸发展从市场广度到市场深度转型，注重在全球消费者心中树立良好的中国制造形象。

特别要强调的是我国提出的"一带一路"倡议。该倡议是我国扩大开放、推进世界全球一体化的重大举措，它将充分依靠我国与有关国家的双边、多边机制，借助既有的、行之有效的区域合作平台，高举和平发展旗帜，积极发展和沿线国家的经济合作伙伴关系，共同打造政治互信、经济融合、文化包容的利益共同体、命运共同体和责任共同体。

三、国家治理体系与经济体制改革

新常态下，市场是推动区域经济发展的主要力量，而发挥市场机制作用需要一定的社会环境和一定的体制机制。过去中国区域经济发展存在一些问题，原因在于没有健全体制机制，市场发生扭曲。在新的历史条件下，要注重加强体制机制的建立和完善，为市场在资源配置中发挥决定性作用奠定制度基础。为此要做好以下几方面工作：

一是清晰界定各级政府在区域发展中的权责利关系，建构新型区域治理框架。中共十八届三中全会明确提出"推进国家治理体系和治理能力现代化"，党的十九大报告进一步明确目标，从 2020 年到 2035 年，国家治理体系和治理能力现代化基本实现，从 2035 年到 21 世纪中叶，实现国家治理体系和治理能力现代化。在区域发展的国家治理体系中，中央政府负责协调全国各地的发展，援助问题区域，拥有制定和监督执行相关法律法规、战略规划的权力；地方各级政府负责推动当地发展，协调自身内部发展，拥有制定和监督执行相关条例、规划、政策的权力。要规范垂直管理部门和地方政府的关系，在确保中央统一领导、政令畅通的前提下，强化地方政府的管理责任。

二是完善财政税收制度，理顺中央和地方财政关系。中共十八届三中全会明确提出"深化财税体制改革""建立现代财政制度，发挥中央和地方两个积极性"；党的十九大报告进一步提出"健全财政、货币、产业、区域等经济政策协调机制""加快建立现代财政制度，建立权责清晰、财力协调、区域均衡的中央和地方财政关系"。为此要做到税政统一，确保中央对中央税、共享税以及具有重要宏观经济影响的地方税的立法权、开征停征权、税目税率调整权、减免权等不受侵犯。健全公共财政体制，明确各级政府财政支出责任，完善中央和地方政府间的转移支付制度。

三是完善资源管理体制，推进资源价格改革。中共十八届三中全会提出的"加快自然资源及其产品价格改革，全面反映市场供求、资源稀缺程度、生态环境损害成本和修复效益"，党的十九大报告提出的"设立国有自然资源资产管理和自然生态监管机构""统一行使全民所有自然资源资产所有者职责，统一行使所有国土空间用途管制"和"构建国土空间开发保护制度"，为完善资源管理体制和推进资源价格改革指明了方向。为此，一要改革资源管理体制，明晰资源要素产权，健全资源有偿使用制度；二要加快建立能够反映资源稀缺性、市场供求状况和环境代价的资源价格体系和价格形成机制，排除各级政府对资源性产品价格形成的不合理干预；三要完善征地制度，建立城乡统一的建设用地市场，切实保障农民的土地权益，发挥市场在配置土地资源的决定作用，通过市场机制提高土地资源的利用效率。

四是改革户籍及相关社会福利制度，加快建设全国统一要素市场。一要进一步改革户籍制度，扩大教育、医疗、社会救助等基本公共服务均等化的覆盖范围，提高社会保障体系的统筹层次；二要打破劳动力市场地域分割，废止劳动力就业的各种歧视性规定，为劳动者提供公平就业机会，促进劳动力流向资源环境承载力更大的地区；三要清除阻碍资本要素流动的各种障碍和壁垒，促使资本要素流向高回报率地区。

参考文献

［1］Takashi Oshio and Mari Kan. Multidimensional Poverty and Health：Evidence from a Nationwide Survey in Japan［J］. International Journal for Equity in Health, 2014（13）：128.

［2］Shohei Nakamura, Paolo Avner. Spatial Distributions of Job Accessibility, Housing Rents, and Poverty in Nairobi, Kenya［R］. World Bank Policy Research Working Papers, 2018.

［3］John Gibson and Trinh Le. Improved Modelling of Spatial Cost of Living Differences in Developing Countries：A Comparison of Expert Knowledge and Traditional Price Surveys［R］. Working Papers in Economics University of Waikato, 2018.

［4］Jouke van Dijk. Human Capital, Regional Economic Development and Inequality［A］//65th Annual Meetings of the NARSC［C］. San Antonio：North American Meetings of the Regional Science Association International, 2018.

［5］Patrick M. Schirmer, Michael A. B. van Eggermond and Kay W. Axhausen. Native – Immigrant Differences in Inter – firm and Intra – firm Mobility – Evidence from Canadian Linked Employer – Employee Data［J］. The Journal of Transport and Land Use, 2014, 7（2）：3 – 21.

［6］Jong – Wha Lee, Ruth Francisco. Human Capital Accumulation in Emerging Asia, 1970 – 2030［R］. Asia Development Bank Working Paper Series, 2010.

［7］Tomoya Mori, Koji Nishikimi and Tony E. Smith. The Number – average Size Rule：A New Empirical

Relationship between Industrial Location and City Size [J]. Journal of Regional Science, 2010, 48 (1): 165 – 211.

［8］Stephen B. Billings, Erik B. Johnson. A Non – Parametric Test for Industrial Specialization [J]. Journal of Urban Economics, 2012, 71 (3): 312 – 331.

［9］Giulia Faggio, Olmo Silva and William C. Strange. Heterogeneous Agglomeration [J]. The Review of Economics and Statistics, 2017, 99 (1): 80 – 94.

［10］Xiang Gao. Measuring the Generalized Global Industry Relocation: A New Approach Based on the World Input – Output Model [A]//65th Annual Meetings of the NARSC [C]. San Antonio: North American Meetings of the Regional Science Association International, 2018.

［11］William Strange. Tales of the City: What Do Agglomeration Cases Tell Us About Agglomeration in General? [A]//65th Annual Meetings of the NARSC [C]. San Antonio: North American Meetings of the Regional Science Association International, 2018.

［12］Simpson E. H. The Interpretation of Interaction in Contingency Tables [J]. Journal of the Royal Statistical Society, 1951 (13): 238 – 241.

［13］Tomoya Mori and Tony E. Smith. An Industrial Agglomeration Approach to Central Place and City Size Regularities [J]. Journal of Regional Science, 2011, 51 (4): 694 – 731.

［14］Antonio Ciccone. Agglomeration Effects in Europe [J]. Social Science Electronic Publishing, 1998, 46 (2): 213 – 227.

［15］肖金成, 黄征学. 未来 20 年中国区域发展新战略[J]. 财经智库, 2017, 2 (5): 41 – 67.

［16］肖金成. 中国区域发展新战略[J]. 大战略, 2016 (6): 52 – 57.

［17］肖金成. 科学促进区域、城乡、人与自然协调发展[J]. 区域经济评论, 2016 (1): 7 – 9.

［18］刘勇. 谋局 2020: 中国的区域经济新体系[J]. 学术前沿, 2015 (15): 6 – 16.

［19］刘勇. 空间市场一体化条件下构建区域分工合作新体系[J]. 中国国情国力, 2016 (5): 9 – 12.

［20］刘勇, 李仙. 我国区域经济发展格局分析与展望[J]. 中国国情国力, 2013 (10): 17 – 19.

［21］刘勇, 刘津, 许云. 近年来我国区域城镇化进程态势分析[J]. 区域经济评论, 2014 (3): 154 – 160.

［22］陈耀. 国家级区域规划及区域经济新格局[J]. 中国发展观察, 2010 (3): 13 – 15.

［23］陈耀. 中国区域政策的成熟与高效[J]. 区域经济评论, 2017 (3): 14 – 15.

［24］陈耀. 园区共建是推动我国省区合作发展的重要抓手[J]. 中共杭州市委党校学报, 2012 (2): 10 – 12.

［25］杨开忠. 区域协调发展新格局的基本特征[J]. 中国国情国力, 2016 (5): 6 – 8.

［26］杨开忠, 姜玲. 中国经济区划转型与前沿课题[J]. 中国行政管理, 2010 (5): 79 – 82.

［27］陈良文, 杨开忠. 我国区域经济差异变动的原因: 一个要素流动和集聚经济的视角[J]. 当代经济科学, 2007, 29 (3): 35 – 42.

［28］吴爱芝, 杨开忠, 李国平. 中国区域经济差异变动的研究综述[J]. 经济地理, 2011, 31 (5): 705 – 711.

［29］彭朝晖, 杨开忠. 人力资本与中国区域经济差异 [M]. 长春: 吉林出版集团股份有限公司, 2016: 1 – 188.

［30］谢燮，杨开忠．劳动力流动与区域经济差异［M］．北京：新华出版社，2005：1－273.

［31］周密，盛玉雪，刘秉镰．非均质后发大国中区域差距、空间互动与协调发展的关系研究[J]．财经研究，2012，38（4）：4－15.

［32］李兰冰，刘秉镰．中国区域经济增长绩效、源泉与演化：基于要素分解视角[J]．经济研究，2015（8）：58－72.

［33］丁明磊，刘秉镰．区域一体化创新体系构建模式及实施策略研究[J]．经济体制改革，2010（10）：5－10.

［34］刘秉镰，赵金涛．中国交通运输与区域经济发展因果关系的实证研究[J]．中国软科学，2005（6）：101－106.

［35］范恒山．中国区域经济发展呈现八大特点[J]．区域经济评论，2017（3）：6－8.

［36］范恒山．促进区域协调发展：基本方向与重点任务[J]．经济研究参考，2014（13）：62－68.

［37］范恒山．国家区域发展战略的实践与走向[J]．区域经济评论，2017（1）：5－10.

［38］范恒山．区域政策与区域经济发展[J]．全球化，2013（1）：75－127.

［39］覃成林，张华，毛超．区域经济协调发展：概念辨析、判断标准与评价方法[J]．经济体制改革，2011（4）：34－38.

［40］覃成林，贾善铭，杨霞，种照辉．多网络发展空间格局——引领中国区域经济2020［M］．北京：中国社会科学出版社，2016：1－142.

［41］姜文仙，覃成林．区域协调发展研究的进展与方向[J]．经济与管理研究，2009（10）：90－95.

［42］覃成林．区域协调发展机制体系研究[J]．经济学家，2011（4）：64－70.

［43］陆大道．关于"点轴"空间结构系统的形成机理分析[J]．地理科学，2002，22（1）：1－6.

［44］阮云婷，徐彬．城乡区域协调发展的测度与评价[J]．统计与决策，2017（19）：136－138.

［45］张可云．论区域和谐的战略意义和实现途径[J]．改革，2007（8）：5－9.

［46］张可云，沈洁．区域协调发展中的政府体制改革思路[J]．中州学刊，2017（1）：20－26.

［47］贺灿飞，毛熙彦．尺度重构视角下的经济全球化研究[J]．地理科学进展，2015，34（9）：1073－1083.

第二章 区域经济学学科 2017 年期刊论文精选

第一节

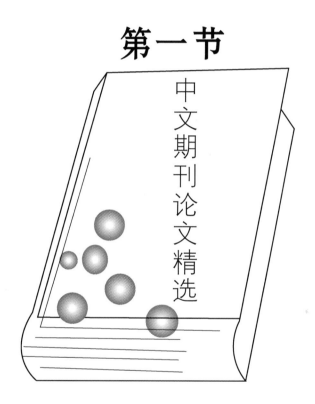

中文期刊论文精选

一、区域经济理论与政策

1. 题目：区域发展新空间的逻辑演进

来源：《改革》，2016 年第 8 期，第 45 - 53 页

作者：安树伟，肖金成

摘要：区域发展新空间是对全国经济发展具有重要的战略意义，经过一段时间的培育和发展，可以有效地推进国家的新型工业化和城镇化的关键区域，具有战略性、带动性、梯次性、层次性和多维性五个特征。保证我国经济中高速增长客观上要求拓展区域发展新空间、区域经济空间接力规律的客观存在与我国区域经济空间格局的变化，为拓展区域发展新空间提供了理论基础与现实依据。拓展我国区域发展新空间的基本构想是，轴带引领，构建"三纵—四横—一沿边"的空间格局；城市群支撑，形成区域发展新空间的主体形态；陆海统筹，全方位拓展潜在发展新空间；梯次推进，形成"第一代空间—发展新空间—潜在发展新空间"的接力机制。为此，必须培育经济集聚、产业转移、区域合作、群区耦合、"承上启下"等新动力。

2. 题目：加快构建空间规划体系的基本思路

来源：《宏观经济研究》，2016 年第 11 期，第 3 - 12 页、第 41 页

作者：黄征学，王丽

摘要：空间规划是政府加强空间管制、协调空间秩序的重要手段，是国家治理体系现代化的重要内容。改革开放以来，我国空间规划体系不断孕育发展，在优化国土空间开发格局、调配重要战略资源、促进区域协调发展等方面发挥了重要作用。但受制于规划理念、管理体制、配套政策等方面的制约，我国空间规划体系还不完善。须进一步理清思路、改革创新、规范编制、强化保障，加快构建具有我国特色的空间规划体系。

3. 题目：城市化的逻辑起点及中国存在半城镇化的原因

来源：《城市问题》，2017 年第 2 期，第 14 - 19 页

作者：李玉红

摘要：城镇化的本质是人口集聚现象，与城镇所能提供的公共服务和社会保障没有必然联系，后者取决于经济增长及其经济成果在社会群体之间的分配。我国城镇化存在的问题主要在于经济增长质量不高和农民工在社会利益分配中处于不利地位。新型城镇化建设

应以改善农民工生活条件为推进方向，一方面以经济持续增长为支撑，提高技术水平，实现产业升级；另一方面应逐步提高农民工的社会保障水平，重点发展具有普惠性的教育事业，确保农民工与其他社会群体共享经济增长成果。

4. 题目：中国特色社会主义政治经济学的区域发展观：产生、发展与展望

来源：《江西财经大学学报》，2017 年第 1 期，第 3 - 11 页

作者：刘耀彬，陈文华

摘要：中华人民共和国成立以来区域发展战略总体上遵循马克思主义的辩证唯物发展观，仅就城乡两部门理论而言，城乡的发展规律就是从城乡不分到城乡分离又逐步走向城乡一体的这一渐进过程；马克思主义的区域发展观产生于马克思主义的地缘政治思想和区域公平观，为当前区域公平发展和区域差异整治提供了思想源泉；中华人民共和国成立以来的四次区域发展战略转型体现了区域发展的演变规律，为中国特色社会主义政治经济学的区域发展观的形成提供了佐证；以区域价值动态运行规律为依据，通过对区域政策的供给侧结构性改革可以促进区域创新与协同发展，将为中国特色社会主义政治经济学的区域发展提供前瞻。

5. 题目：国外区域和城市经济学研究及其对中国的启示

来源：《区域经济评论》，2017 年第 4 期，第 15 - 24 页

作者：郝寿义，马洪福

摘要：由爱思唯尔出版集团出版的《区域和城市经济学手册》（第 1 ~ 5 卷）对国外区域和城市经济学的研究及其演进趋势进行了评述，内容涵盖区域和城市经济学的研究内容、区域和城市经济学的关系、空间分析、理论模型与实证研究、区域和城市发展与政策等。研究发现，国外区域经济学和城市经济学的研究内容和对象逐渐重叠，且研究边界渐趋融合。空间分析成为区域和城市经济学研究的核心问题，重点在于揭示空间经济活动集聚的本质。考虑到空间要素的复杂性，空间分析不仅局限于地理空间，向社会空间延伸也成为新的方向。实证研究成为区域和城市经济研究的重要导向。这些都对中国区域和城市经济学研究有重要的参考价值。

6. 题目：中国对外区域合作体系构建：政策框架与驱动机制

来源：《郑州大学学报（哲学社会科学版）》，2017 年第 4 期，第 65 - 71 页、第 159 页

作者：张可云，邓仲良，赵文景

摘要：全方位对外开放新格局为中国完善对外区域合作体系建设提供了历史机遇，国

际、国内区域合作的深入开展需要重点把握区域合作政策框架与驱动机制的构建。区域合作存在从自贸区、关税协定向区域公共品供给演化的趋势，要素流通、贸易条件、产品价格和技术条件等长期决定了区域产业分工和合作效用增长预期。中国对外区域合作体系建设应把握"一带一路"建设机遇，逐步完善和对接国际、国内"双向"区域合作政策框架，着力塑造区域合作贸易优势和区域性公共品供给体系，并由此带动形成优化我国产业与经济空间的良好外部环境。

7. 题目：论中国农村全面转型——挑战及应对

来源：《政治经济学评论》，2017 年第 5 期，第 84 – 116 页

作者：魏后凯，刘同山

摘要：当前，中国农村发展进入了全面转型的新阶段。虽然中国农村全面转型具备了条件，但也面临一些阶段性挑战，突出表现在高成本严重损害农业竞争力、农业机械化亟待转型升级、"谁来种地"难题尚未破解、农业适度规模经营任重道远、农民增收的压力不断增加、农村资源资产浪费严重、农村生态环境亟待改善、乡村治理模式仍需创新八个方面。而且，现有的一些思想认识、体制机制、法律法规和政策，也阻碍了农村全面转型，束缚了农村发展。促进农村全面转型发展，需要以综合配套、整体推进的方式深化农村改革，并着力提高农村资源资产的流动性，系统开展农村集体产权制度改革，加快构建新型农业经营体系，深入推进农业供给侧结构性改革，不断完善农业支持保护政策。

8. 题目：城市收缩的国际研究与中国本土化探索

来源：《国际城市规划》，2017 年第 5 期，第 1 – 9 页

作者：张京祥，冯灿芳，陈浩

摘要：随着中国内外发展环境的巨大变化，长期延续的城市增长主义模式正在终结，城市收缩已经引起了学界、业界的高度关注。文章解读了西方语境下城市收缩的内涵，论述了城市收缩的成因、机制与效应，辨析了城市收缩与城市衰退的关系。在此基础上，着重基于中国国情与发展环境的独特性，本文将城市收缩分为三种主要类型：趋势型收缩、透支型收缩、调整型收缩，分别论述了不同收缩模式的现象、机制及其影响，并总体上概括了中国城市收缩的生成逻辑。文章最后尝试提出中国城市应对收缩的若干关键策略。

9. 题目：中国区域政策的空间选择逻辑

来源：《经济学家》，2017 年第 12 期，第 58 – 65 页

作者：邓睦军，龚勤林

摘要：区域政策是国家优化区域空间格局、强化区域空间治理的重要手段和工具，具

有明显的空间属性。区域政策的空间属性包括"人的繁荣"的空间中性和"地区繁荣"的空间干预两种思路，然而长期以来，学术界关于对二者的权衡和取舍莫衷一是。为此，本文首先梳理两种思路的论争，进而考察中国不同阶段的区域政策实施思路，在此基础上分析新时期坚持两种思路并举的内在逻辑。本文的核心观点是：区域政策的两种思路可以和谐并存，在经济全球化和经济新常态背景下，区域政策只有兼顾空间中性和空间干预，才能更好地促进区域经济协调发展，提升区域空间治理能力。基于研究结论，未来中国区域政策的选择应是：提升一体化水平，提高要素空间配置效率；改善区域市场准入，促进区域协调协同发展；实施差异化区域政策，增强政策精准性和有效性。

10. 题目：新发展理念与中国区域经济学科创新发展研究

来源：《新疆师范大学学报（哲学社会科学版）》，2018 年第 1 期，第 84 – 91 页
作者：吴传清，董旭
摘要：创新、协调、绿色、开放、共享是指引我国全局发展的基本理念。中国区域经济学科发展须以新发展理念为指导，从基础理论和实践热点两个层面创新完善研究内容体系。坚持创新发展理念，要加强容纳空间维度的区域创新理论、创新型区域和区域创新绩效空间外溢等基础理论问题研究，同时关注科技创新中心和产业创新中心建设等实践热点问题；坚持协调发展理念，要加强经济轴或经济带、区际利益平衡、城市群或城市圈和"新四化"同步发展等基础理论问题研究，同时关注京津冀、长江经济带协同发展与城市群协同发展等实践热点问题；坚持绿色发展理念，要加强主体功能区制度、生态补偿机制和区域绿色发展路径与绩效等基础理论问题研究，同时关注"大城市病"、重点生态功能区产业准入负面清单和空间治理体系构建等实践热点问题；坚持开放发展理念，要从学科开放融合的角度推进区域经济学基础理论问题研究，同时关注内陆开放高地、"一带一路"和自贸区建设等实践热点问题；坚持共享发展理念，要加强区域自我发展能力和公共服务均等化等基础理论研究，同时重点关注区域精准脱贫这一实践热点问题。

11. 题目：本真价值理性时代的区域经济学使命

来源：《区域经济评论》，2018 年第 1 期，第 29 – 35 页
作者：金碚
摘要：进入新时代，当我们取得了经济发展的巨大物质成就后，必须以更为科学理性的精神来反思经济发展的本真价值，拨正人类发展的方向。无论是在经济学的宏观领域还是在微观领域，或者是在经济学的各分支学科中，区域经济学是触及经济活动的本真理性因素最广泛、最直接和最深入的学科之一。进入本真价值理性时代，区域经济学从其自身的研究领域和关注问题中向前推进、深入探索，将经济学反转的镜像端正过来，正视和直面经济发展现实。这就会顺理成章、水到渠成地将经济学引入对本真性问题和本真目的的

研究领域，这实质上是将经济学所认知的使用价值和交换价值二重性置于统一的理论框架中，做出更符合实际和吻合人类发展本性的学术贡献。这是经济学研究视角的根本性调整：使经济学的视野从"独眼"观世界变为"双眼"观世界。独眼所见只是一个平面的图像，而双眼所见才是一个立体的世界。

12. 题目：区域软治理研究：以欧洲国家为例

来源：《宏观经济研究》，2018 年第 1 期，第 164 – 175 页
作者：崔钰，郭劲光
摘要：中国现有的行政管理方式是以行政为边界的，导致了地区间壁垒和竞争等一系列抑制区域合作和空间发展的问题。此外，中国行政管理是权力集中分散制的、自上而下的、硬性的管理方式，导致了很多来自市场的、基层的、民众的问题不能得到协商解决。本文系统介绍了中国软治理的文化背景及西方国家区域治理体系的具体实践和方法，以欧盟及其欧洲各国区域治理为例研究了西方区域治理的具体实践，并结合中国的实际情况，提出构建中国区域治理体系的措施。

13. 题目：多区域协同创新演化路径研究——构建 3×3 区域协同创新模式

来源：《经济社会体制比较》，2018 年第 3 期，第 53 – 62 页
作者：崔新健，崔志新
摘要：进入 21 世纪，区域成为参与经济一体化的经济利益体，单个区域或行为主体在多元环境的创新活动中常遇到一些无法解决的复杂问题，区域协同创新成为一种最佳可行性解决方案。文章从过程理论的角度研究多区域协同创新，探讨多区域协同创新演化路径，并依据参与协同创新的区域及行为主体的不同，将演化路径分为同主体多区域协同创新、同区域多主体协同创新和跨区域多主体协同创新三条。研究发现，在同主体多区域协同创新中，由于相同的行为主体存在共性，易达成利益共同体，协同创新目标特点由行为主体类型决定；在同区域多主体协同创新中，不同类型的行为主体具有不同的利益目标，协同需要逐步融合，但主体知识的多样性和互补性可以弥补其他主体的不足；在跨区域多主体协同创新中，相比前面两者，协同创新范围更广、形式更灵活、专业性更强，在协同创新过程中可以有效降低多元环境障碍，但显然也存在更多的协同障碍。文章还在三条演化路径分析的基础之上，以三个区域协同创新为例，构建了 3×3 区域协同创新模式及演化路径，为多区域协同创新提供新的发展思路。

14. 题目：中国城市空间生产与空间正义问题的资本逻辑

来源：《学术月刊》，2016 年第 9 期，第 60 – 69 页

作者：陈建华

摘要：在西方资本主义发展历程中，资本逻辑在时间和空间上不断转型和变化。20世纪70年代，资本已由"空间中事物的生产"向"空间本身的生产"转移，空间超越时间成为经济生产的主导因素。经济金融化和信息化进一步巩固了空间在资本追逐利润过程中的地位。中国在改革开放之初所面对的外部世界是已经进入空间资本化阶段的西方资本主义世界体系。中国20世纪80年代经济资本化、90年代中后期资本空间化和2000年以来的空间资本化，推动城镇化进入加速阶段。资本逻辑之下的城市空间生产会消解人与自然的协调性，侵蚀社会平等性和城市空间多样性，产生空间正义问题。因此，应当促进对外经济开放有序化，提高国内外经济之间均衡性，以制度节制资本，建构空间正义的制度体系。

15. 题目：改革开放以来中国区域发展战略演变的十个特征

来源：《区域经济评论》，2018年第4期，第26-38页
作者：蔡之兵

摘要：改革开放以来，区域发展战略对中国经济的快速发展产生了巨大影响、发挥了巨大作用。从整体演变规律分析，中国区域发展战略在过去40年呈现以下10个显著特征：空间属性增强、创新作用增强、更加注重顶层设计、实施思路的协调性提高、面临问题的复杂性增加、更加注重质量提升、发展动力的内生性增强、发展机制的可持续性增强、作用对象的全面性增强、战略地位的稳定性增强。

16. 题目：中国行政区经济与区域经济的发展述评——兼论我国区域经济学的发展方向

来源：《经济学家》，2018年第8期，第94-104页
作者：夏添，孙久文，林文贵

摘要：我国区域经济的空间格局已趋于网络化、多极化特征，但区域间的经济关系始终带有明显的行政区经济烙印，这与我国经济区划和行政区划的交叉重叠有关系。本文从人文地理学的"行政区经济"概念出发，探讨我国区域经济出现该现象的理论原因。同时，回顾我国区域经济学发展历程，探讨了学科的三大争论，并提出构建中国特色区域经济学的理论发展方向。区域经济学的发展是与我国改革开放同步并举的，实践中的制度障碍、空间失衡和政策失灵都需要区域经济理论的创新。

二、区域经济发展与空间机制

1. 题目：中国城市规模和产业结构对城市劳动生产率的协同效应研究

来源：《财经研究》，2016 年第 9 期，第 75 - 86 页

作者：陈杰，周倩

摘要：文章基于我国 281 个地级及以上城市 2000～2013 年的面板数据，综合运用 GMM、门槛面板模型和空间面板模型等计量方法，实证研究了城市规模和产业结构对中国城市劳动生产率的协同影响效应。研究发现：①中国城市劳动生产率与城市规模之间呈倒 U 形关系，与二产、三产增加值之比也呈现倒"U"形关系；②城市"规模红利"的发挥受制于产业结构，而产业结构的"结构红利"大小也受城市规模的影响。文章据此提出：虽然少数中国特大城市和大城市已经初步出现规模不经济迹象，但绝大多数中等城市规模仍偏小，"规模红利"还有待进一步开发，同时绝大多数城市还未充分发挥第二产业的潜力，不宜过早"去工业化"。文章据此对中国城市发展战略提出一系列政策建议，即要用更加市场化的手段鼓励城市规模优化和产业结构调整。

2. 题目：高铁建设能否重塑中国的经济空间布局——基于就业、工资和经济增长的区域异质性视角

来源：《中国工业经济》，2016 年第 10 期，第 92 - 108 页

作者：董艳梅，朱英明

摘要：本文将"高铁建设"因素纳入新经济地理学的研究框架，构建了高铁建设对就业、工资和经济增长空间影响的理论模型，并运用 PSM - DID 方法对其进行了实证检验，结果显示：从全国层面看，高铁建设通过就业对高铁城市工资和经济增长产生的间接负效应均小于直接正效应，高铁建设对高铁城市的就业、工资和经济增长的总效应显著为正，其弹性系数分别为 0.2067、0.1907 和 0.1491。从分地区和分城市规模相结合的层面看，高铁建设显著提升了东中部大型高铁城市的就业水平，特别是东部大型高铁城市的建筑业及高附加值行业、中部小型高铁城市的制造业及消费性服务业的就业；高铁建设给东部大型高铁城市带来的企业生产率增长效应显著，表现为高铁建设通过就业对该地区的工资和经济增长等间接效应均为正，但对中西部中、小型高铁城市的相应间接效应均为负，总体看，高铁建设主要扩大了东部大型高铁城市与非高铁城市之间的工资差距和东部中型高铁城市与非高铁城市之间的经济增长差距。该结果证实了本文理论推理的正确性，即高铁建设直接或间接地影响了地区就业、工资和经济增长空间，重塑了中国的经济空间，这

为各地区进一步借助高铁建设拓展区域发展空间、促进地区就业和经济增长，因地制宜地制定相关政策提供了依据。

3. 题目：中国城市发展空间格局优化的总体目标与战略重点

来源：《城市发展研究》，2016 年第 10 期，第 1 – 10 页
作者：方创琳
摘要：科学合理的中国城市发展空间格局对推动国家城镇化健康发展，提升城镇化发展质量，对加快国家现代化进程都具有十分重要的战略意义。本文提出了中国城市发展空间格局优化的目标导向，到 2030 年，全国城市总数达到 770 个左右，常住人口城镇化率达到 65% ~ 70%，户籍人口城镇化率达到 55% ~ 60%，城镇化发展长期处在后期的成熟稳定发展阶段，基本形成新金字塔形组织格局、轴群连区的空间格局、分工合理互补发展的职能格局、高效运行的城市行政设市格局。为了保障中国城市发展空间格局的优化，一是实施创新驱动发展战略，建设创新型城市，形成创新网络格局；二是实施国际化战略，建设国际化大都市，形成国际化发展新格局；三是实施生态优先战略，建设生态城市，形成城市发展安全生态格局；四是大力发展智慧产业，建设智慧城市，形成城市发展智慧网络格局；五是有序发展低碳产业，建设低碳城市，形成低碳城市建设格局；六是实施文化传承战略，建设历史文化名城，形成城市文化大发展大繁荣格局；七是推进行政区划有序调整和设市试点，确保新设城市支撑国家城市空间发展的新格局；八是正确处理好城市发展空间格局优化的多元关系，形成公平均衡、包容发展的城市空间新格局。

4. 题目：转型期京津冀城市群空间扩展格局及其动力机制——基于夜间灯光数据方法

来源：《地理学报》，2016 年第 12 期，第 2155 – 2169 页
作者：王利伟，冯长春
摘要：针对中西方关于城市群空间扩展路径研究的争论，以京津冀城市群为例，运用夜间灯光数据，采取扩展强度指数、空间关联模型、多维驱动力分析模型，定量揭示了城市群时空扩展路径及其动力机制。结果表明：①1992 ~ 2012 年京津冀城市群时空扩展呈现以京津唐为核心的中心集聚扩展模式，保定—衡水—石家庄之间的"三角地带"成为城市群空间扩展的冷点区；②城市群空间扩展虽然已经出现了扩散势头，但向心集聚的惯性作用力依然强大；③城市群时空扩展的动力机制表现出以市场力为主要驱动因子的特征，行政力、外向力和内源力对城市群空间扩展的影响作用依次递减，从城市群空间扩展的驱动力演化趋势看，市场力、行政力、外向力的影响呈现上升趋势，而内源力的影响系数则呈现下降趋势。最后，本文提出降低行政干预、构建市场主导机制、强化内外双向开放、推动产业升级的政策建议，促进城市群空间结构持续优化。

5. 题目：城市空间结构与地区经济效率——兼论中国城镇化发展道路的模式选择

来源：《管理世界》，2017 年第 1 期，第 51 – 64 页

作者：刘修岩，李松林，秦蒙

摘要：什么样的空间结构更有利于地区经济效率的提升？其效应在不同地理尺度上是否存在差异？本文运用校正后的夜间灯光数据度量了地区经济效率，并对城市内部、市域以及省域三个地理尺度上的城市空间结构进行了测度，进而考察了城市空间结构对经济效率的影响及其尺度差异。研究发现，在城市内部和市域等较小的地理尺度上，单中心的空间结构能够提高城市经济效率，而在省域这一较大的地理尺度上，多中心的空间结构更能促进本地经济效率的提升。上述发现对 Glaeser 等（2015）提出的"中国到底应选择单中心巨型城市，还是多中心城市网络占主导的发展模式"这一问题给予了经验回答。其政策启示是，在城市层面上，应强调要素的空间集聚，坚持空间紧凑式发展模式，而在全国或省域层面上，则应更多地发展多中心城市网络，以形成分布合理的城市体系。

6. 题目：国际产能合作与重塑中国经济地理

来源：《中国社会科学》，2017 年第 2 期，第 44 – 64 页、第 206 页

作者：吴福象，段巍

摘要：当前中国经济正面临化解产能过剩及破解"胡焕庸线悖论"双重难题，构建资本跨区域流动两国三区域模型，对重塑中国经济地理格局下"一带一路"倡议及国际产能合作战略进行理论解析，结果发现：产业布局向"胡焕庸线"右侧过度倾斜，加剧了个人经济理性与社会集体理性的不匹配，弱化了区域一体化的政策效果；而且中国产业布局在集聚程度和集聚效益之间呈现钟状曲线特征，客观上要求以 Krugman 的"从分散到集聚"范式向 Helpman 的"从集聚到分散"范式转换。为此，重塑中国经济地理需要国际产能合作和负面清单管理双管齐下，实现资本流动的溢出效应与资本积累的增长效应在空间上的功能互补。通过再造以我为主的国际生产体系，强化中国在"一带一路"价值链中的龙头地位。

7. 题目：市场分割促进区域经济增长的实现机制与经验辨识

来源：《经济研究》，2017 年第 3 期，第 47 – 60 页

作者：付强

摘要：本文从理论和经验两个方面系统探讨了"分"之利及其实现机制。研究发现：当产品差异化厂商具有线性需求函数和线性成本函数时，无论其进行产量竞争还是价格竞争，市场分割都能基于较高的产业同构程度对区域经济增长产生显著的促进作用；但是，

在产量竞争的情况下，分割不利于总体经济增长，而在价格竞争的情况下，分割能在有限的区间内促进总体经济增长。为了从经验上对此进行辨识，本文将"生产法"和"价格法"有机结合以区分不同条件下的市场分割，并通过面板变异系数模型对数据进行处理。结果发现每个省份至少拥有一个产业替代程度较高的竞争对手，而由此造成的市场分割也相对稳定并且可能与腐败密切相关，同时市场分割对区域经济增长的促进作用将以产业同构为媒介并在一定程度上受制于开放程度和经济周期。因此，降低区域间产业同构是消除分割、实现市场一体化的唯一有效途径。

8. 题目：中国城市专业化特征及其解释

来源：《中国经济问题》，2016 年第 3 期，第 85 – 93 页
作者：苏红键
摘要：城市专业化水平与城市发展水平紧密相关。本文区分了城市相对专业化和绝对专业化的内涵及度量方法，并考察了城市职能专业化情况，利用中国地级市以上城市数据，研究了中国城市各类专业化指标的特征。研究发现：相对专业化指标与城市规模和收入水平均存在 U 形关系；绝对专业化指标与城市规模之间显著负相关，与收入水平显著正相关；职能专业化系数与城市规模之间显著正相关，城市群的职能分工非常显著，职能专业化系数与城市行政级别显著相关。最后，本文从城市（群）分工和专业化的视角，提出统筹中国城市空间、规模、产业三大结构的建议。

9. 题目：基于区域接力增长模型的中国经济增长持续性分析

来源：《经济经纬》，2017 年第 4 期，第 1 – 7 页
作者：覃成林，张伟丽，贾善铭，熊雪如
摘要：构建区域接力增长理论模型，初步证明了一个经济体可以采用区域接力增长方式而实现比单个（或某类）区域的快速增长阶段更长时间的持续快速增长。经验分析表明，改革开放以来中国经济持续快速增长过程中存在区域接力增长现象，就增长率而言，区域接力增长发生在 2002 年。这是中国经济实现长达 30 多年持续快速增长的一个重要原因。当前，东部发达省份正处于增速减缓和结构调整时期，而部分中西部省份则正进入快速增长阶段。因此，国家宜将这些省份作为接力区域，大力支持其经济保持快速增长趋势，从而实现全国经济的持续较快增长。

10. 题目：中国城市生态承载力、生态赤字与发展取向——基于"胡焕庸线"生态含义对 74 个重点城市的分析

来源：《天津社会科学》，2017 年第 5 期，第 102 – 109 页

作者：钟茂初

摘要："胡焕庸线"的生态含义可归结为生态承载力在空间地理上所呈现的差异，它具有表征中国区域生态承载力的理论价值，可据此设计区域生态承载力方程和区域生态环境质量表征指标，并可基于此进一步对区域生态赤字、生态环境公平等问题展开分析。通过测算全国74个重点城市的生态承载力和生态环境质量可以发现：全国三大主要城市群中，长三角地区生态承载力和生态环境质量高于京津冀地区，珠三角地区高于长三角地区，因此国家层面应充分关注地区间的生态承载力差异，针对不同区域、不同城市的生态承载力和发展潜力，确立相应的区域经济发展战略，鼓励经济活动从生态承载力低的区域向生态承载力高的区域转移；相对其生态承载力，多数全国性中心城市和区域性中心城市人口经济规模已处于严重超载状态，各城市应据此确定其合理的发展方向；此外，应对因周边区域生态负载过高导致部分区域实际环境质量偏低的生态环境公平问题予以关注，并在评判各城市生态环境治理绩效过程中充分考虑其生态承载力。

11. 题目：长三角扩容能促进区域经济共同增长吗？

来源：《中国工业经济》，2017年第6期，第79-97页

作者：刘乃全，吴友

摘要：英国公投"脱欧"以及中国城市群稳步"扩容"双重背景下，区域联盟发展的经济效果究竟如何，是一个值得深入探讨的问题。本文以1998~2014年中国208个地级市的数据为样本，以合成控制法为工具，检验并比较了中国2010年长三角城市群扩容对整体城市、原位城市和新进城市经济增长的影响，同时采用安慰剂法和秩检验法、迭代法和PSM-DID估计对上述结果分别进行有效性和稳健性检验。在此基础上，以文献梳理、实地调研、理论推演为手段，剖析并验证了城市群扩容促增长的内在机理，即经济联系机制、产业分工机制、市场统一机制。结论显示：2010年长三角扩容对整个城市群的经济增长具有显著的促进作用。就不同区域而言，此次扩容均显著促进了新进城市和原位城市的经济增长，且对新进城市经济增长的影响大于原位城市。就不同内在机理而言，此次扩容促增长的产业分工机制、市场统一机制对原位城市与新进城市均产生正向的推进作用，经济联系机制的作用则是两极分化，一方面能够正向促使原位城市的经济增长，另一方面却反向延缓新进城市的经济增长。本文的研究结论对中国长三角城市群地域边界划定、经济一体化进程推进、区域经济协调发展具有一定的指导意义。

12. 题目：粤港澳大湾区及周边城市经济空间联系与空间结构——基于改进引力模型与社会网络分析的实证分析

来源：《经济地理》，2017年第12期，第57-64页

作者：彭芳梅

摘要：本文根据2015年粤港澳大湾区及周边城市共23个城市的多指标数据，应用TOPSIS评价法计算城市综合质量，基于改进引力模型测算城市间空间联系作用，绘制空间联系图直观考察城市群整体空间联系特征与空间结构。研究发现，粤港澳内部城市的综合质量、联系水平均存在显著的空间非均衡分布特征，粤港澳网络联系呈现出由港深穗向周边梯度衰减态势，且表现出显著的圈层结构特征。此外，通过应用社会网络分析方法中的网络密度分析、中心度分析、核心—边缘结构分析和凝聚子群分析，进一步验证空间联系分析所得结论。研究表明，粤港澳大湾区及周边城市在空间结构上表现为显著的"核心—半边缘—边缘"结构和三级圈层结构特征，整体网络联系过度依赖港深穗的辐射带动和中介桥梁作用，缺乏合理的梯度层级。最后为未来粤港澳建设世界一流城市群提出加强经济空间联系、着重构建梯度层级城市体系和扩大湾区经济空间范围和腹地纵深的三点建议。

13. 题目：地方政府建设开发区：左顾右盼的选择？

来源：《财经研究》，2018年第3期，第139-153页

作者：邓慧慧，赵家羚，虞义华

摘要：开发区重复建设、无序扩张是长期以来困扰中国经济持续健康发展的重要问题。文章基于2004~2014年100个城市数据，采用空间面板模型，以国家级经开区为例从空间策略互动视角考察了地方政府热衷推动开发区建设的行为动机。研究发现：①中国地市级政府在建设开发区上会充分参考"邻居"城市的行为做出自身决策，并且这种空间效应在地理距离相近的同级城市间更为显著。具体而言，如果地理邻近城市平均建设10个新的开发区，本市往往会相应建立5个开发区。②相对东部来说，中西部城市间在建设开发区上的空间策略互动更强，并受到经济发展水平、产业结构、基础设施、人力资本等因素的影响。③进一步的经验检验表明，财政分权和中央政府主导下的政绩考核带动了地方政府招商引资的空间竞争，强化了地方政府推动建设开发区上的策略互动。文章的研究发现在一定程度上反映和解释了"开发区热"的本质特征，揭示了地方政府合作困境的根源。由此，应从政绩考核体制、财税体制、地方债务管理体制等方面采取有效的改革措施，严格控制地方政府过度建设开发区的盲目竞争行为。

14. 题目：城市级别、全要素生产率和资源错配

来源：《管理世界》，2018年第3期，第38-50页、第77页、第183页

作者：江艇，孙鲲鹏，聂辉华

摘要：本文从城市行政级别这一全新视角重新解释了城市的生产率水平和资源配置效率。我们发现，行政级别越高的城市，其制造业企业的全要素生产率（TFP）平均水平也越高，但城市级别对TFP的正面影响主要体现在国有企业和外资及港澳台企业，高级别

城市民营企业的 TFP 反而更低；行政级别越高的城市，制造业企业的资源错配程度越严重，并且这一效应集中体现在国有企业和外资及港澳台企业，城市级别对民营企业的资源配置反而具有改善作用。城市级别发挥作用的渠道包括高级别城市的企业政府补贴更多、人才优势更大、融资便利更多、地方税负更小，其中前三个渠道主要体现在国有企业，地方税负主要体现在外资及港澳台企业。本文的研究推进了对城市生产效率的理解，并且从更一般的意义上揭示了行政手段作为资源配置方式的经济意义。

15. 题目：开发区设立与企业成长：异质性与机制研究

来源：《中国工业经济》，2018 年第 4 期，第 79－97 页

作者：李贲，吴利华

摘要：设立开发区是各级政府拉动地方经济增长、促进要素区域集聚的重要战略举措。然而，开发区设立与微观企业成长的关系及其作用机制，现有研究往往语焉不详。本文旨在通过开发区设立的准自然实验，评估该政策与企业规模成长的因果联系。本文使用 2000～2011 年中国工业企业数据库，采用倾向得分匹配基础上的"渐进式"双重差分（PSM－DID）进行实证检验。结果表明：总体上，开发区设立促进了企业规模成长；进一步研究发现，开发区设立对企业规模变化的影响与开发区级别、企业生命周期和行业要素密集度的异质性有关，即国家级开发区能促进所有阶段企业、所有行业企业的规模成长；省级开发区能促进初创期、成长期企业和劳动密集型、技术密集型行业企业的规模成长；而且国家级开发区的影响程度优于省级开发区，但市级及以下开发区的影响并不显著。本文不但分析了开发区设立对企业成长的平均影响效应和异质性差异，而且通过引入中介效应模型进行影响机制检验，发现"政策效应"和"集聚效应"是开发区影响企业成长的重要传导机制。本文的研究结论有助于深化对开发区经济效果、微观企业成长动因的解读，也为各级政府进一步借助开发区政策推动实体经济增长、促进区域产业集聚提供了参考依据。

16. 题目：经济集聚的减排效应：基于空间经济学视角的解释

来源：《产业经济研究》，2018 年第 3 期，第 64－76 页

作者：张可

摘要：构建了一个包含污染外部性的空间经济理论模型，基于 2002～2012 年中国 285 个地级及以上城市的数据，采用动态空间面板杜宾模型考察了经济集聚的环境效应。研究发现：经济集聚与污染排放强度呈倒 U 形关系，经济集聚超过一定的临界水平后将呈现出减排效应，不同污染物的减排临界点存在差异；经济集聚、污染排放强度和污染空间分布均具有显著的空间相关和地区交互影响；经济集聚促进了污染排放总量的空间集中，经济活动向经济密度高的城市集中有利于减排。文章认为经济集聚具有促发展和减排的双重红利，与低经济密度的分散型空间发展模式相比，经济集聚更加环保。

17. 题目：京津冀技术势差与技术转移的内在机理分析

来源：《宏观经济研究》，2018 年第 5 期，第 149－159 页
作者：胡书金，陈正其，刘濛
摘要：本文通过对全国 31 个省市自治区的技术发展水平的科学测算，以北京与其余各省市自治区之间的技术势差为例，研究了北京技术交易合同的输出特征。通过比较技术势差与技术交易合同，本文发现技术转移的动因虽然与技术势差有关，但并不呈现正相关的关系。根据北京与其他省市自治区的交易合同所表现出来的特征，结合京津冀的特殊性，本文认为技术转移需要有产业基础、需要物质资本和人力资本积累、需要政府扶持和发挥企业市场主体作用。结合研究结论，本文认为京津向冀的技术转移有其特殊性，设立国家级新区作为技术转移的集中载体是实现京津冀在技术进步上协同发展的有效途径。

18. 题目：FDI 对中国城镇化发展的影响——基于劳动力就业中介效应的实证研究

来源：《中山大学学报（社会科学版）》，2018 年第 4 期，第 185－195 页
作者：黄亚捷，闫雪凌，马超
摘要：现有文献就中国的 FDI 对城镇化的影响进行了大量研究，多数肯定了 FDI 对城镇化发展的正向影响。但 FDI 究竟通过何种机制与途径对城镇化产生影响，本文在中国城镇化发展中的"城乡二元结构"基础模型中引入劳动力因素，发现 FDI 在城镇化过程中提供了重要的"拉力"，即通过带动城镇就业进而推动城镇化进程。进一步地，本文利用中国 1999~2014 年地级市面板数据，对这一理论模型的结论进行实证分析。结果显示，外资企业产值占比的提高对城镇化发展有显著的促进作用，制造业就业作为连接二者的重要桥梁，对城镇化起到了正向的中介效应。

19. 题目：东北区域经济一体化演变的社会网络分析

来源：《吉林大学社会科学学报》，2018 年第 4 期，第 97－107 页、第 206 页
作者：黄亚捷，闫雪凌，马超
摘要：城市间的经济联系值可以充分体现出区域经济结构，要了解区域经济一体化的发展状况，必须对区域经济结构进行深入分析。在综合构建城市引力指标体系的基础上，运用修正后的引力模型计算出东北地区各年份的 34 个地级市之间的经济联系值，运用社会网络分析方法对东北区域城市网络进行实证分析，发现目前东北区域城市间已基本形成紧密的网络状关联，经济联系网络关系围绕主要城市展开，网络中存在明显的四个凝聚子群并展现出一定的层级结构；东北区域经济一体化程度不高，但有向一体化发展的趋势。研究结果表明，为促进东北区域经济一体化发展，应解决地区分割问题，发挥网络协同功

效；优化东北区域内部城市网络结构，提高多中心网络效益；增强核心城市的辐射功能，促进边缘城市的发展。

20. 题目：省际次区域合作机制有效吗？——空间结构与治理模式的联合调节效应

来源：《中国软科学》，2018 年第 4 期，第 86 - 101 页

作者：叶建木，张帆，熊壮，张权，张超

摘要：区域一体化背景下，具有次区域特点的省际毗邻区，成为提高区域合作发展效率的"洼地"。通过文献梳理，本文界定了省际次区域及次区域合作的内涵并提出了理论假设，以七个典型的中部省际次区域为例，运用两个层面的面板数据考察了省际次区域合作机制，通过引入相关控制变量，假设检验了省际次区域合作的演化机理。研究发现：①省际次区域合作机制之间互动程度不足，存在一定脱节和"真空地带"；②省际次区域合作受空间结构、治理模式影响显著，边界效应主要为"屏蔽效应"；③空间规模效应和空间溢出效应受制于"空间交叉节点""中介效应"的强弱；④产业异质性与省际次区域合作之间存在倒"U"形关系；⑤合作框架协议尚不能有效推进"省际次区域合作区"升级，边界重构效应不显著，有必要进一步提升其政策有效性。

21. 题目：中国区域经济协调发展的演变特征：空间收敛的视角

来源：《财贸经济》，2018 年第 7 期，第 128 - 143 页

作者：陈丰龙，王美昌，徐康宁

摘要：区域协调发展战略是贯彻新时期发展理念、建设现代化经济体系的重大战略部署之一。本文使用校准后的城市卫星灯光数据，从空间收敛的视角来分析中国区域协调发展演变特征。结果显示，在考虑空间互动关系的前提下，中国城市经济增长总体上存在绝对收敛和条件收敛，基于不同空间权重的估计结果都支持了这一结论。基于空间溢出的学习效应、分享效应、竞争效应等是不同城市实现经济收敛的内在机制。进一步研究还发现，在过去的 20 年中，城市群收敛并不是中国俱乐部收敛的普遍现象，俱乐部收敛仅出现在相对富裕的城市群内。但高铁开通后，大多城市群的表现发生了逆转，经济增长基本呈现出收敛的趋势。本文的研究从一个更为客观的视角评估了中国城市层面区域协调发展的空间特征，对当前中国城市群发展战略以及高铁在中国经济的作用有重要启示。

22. 题目：中国经济空间转型与新时代全国经济东西向布局

来源：《城市发展研究》，2018 年第 7 期，第 18 - 24 页、第 33 页

作者：赵璐，赵作权

摘要："形成陆海内外联动、东西双向互济的开放格局"是新时代中国经济空间转型

的战略方向。在世界经济重心持续由西向东、向中国移动的全球趋势下，我国可能需要一个统一的、以东西向布局为主的国家宏观战略，这也是新时代下我国区域发展战略体系的一个新的探讨方向。应用空间统计标准差椭圆方法分析和比较了"十一五"以来全国经济及三大战略区域经济空间发展态势，确定了我国全国经济的东西向开发主轴线。研究发现，"十一五"以来，特别是2010年以来，全国经济呈现出向内陆移动、东西向扩张、南北向收缩的空间发展特征，展示出有利于东西向布局的空间转型态势，长江经济带、丝绸之路经济带、海上丝绸之路经济带的空间发展均以东西向为主，共同作用于全国经济空间的东西向增长。建议新时代下以东西向为主统一国家经济空间布局，培育以连接上海、合肥、西安与乌鲁木齐的狭长经济带为主体的全国经济东西主轴线，这是全方位开放新格局中连接丝绸之路经济带和海上丝绸之路的最佳路径，其全国代表性、全球连接性的纵深连通作用有利于统一国家宏观战略格局、深化推进全国经济空间转型和欧亚大陆崛起。

23. 题目：大城市效率锁定与中国城镇化路径选择

来源：《中国人口科学》，2018年第2期，第24－38页、第126页

作者：王业强，魏后凯

摘要：受城市的行政等级、市辖区（县）、优惠政策等制度性因素影响，中国城市规模效率曲线右侧提升，从而形成大城市效率随着规模的扩大而提高的现象。文章对第六次人口普查数据进行分析后发现，在大城市效率锁定的背景下，跨省人口迁入依然是中国城镇化的主要路径，但对城市效率的解释偏差不断扩大，解释力度明显下降；省内人口迁入的就近城镇化的解释偏差已经开始缩小，解释力度明显提升；而市（县）范围内人口就地城镇化的解释偏差扩大幅度开始减缓。文章认为，中国未来城镇化将由跨省的异地城镇化逐渐过渡到就地就近城镇化，而当前政策应以积极推进省内范围的就近城镇化为主；县市范围的就地城镇化，尤其是在中西部部分落后地区，还不具备大规模推广的基础。

三、区域热点问题分析

1. 题目：东北地区全面振兴的新特点与推进策略

来源：《区域经济评论》，2016年第5期，第85－93页

作者：杨荫凯，刘羽

摘要：东北地区是新中国工业的摇篮，为我国形成独立完整的工业体系和国民经济体系，为改革开放和现代化建设作出了重要贡献。改革开放以后，在向社会主义市场经济转型过程中，东北地区遇到了特殊困难，体制性、机制性、结构性矛盾凸显。中央于2003

年启动实施振兴东北地区等老工业基地战略并取得重要阶段性成果。我国经济进入新常态后，东北地区经济下行压力增大，部分行业和企业生产经营困难，体制机制等深层次问题进一步显现，经济增长新动力不足和旧动力减弱的结构性矛盾突出，发展面临新的困难和挑战。2016 年 2 月，党中央、国务院出台了关于全面振兴东北地区等老工业基地的若干意见，东北地区迎来了新一轮振兴发展的重大机遇。在立足历史与现实的基础上，对东北振兴战略实施以来的东北发展轨迹进行系统分析，对新一轮东北振兴的时代特点进行客观描述，并结合中央最新要求提出推进思路与建议极有现实意义。

2. 题目：京津冀协同发展中的功能疏解和产业转移研究

来源：《中国经济问题》，2016 年第 6 期，第 37 - 49 页
作者：皮建才，薛海玉，殷军
摘要：本文从功能疏解和产业转移的角度，对京津冀协同发展进行了研究。通过建立区域内的产业转移模型，本文发现，如果区域内不同地区对经济增长和功能拥挤效应的重视程度不同，那么产业从功能拥挤程度较高的地区迁往功能拥挤程度较低的地区会使整个区域的社会福利水平提高。本文还发现，当功能拥挤程度较高的地区不太重视功能拥挤效应时，产业转移将使功能拥挤程度较高的地区的社会福利水平降低，使功能拥挤程度较低的地区的社会福利水平提高；而当功能拥挤程度较高的地区非常重视功能拥挤效应时，产业转移将同时提高两地的社会福利水平。

3. 题目：单一结构地区转型的原因与路径探讨——以东北地区为例

来源：《社会科学辑刊》，2017 年第 1 期，第 44 - 49 页
作者：孙久文，姚鹏
摘要：单一结构区域（城市）的出现是工业化进程中的一种常见现象，那些主导产业处于整体产业价值链低端的区域（城市），经济增长较容易受到经济周期的影响而产生较大的波动，经济增长抗压性较弱，容易出现结构性衰退。东北地区是结构单一型的区域和城市的典型代表，过去依靠某种资源或单一传统产业支撑发展起来，经过长期过度开发，如今却面临着资源枯竭、产业衰退的尴尬局面。东北地区的单一结构城市的发展问题，不是全域性的，而是部分城市的问题，出台有针对性的振兴东北地区单一结构城市的相关产业政策并兼顾全国，是很有必要的。振兴东北老工业基地应从保持生产能力、减小生产规模，区别对待低迷的产业、引进和发展新兴产业，建立单一结构区域（城市）转型发展的长效机制，并大力发展中小企业和小微企业几方面入手。

4. 题目：整合与分散：区域治理中的行政区划改革

来源：《经济社会体制比较》，2017 年第 1 期，第 145 – 154 页

作者：吴金群，付如霞

摘要：我国当前的区域治理出现了两种看似相反却又紧密相关的行政区划改革：一是通过县（市）改区，把原来独立性相对较强的县（市）整合到地级以上的城市当中；二是通过省管县改革，使市和县逐步脱钩成为分散独立的行政主体。文章认为，在整合与分散的博弈背后，蕴藏着效率与公平、集权与分权、政府与市场等多重价值的权衡。在实践中，这两种改革模式可以兼容共生。

5. 题目：东北经济问题解决的主要途径：人力资本重置

来源：《南开大学学报（哲学社会科学版）》，2017 年第 2 期，第 109 – 116 页

作者：安虎森，肖欢

摘要：浓厚计划经济情结下的思维模式和发展方式以及与之相适应的经济发展环境，制约着东北的经济发展。目前促使东北经济不断下滑的内生力量相当稳定，很难在内部产生能够改变这种稳态的力量，因此要改变东北现有的经济运行，需要强大的外生冲击，而这种强大的外生冲击主要来自人力资本重新配置。东北人力资本的重新配置主要是指鼓励和配置大量具有浓厚市场经济情结的东南沿海地区的干部进入东北，担任领导职务与东北原有干部进行合作，共同改善东北市场经济发展环境。重新配置人力资本的基本思路是：东南沿海不同地区的副手进入东北得到扶正、进入东北的干部自己进行组阁、不同行政区域的第一把手都拥有一定的财政调配权等。

6. 题目：中国开发区"产城分离"的机理研究

来源：《城市发展研究》，2017 年第 3 期，第 31 – 37 页、第 60 页

作者：孔翔，顾子恒

摘要：近年来，我国开发区遭遇的"产城分离"困境受到普遍关注。基于工业化促进城市化的微观机理，并结合中国开发区集聚产业和人口的独特机制，探讨了中国开发区遭遇"产城分离"的内在原因。研究表明，中国开发区加工制造环节的集聚更多吸引了低收入群体在开发区周边生活，从而制约了工业化促进服务功能优化的潜能，特别是地处城市远郊的开发区，由于高收入群体大多选择克服通勤成本以获得较好的城市服务，"产城分离"比较明显，但在城市近郊发展的开发区则可能较好地克服"产城分离"问题。江苏昆山自县城周边自费办开发区开始，就注重依托旧城服务功能吸引各阶层人口就近居住生活，从而较好克服了"产城分离"，为开发区的产业转型升级优化了人力资本环境。由此可见，中国开发区遭遇"产城分离"是由独特的空间生产过程和区位特点共同决定

的，而促进开发区的"产城融合"关键是以提升城市服务功能吸引高收入群体就近居住生活。

7. 题目：政策演进、省际操作及其趋势研判——长江经济带战略实施三周年的总体评价

来源：《南京社会科学》，2017 年第 4 期，第 1－11 页、第 19 页

作者：王佳宁，罗重谱

摘要：自长江经济带战略提出以来，沿江 11 省市加快推进，在生态环境保护、综合立体交通走廊建设、创新驱动产业转型升级、新型城镇化建设、全方位开放新格局构建、区域协调发展体制机制创新等方面取得了显著成效，但也面临生态环境保护压力加大、重大基础设施建设缺乏整体协调性、产业同质化竞争严重、人口城镇化水平不高、开放层次和领域有待拓展和区域合作联动社会参与不足等问题。对此，应坚持及时评估并利用好各类试验区的示范引领效应与价值，加强规划与政策间的衔接以切实推进规划与政策落地，优化长江经济带区域合作机制，破除"以邻为壑"，引入"善治"理念，吸引多方主体参与长江经济带建设，发挥新型智库效用推进决策科学化和加强第三方评估等政策取向。

8. 题目：京津冀区域协同的路径与雄安新区改革

来源：《南开大学学报（哲学社会科学版)》，2017 年第 4 期，第 12－21 页

作者：刘秉镰，孙哲

摘要：向协同要红利是我国区域改革与发展的新取向。区域协同具有四个维度：地理形态上的空间协同、经济形态上的产业协同、制度基础上的市场协同和政策工具上的治理协同，还包含三大策略：以总体目标与互惠偏好形成价值共识、以需求互补和制度约束建立秩序规则、以中央调控和区域联动推进管理实施，协同的维度和策略共同构成了矩阵式的协同框架。京津冀协同发展的路径包括优化世界级城市群的空间布局，推动产业成长与结构升级，建设统一开放的市场体系，发挥市场在资源配置中的决定性作用。雄安新区在协同发展中承担着新枢纽建设、首都产业转移与创新驱动发展、制度试验以及新城治理的改革任务。

9. 题目：雄安新区与京津冀世界级城市群建设

来源：《南开大学学报（哲学社会科学版)》，2017 年第 4 期，第 22－31 页

作者：李兰冰，郭琪，吕程

摘要：雄安新区是国家大事、千年大计，对于强国战略、南北均衡发展、京津冀世界级城市群建设均具有重大意义。从学理角度探讨"世界级城市群的特征、规律与形成机

制""新城建设与城市群经济增长极培育""制度环境、要素流动与城市群空间结构调整""高落差城市群建设的经济绩效与协同路径"等问题，对雄安新区发展模式与政策设计十分必要。雄安新区应紧密结合世界级城市群建设目标，重点谋划产业体系、创新驱动和治理模式等方面的发展路径。

10. 题目：基于根植性视角的我国特色小镇发展模式探讨

来源：《中国软科学》，2017 年第 8 期，第 102–111 页
作者：付晓东，蒋雅伟
摘要：特色小镇是我国新型城镇化中的重要组成部分。本文从根植性的角度探讨特色小镇的发展模式，建立了"特色"形成的理论体系，将根植性的表现形态分为自然资源禀赋、社会资本基础以及市场需求偏好这三类，分别从这三个方面研究特色的形成，并得出根植性本身具有独特性、网络性、发展性、继承性和易逝性的特性。根据根植性的理论原理，本文对我国第一批特色小镇进行分析，总结出各区域特色小镇发展模式的特征，为特色小镇的建设提供了理论基础。

11. 题目：论"东北现象"的成因及对策

来源：《南开大学学报（哲学社会科学版）》，2017 年第 6 期，第 56–64 页
作者：赵儒煜，王媛玉
摘要：近年来，东北地区经济的持续下滑引来了全社会的广泛关注。对于"东北现象"的成因众说纷纭，各有其解。从经济基础看，"东北现象"的生成具有历史必然性，无论是东北地区的产业定位、国家的政策选择，还是其所处的宏观经济周期，都注定了"东北现象"的产生不可避免。经济基础的必然性进一步导致了上层建筑的僵化，从而加剧了东北经济的下滑态势。从产业发展的角度看，"东北现象"的破解最根本的就是要重建东北地区的产业体系，打破旧有束缚，进而实现经济的复苏与繁荣。

12. 题目：生态共建共享视野的路径找寻：例证京津冀

来源：《改革》，2018 年第 1 期，第 86–94 页
作者：彭文英，李若凡
摘要：通过梳理生态系统服务价值及生态补偿标准的评估评测方法，以区域生态共建共享为目标，建立了反映区域生态投入、生态消耗的跨区域生态贡献指标体系，设计了区域生态角色、生态补偿与受偿的 DEA 生态贡献计量方法、程序。利用京津冀地区进行实证分析，生态贡献大的地区集中于京津冀北部地区，生态消费地区集中于城镇化水平高的核心城区，结果符合现实情况，反映了 DEA 生态贡献计量方法简单可行。我国应做好顶

层设计，科学划分生态—经济功能区，优先在功能区内部实施跨区域的横向生态补偿，切实推进区域生态共建共享。

13. 题目：从政府主导走向多元联动："一带一路"的实践逻辑与深化策略

来源：《学术月刊》，2018 年第 4 期，第 46 - 57 页
作者：盛垒，权衡
摘要："一带一路"建设四年有成，但还存在着地方政府融入性不强、社会资本参与度不够、企业"走出去"方向不明等突出问题，制约了"一带一路"的深入发展。解决问题的出路依赖于"一带一路"建设由政府主导走向多元联动。当前的"一带一路"倡议正在向落地深耕的新阶段迈进，亟待新主体、新动力、新模式、新路径的创新发展，而多元联动将为推动"一带一路"更加深入发展注入新的动力和活力。通过建构一个"政府—城市—园区—企业"多方联动的逻辑框架，本文重新审视了"一带一路"参与各方的行动逻辑，主张收缩政府干预的行为边界，使企业回归市场主体的本原角色，而城市和园区作为重要支撑平台将构成"一带一路"建设的主要节点。以多元联动引领"一带一路"新发展，关键是发挥好沿线中心城市的枢纽节点功能和重点经贸园区的平台支撑作用，核心在于把"一带一路"资源布局配置重心从国家层面下移到城市/园区尺度。围绕深耕厚植"一带一路"的新目标，下一步应精选"一带一路"倡议支点城市优先推进，而合适的做法是由沪港联合担当"战略双支点"和"发展双引擎"。在"一带一路"建设进入阶段转换的关键时刻，提出从政府主导向多元联动转型发展具有重大现实意义和理论创新价值。

14. 题目：供给侧视角下中国生产性服务业集聚对城市全要素生产率的影响

来源：《首都经济贸易大学学报》，2018 年第 2 期，第 72 - 82 页
作者：韩增林，杨文毅，郭建科
摘要：利用 2005 ~ 2014 年中国 285 个城市的面板数据，可以从供给侧视角以生产性服务业自身集聚及其与三大产业的协同集聚作为其对国民经济的供给规模和供给结构，用空间动态面板杜宾模型考察生产性服务业对城市全要素生产率的影响。结果显示，生产性服务业集聚对全要素生产率具有显著的空间影响，两者之间呈现复杂的非线性关系。就供给规模而言，全国层面生产性服务业集聚与全要素生产率之间呈倒 U 形关系，尚未达到最佳集聚程度；高端生产性服务业主要集聚在区域性中心城市，是推动全要素生产率提高的主力军；低端生产性服务业主要集聚在中部地区，对中部地区全要素生产率的提高具有阻碍作用，而对西部地区具有积极影响。就供给结构而言，生产性服务业与其他服务业的协同集聚对全要素生产率的影响最大，与第一产业的协同集聚的影响最小，而与第二产业的协同集聚对全要素生产率尚未发挥出足够影响。

15. 题目：雄安新区高质量发展的战略选择

来源：《改革》，2018 年第 4 期，第 47 – 56 页

作者：李国平，宋昌耀

摘要：雄安新区是千年大计、国家大事，高质量发展是雄安新区开发建设的内在要求。为实现雄安新区的发展定位，雄安新区应当采取优质承接战略、枢纽城市战略、创新发展战略和智慧宜居战略四大战略，从而实现高质量发展。积极承接非首都功能疏解是雄安新区高质量发展的前提，打造枢纽城市是雄安新区高质量发展的基础，创新发展是雄安新区高质量发展的动力，智慧宜居是雄安新区高质量发展的落脚点。雄安新区的高质量发展将加快京津冀协同发展战略实施，也将对国内外新区新城建设提供示范与参考。

16. 题目：区域合作空间维度的最优圈层研究——兼论粤港澳大湾区分工体系的纵深拓展

来源：《经济问题探索》，2018 年第 5 期，第 80 – 89 页

作者：阳国亮，欧阳慧，程皓

摘要：从省际的泛珠合作，到省内的双转移战略，再到粤港澳大湾区建设，基于珠三角的相关区域合作圈层常常发生变化。区域合作在空间维度上是否存在一个最优圈层，是一个值得深入探讨的问题。文章以 1995 ～ 2015 年中国相关地级市数据为样本，以合成控制法为工具，对泛珠合作和双转移战略的区域合作政策的处理效应进行考查，以此研判其合作圈层的合理性，同时采用安慰剂法和置换法进行稳健性检验。最后，通过结构突变计量模型剖析了合作圈层非合理性的内在机理，继而提出最优圈层的物质基础和决定因素。结论显示：泛珠合作、双转移战略均未达到预期效果，其区域合作圈层存在非合理性，原因在于空间集聚效应被削弱，导致人口密度、经济结构、基础设施对经济增长的影响出现结构性突变，而分工体系是最优圈层的本质规定性所在，珠三角经济圈向粤港澳大湾区的高质量发展需要进行分工体系重构，对经济腹地及相应的合作圈层提出了要求。

17. 题目：住房产权、公共服务与公众参与——基于制度化与非制度化视角的比较研究

来源：《经济研究》，2018 年第 7 期，第 75 – 88 页

作者：孙三百

摘要：城市经济学相关研究发现，住房产权、公共服务满意度影响公众参与行为。本文在阐述中国住房产权、公共服务供给和户籍制度等独特背景的基础上，首次运用中国微观调查数据研究发现，完全住房产权显著提高城市居民制度化公众参与的概率，共享产权

对制度化公众参与无显著影响，而这两类住房产权对城市居民非制度化公众参与都没有显著影响；对公共服务不满意者制度化公众参与的概率更低，而更倾向于选择非制度化公众参与。进一步分析发现，本地户籍居民对公共服务越不满意则越少选择制度化公众参与，即支持"疏离假说"；非本地户籍者居民中拥有住房产权且对公共服务不满意者，制度化和非制度化公众参与的概率都更高，支持"负面投票假说"和"住房投票假说"。鉴于住房产权的这种广义虚拟经济属性及其影响的异质性，多渠道增加对流动人口的住房供给和提升公共服务水平可有序扩大公众参与，进而有利于推动经济发展和提高社会平等程度。

第二节

外文期刊论文精选

一、产业集聚机制及异质性

题目：劳动力市场池作为集聚经济来源的检验：来自英格兰和威尔士劳动力市场的证据

来源：《区域科学文汇》，2014年1月第93卷第1期，第31-52页

作者：帕特里夏·C. 梅洛，丹尼尔·J. 格雷厄姆

原文摘要：This paper generates new evidence for England and Wales on the importance of labour pooling as a source of agglomeration economies. Estimates of worker and firm productivity are obtained from longitudinal worker and firm micro - data and used to test the hypothesis that denser labour markets increase the quality of the matching between employees and employers across labour markets. Our findings provide evidence supportive of a positive relationship between the quality of the employee - employer matching and the economic size of labour markets.

关键词：Agglomeration Economies；Labour Pooling；Matched Worker - firm Longitudinal Micro - data

原文译文：

摘要：本文通过对英格兰和威尔士的研究表明，劳动力池是集聚经济的重要来源。利用纵向工人和企业的微观数据得到工人和企业生产率的估计值，并用该估计值检验这样一个假设——更加密集的劳动力市场提高了员工和雇主在劳动力市场上的匹配质量。研究结果表明，员工和雇主匹配质量与劳动力市场的经济规模之间存在正向关系。

关键词：聚集经济；劳动力市场池；工人—企业纵向微观数据匹配

1 引言

回顾近期关于集聚经济规模和成因的观点，Puga（2010）讨论了聚集经济规模的完善证据与实证理解成因的分歧，并对比了两者间的差异。经济活动空间集聚影响生产率的这一实际途径很少为人所知。然而，如果对这些机制没有恰当的理解，可能导致区域和城市政策受限及不确定性结果。

经济活动空间集中的收益递增最广为接受的来源是马歇尔外部性（Marshall，1920），之后，被接受的来源包括中间产品和最终产品供应商之间的联系、劳动力市场池和知识溢出（例如，Fujita 等，1999；Fujita 和 Thisse，2002）。企业从接近本地供应商和消费者过程中通过节约交通成本而获益，进而引发投入产出联系。劳动力市场池外部性是由于越来

越密集的劳动力市场带来更高的专业化分工、更有效的工作搜索、员工与企业间的匹配，以及在其他可能的因素中，对工人的技能投资是对他们更大的激励。最后，知识和人力资本溢出效应是由于空间集中的企业和/或员工比空间分散布局的企业和/或员工更容易相互学习。

Duranten 和 Puga（2004）提供了另一种相关的分类，他们把集聚经济的成因机理分成三组：共享、匹配和学习。作为供应商、消费者或服务商，共享是有益的，市场接近和使用相同设备降低了企业的成本。匹配是指由彼此相近的企业和工人带来的一种优势。这些好处是使生产性的工作—工人匹配更容易，成本更低的实现概率更高。最后，学习关注个体间的信息和知识交换（即企业、工人），促进了创新的出现和扩散，也对生产率产生了积极的影响。

上面这两个框架之间的主要区别是，Duranten 和 Puga 分类提供了一个集聚经济实现过程的描述，马歇尔来源可以更好地理解为集聚外部性的一种类型。以马歇尔劳动力市场池为例，共享和匹配机制都可以被称为劳动力市场池外部效应的潜在实现过程。劳动力市场池效应可以通过以下益处共享，即：更大市场上工人专业化的增加，更密集的劳动力市场上雇主和工人更好的匹配，或更大市场上应对不同冲击能力的提升（Puga，2010）。

本文将通过检验 Duranten 和 Puga（2004）讨论的匹配机理，验证劳动力市场池作为马歇尔集聚经济来源。被测试的假设是密集的劳动力市场改善了工人—雇主的匹配质量，就工人和企业生产率之间的联系来测量。集聚使工人匹配到合适工作变得更加容易，改善了匹配的质量。正如我们第二部分要讨论的那样，这仅仅是可能用来检测劳动力市场池作为集聚经济来源的一种渠道。

本文在劳动力市场池作为集聚经济来源的重要性方面为英格兰和威尔士提供了新的证据。本文运用的实证框架，是基于雇员和雇主调查的纵向匹配，测试尤其适合于更为聚集区域里更有效率的工人和企业之间的匹配。Andersson 等（2007）用这一假设研究过美国的两个州，他们发现集聚（雇用密度）与劳资空间的协调匹配之间存在着正向显著的关系。然而，Mion 和 Naticchioni（2009）用这一假设对意大利的研究得到了集聚（雇用密度）与劳资匹配质量之间存在负相关关系。希望我们的分析能够在 Andersson 等（2007）与 Mion 和 Naticchieni（2009）的矛盾发现中，提供有见解的分析。

我们的研究在 Andersson 等（2007）与 Mion 和 Naticchioni（2009）的引导下分为两个主要方面。它利用我们认为是一个更合适的度量企业生产率的方法，并使用统计估计方法处理经验文献中关键的估计问题。Andersson 等（2007）与 Mion 和 Naticchioni（2009）基于工资模型中获得的劳资固定效应，用来衡量企业和工人的生产率。企业生产率的衡量是根据工资回归获得的固定效应，可能会捕捉与集聚经济无关的企业异质性的来源（例如，来自垄断加成、工会的程度、企业工资政策的效应），并且因此可以提供一个不完整的甚至错误的衡量企业的生产率。我们的方法是首先从工资和生产函数模型中，分别获得代表工人和企业生产率估计值，然后将劳资生产率匹配对与通过匹配模型估计的集聚经济相联系。因此，我们认为，劳资匹配在先前 Andersson 等（2007）与 Mion 和 Naticchioni

（2009）的基础上提供了一种改进。此外，我们的分析纠正了匹配回归中集聚经济与劳资匹配质量的同时偏差，Andersson 等（2007）与 Mion 和 Naticchioni（2009）并没有解决这个问题。

我们从年度的工时与收入调查（ASHE）和年度受访者数据库（ARD）获得纵向微观数据，实现对员工和雇主生产率的估计，然后用来验证集聚经济和劳资匹配质量之间的正向关系，作为英格兰和威尔士工作区域的劳动力市场池效果证据。我们的发现表明，劳资匹配质量随着劳动力市场的规模与密度的增加而提高。

本文的结构如下：在第二部分，我们提供了劳动力市场池对集聚经济重要性先前证据的回顾。第三部分描述了实证方法。第四部分描述了实证分析中使用的数据。第五部分为结果与讨论。第六部分为结论。

2 劳动力市场池外部性先前研究

回顾集聚经济来源的实证文献，我们发现 11 篇论文为劳动力市场池作为集聚经济动力提供了证据。表 1 总结了实证方法、假设检验和先前对检验劳动力市场池与集聚经济关系研究所获得的主要结果。

表 1　先前的劳动力市场池外部性实证证据

作者及年份	实证方法	劳动力市场池		国家
		描述	效果	
Kim 等（2000）	集聚来源	高、中、低技能劳动力份额	高技能和低技能劳动力对集聚正相关	美国
Rosenthal 和 Strange（2001）	集聚来源	管理工人的份额；获得学士、硕士、博士学位的工人份额；净生产率	所有地理尺度都产生正效应	美国
Rigby 和 Essletzbichler（2002）	生产率来源	劳动力混合	聚合分析的正效应，各行业的混合证据	美国
Wheeler（2006）	生产率（工资）来源	工资间的增长	集聚对工资间增长产生的正向显著的影响	美国
Andersson 等（2007）	生产率来源	企业与工人质量匹配回归	匹配协调增加生产率	美国
Amiti 和 Cameron（2007）	生产率（工资）来源	地区内部企业间劳动需求（教育）的相似性	正效应	印度尼西亚
Ellison 等（2010）	集聚来源	地区内部企业间劳动需求（职业）的相似性	正效应	美国
Mion 和 Naticchioni（2009）	生产率（工资）来源	工人技能与企业效果匹配的工资均衡估计	正向的协调匹配增加劳动生产率	意大利

续表

作者及年份	实证方法	劳动力市场池		国家
		描述	效果	
Overman 和 Puga（2010）	集聚来源	行业级的异质性波动测度	正效应	英国
Gabe 和 Abel（2012）	集聚来源	一个职业间知识概况的差异	专业化（相似）知识概况对职业集聚（联合集聚）产生正效应	美国
Di Addario（2011）	搜索匹配模型	劳动力市场人口	市场规模增加工作搜索可能性	意大利

我们认定两种主要的实证方法，用于实证文献来验证劳动力市场池的外部性，见表1第二列。第一个主要方法被称为"生产率来源"，指研究考虑生产率之间的关系（由企业产出、工人的生产率或工人工资率衡量）和集聚经济的来源（例如，Rigby 和 Essletzbichler，2002；Andersson 等，2007；Mion 和 Naticchioni，2009）。第二个主要方法被称为"集聚来源"，并且包括验证经济活动的空间集中（用某些地理集中指数衡量）与集聚经济来源之间关系的研究（例如，Rosenthal 和 Strange，2001；Overman 和 Puga，2010）。总体而言，尽管实证方法间存在差异，先前的研究已经发现证据支持劳动力市场池和集聚经济体之间存在正向的关系。主要是由于数据可用性的原因，一些研究同时计算出不同的集聚马歇尔来源（例如，Kim 等，2000；Rigby 和 Essletzbichler，2002；Amiti 和 Cameron，2007；Ellison 等，2010；Overman 和 Puga，2010），然而其他研究分别关注不同来源（例如，Andersson 等，2007；Mion 和 Naticchioni，2009）。

就用于检验劳动力市场池与集聚经济间正向关系的假设而言，研究可以将其区分开来。通常假设从以下三种方案中选择一种加以表示：①用受教水平或职业类型衡量劳动力质量（例如，Kim 等，2000；Rosenthal 和 Strange，2001；Gabe 和 Abel，2012）；②用措施衡量不同经济部门工人技能的相似性（例如，Rigby 和 Essletzbichter，2002；Amit 和 Cameron，2007，Ellison 等，2010；Gabe 和 Abel，2012）；③对于一个较少的范围，越是集聚的区域，职位搜索和劳资匹配越为高效（例如，Andersson 等，2007；Mion 和 Naticchioni，2009）。

其中一个假设用来检验劳动力市场池，其由对熟练且高教育水平的工人和行业雇用专业及熟练工人空间集聚的正向关系检验构成。这个方法存在两个主要缺陷：它刻画产业特定专业化技能的能力有限，它还刻画来自于知识溢出的集聚效应。Rosenthal 和 Strange（2001）发现了由管理岗劳动力和有本、硕、博学位的劳动力的份额来代表的劳动力市场池对制造业空间聚集的一个正向效应。为了衡量制造业空间聚集的程度，他们使用了 Ellison 和 Glaeser（1997）的空间聚集指标。Kim 等研究的证据则没那么支持劳动力市场池对空间聚集的正向作用，他们发现空间聚集与高技能和低技能的劳动力都有联系。Gabe 和 Abel（2012）发现具有专业化知识基础的职业更倾向于空间聚集。

另一种假说曾基于"使用具有相似技能的劳动力产业为了享受接近具有相关技能劳

动力的好处而倾向于紧邻彼此分布"来检验劳动力市场池的效应。Rigbly 和 Essletzbichler（2002）及 Amiti 和 Cameron（2007）通过构建工人可观察的技能的相似性的指标检测了这个假说，并且从在生产率上劳动力职业分布的相似性发现了正的效应。Ellison 等（2010）检验了不同产业间，雇用的相似性和美国制造业成对发生的协同聚集之间的关系。Gabe 和 Abel（2012）检验了专业化知识对职业聚集的作用，并且发现了具有类似知识简历与更加专业化的内容的职业倾向于协同聚集。Overman 和 Puga（2010）通过检验建立在企业在异质性冲击存在的情况下将从协同布局在一样的劳动力市场收益观点上的风险份额假说，来测试劳动力市场池的效应。

劳动力市场池效应还被用搜索和匹配框架来检验。被检验的假说是：更聚集的劳动力市场不但会增加工作—工人匹配的可能性，还会增加匹配的质量。受劳动经济学中的寻找和匹配模型的启发，Andersson 等（2007）聚焦于工作—工人匹配的质量来检验美国两个州（加利福尼亚和佛罗里达）的城市生产率的分化。他们表示企业—工人匹配模式的差异会影响生产率的分化，并且这种现象更容易在高质量工人和企业较为集中的城市发生。Mion 和 Naticchioni（2009）采用了类似的方法，使用一套匹配的雇主—员工数据集来检验具有正向空间吸引力的匹配可以作为聚集经济的一个驱动力。研究结果支持了一个企业的质量（用企业规模和企业的固定效应衡量）和工人质量（用工人固定效应刻画）之间正向匹配的存在，但是这种具有正向吸引力的匹配与意大利省份密度之间的联系却是负的。在最近的研究中，Addario（2011）使用了一个搜寻—匹配模型来检测劳动市场规模（人口）对于找工作者找到工作的可能性的正向效应。该研究并没有检验城市聚集于与雇员—雇用者之间的匹配质量。

我们还发现，Wheeler（2006）的研究测试劳动力市场池和知识溢出分别被作为工作间和工作内工资增长率的反映的作用。该被测试的假说是，更高的工作间工资增长率是匹配过程的表现，而更高的工作内工资增长率是与知识外溢相关的增长机制的表现。结果表明，聚集经济对工作间的工资增长率的影响更强，这也是马歇尔的劳动力市场池效应相对于知识溢出效应具有更重要的指示，然而，因为工人只有在工作增加能补偿离开一份安全工作的风险时才愿意辞职，所以结果中会有正向偏差。

在本文中，我们通过聚焦于 Duranton 和 Puga（2004）描述的匹配机制来测试劳动力市场池和聚集经济之间的正向关系。其中讨论的模型表明，工人和岗位之间匹配的提高是来自找工作的人找到合适的工作的机会增加了以及雇员—雇主更高质量地匹配增加了。测试一个更高的岗位和工人之间匹配质量是困难的，因为它需要有匹配的雇员—雇主数据和对那种匹配的实证衡量方法的发展。在本文中估计的实证分析至少因为两点是有价值的：第一，它们探索了将英国工人和企业纵向数据进行匹配的可能性来检测聚集经济和劳动力市场池之间的正向关系。第二，它们改进了 Andersson 等（2007）和 Mion 和 Naticchioni（2009）的岗位和工人之间匹配质量的衡量标准。

3 方法论

3.1 实证方法

本文采取的实证方法包含两个阶段：第一阶段包括对工资和生产函数的估计，分别基于工人和企业的固定效应来获得工人和企业生产率的估计值。第二阶段是验证城市集聚经济与工人和企业之间匹配质量的正向关系。第二阶段回归分析的因变量由工人和企业固定效应之间的相关性系数构成，工资和生产函数的固定效应由第一阶段估计得出。

3.1.1 工资和生产函数

工资和生产函数的估计分别由等式 1 和等式 2 表示。

$$\ln W_{it} = \alpha_o + \sum_k \beta_k \ln X_{it,k} + \delta_t + \lambda_o + \sigma_s + \eta_i + \varepsilon_{it} \tag{1}$$

其中，i 代表工人，s 代表行业，o 代表职业人群，t 代表年份。因变量是实际每小时净工资的对数，也就是说，任何时间支付的按照 AEI 平均收入指数（由国家数据办公室 ONS 提供）对照价格调整过的折现后的总的小时工资。$X_{it,k}$ 代表用劳动经济学衡量的工人特征，包括工人的年龄、年龄的平方和性别。除了这些劳动者水平的协变量外，我们还考虑了当地教育水平的衡量标准和平均房屋价格（更多有关解释变量的细节被包括在第四部分）。工人的技能被不因时间变化的工人固定效应（η_i）刻画。δ_t，λ_o 和 σ_s 由一系列分别衡量特定时间因子、特定职业因子和特定产业因子的虚拟变量组成，是被假定为允许在工人身上异方差性和集聚时正常分布的残差。

为了表示企业的生产率，我们从生产函数中获得了对企业的全要素生产率（TTP）的衡量。

$$\ln Y_{ft} = \alpha_o + \sum_k \beta_k \ln X_{ft,k} + \delta_t + \sigma_s + \eta_f + \varepsilon_{ft} \tag{2}$$

其中，f 代表企业，s 代表行业，t 代表年份。企业产出由总产出（Y_{ft}）衡量，有三个投入因素（$X_{ft,k}$）：劳动力、总资本支出——处置、材料。δ_t 和 σ_s 由一系列虚拟变量构成，分别用以解释特定时间因子和特定产业因子；η_f 指企业的固定效应，ε_{ft} 是被假定为允许在企业上异方差性和集聚时正态分布的残差。

工资和生产函数估计中包括的虚拟变量服务于这个目的，即控制可以导致遗漏变量有偏及模型参数估计不一致的未被察觉的异质性来源。在 3.2 中我们提供了对等式（1）和等式（2）估计的主要问题的讨论。

3.1.2 匹配回归

为了检验工人—企业匹配关系和集聚经济之间的正向关系，我们检验劳动力市场（TTWAs）与集聚经济之间的实证关系，以及工人和企业生产率之间的相关性，分别由等式（1）和等式（2）获得的工人和企业固定效应衡量。为了将工人与他们各自的雇主匹配，我们使用 ASHE 和 ARD 调查方法提供企业参考的变量（见第四部分）。匹配回归的描述如下：

$$\mathrm{corr}(\eta_i, \eta_f)_{rt} = \alpha_0 + \sum_k \beta_k \ln X_{rt,k} + \delta_t + \varepsilon_{rt} \qquad (3)$$

其中，$\mathrm{corr}(\eta_i, \eta_f)_{rt}$指工人和企业对 TTWAs 在时间 t 的固定效应的相关性的平均系数，$X_{rt,k}$代表一系列的劳动市场特征（见第四部分），包括城市聚集经济（雇用密度）衡量、地区规模、市场潜力和产业专业性。

等式（3）的匹配回归的估计使我们得以测试 TTWA 聚集经济（雇用密度）对雇员雇主匹配的正向关系。为劳动市场雇用密度获得一个正向和统计上有意义的系数为劳动力市场池外部性作为聚集经济来源的正向作用提供了支持，在这里被一个更高效的雇员—雇主匹配关系所证明。3.2 将讨论关于等式（3）估计的主要问题。

3.2 估计问题

3.2.1 未被观察到的异质性

工人未被观察到的特征，例如工人技能和教育，会影响工人的生产率和工资。类似地，企业未被观察到的特征（例如组织结构的差异、管理能力、培训方案等）也能影响企业的生产率。为了衡量这些异质性我们使用组内或是固定效应的估计量去估计工资和生产率函数。

3.2.2 投入因素的同时性偏差

这个问题起源于生产过程中与投入因子有关的未被观察到的企业异质性，或者说是企业对具备的投入生产要素的决定依赖于预期的产出水平的事实。过去经常更正偏见的主要方法来源包括阿雷拉诺和邦德（1991）、阿雷拉诺和博韦尔（1995）、布伦德尔和邦德（1998）提出的动态广义矩估计（GMM）量（例如不同的 GMM 和系统 GMM），以及 Olley 和 Pakes（1996）、Levinsohn 和 Petrin（2003）的控制函数方法。

3.2.3 工人和企业的空间分类

当工人和企业基于他们（未被观察到的）特征在空间上划分时出现工人和企业的空间分类问题。诺克（2006）、鲍德温和奥库巴（2006）认为更具生产率的企业自己选择进入大的区域。惠勒（2001，2006）、格莱泽和梅尔（2001）、Yankow（2006）、库姆等（2008，2010）认为，工人的空间分类解释了很大部分的工人生产率的差异。对这些特征忽略不计会因此对生产率产生不一致和有偏差的估计。使用工人—企业固定效应可以克服这个问题。

3.2.4 集聚经济的内生性

这个问题来自于生产率和聚集经济间的反向因果关系且在实证文献中被撰写成文（例如，格雷厄姆等，2010）。为了谨慎地阐述反向性，我们引入了一个工具变量估计量，使用内生变量的长滞后值（基于 19 世纪的人口普查）作为工具。这种类型的工具在经验主义中被广泛使用（例如，Ciccone 和 Hall，1996；库姆斯等，2008，2010）。工具变量外生性的原因在于这一想法：19 世纪的城市系统可以在一定程度上解释现有城市密度的分布，但是不能解释现有生产率水平的分布。我们的工具由 1831 年和 1851 年普查得到的长滞后的人口数据组成。不幸的是，19 世纪的人口普查数据在 TTWAs 水平上不可得。我们可以使用的最好的地理聚集是基于注册的国家（RC）。为了在 TTWAs 获得聚集方法的长期滞后值（在第四部分讨论），我们使用每个特定 RC 内的特定的 TTWA 中总土地份额作为权重，把每个 RC 的人口数据分配到每个 TTWA。

4　数据来源与变量

我们使用的数据有两个来源：小时和工资年度调研（ASHE）用来估计工人水平的工资方程，而年度调查对象数据库（ARD）用来估计企业水平的生产率函数。为了确保最后的 ASHE 和 ARD 数据集避免无响应、漏报，以及其他问题，我们执行了一系列清理和治理程序。表 2 和表 3 分别为工资和生产率估计方程所使用的变量提供了一些基本的描述数据。表 4 为匹配方程估计中所使用的变量提供了基本的描述数据。

表 2　解释变量的概括统计量——工资函数

变量	标记	平均	标准差	最小值	最大值
实际净小时工资（英镑）	W	8.18	4.92	N/A	N/A
年龄	Age	40.03	11.81	16	65
年龄的平方	Age2	1741.68	961.83	256	4225
全日工	Ft	1.24	0.43	1	2
女性	Female	0.48	0.50	0	1
平均房价	AHP	175.314	74974	38371	874844
NVQ 4 级或更高水平中 16~64 岁人口的比例	NVQ4 +	25.92	8.19	5.6	82

注：N/A 服从于数据披露。1 = 全日工，2 = 兼职工。0 = 男性，1 = 女性。表中所示的数值在匹配到工人数据集前是以 376UA/LAD 为基础的。

表 3　解释变量的概括统计量——生产率函数

变量	标记	平均值	标准差	最小值	最大值
总产出（英镑）	Go	28375	324570	N/A	N/A
劳动力（工人）	Labour	210.34	2194	<10	N/A
资本（总资本支出处置）（英镑）	Capital	1218	25878	N/A	N/A
购买的材料（英镑）	Materials	3468	41343	N/A	N/A
购买的能源（英镑）	Energy	400.33	9446	N/A	N/A

注：N/A 服从于数据披露。

表4　解释变量的概括统计量——匹配函数

变量	标记	平均值	标准差	最小值	最大值
雇用密度	Dens	230.85	212.98	5.56	1409.37
市场潜力	MP	186.13	40.58	68.73	267.98
赫希曼—赫芬达尔指数	HHI	0.07	0.01	0.05	0.19
面积（平方千米）	Area	731.31	414.60	93.91	2964.98

ASHE 是 ONS 主导的雇主水平的纵向调查，涵盖工人的一系列丰富信息，包括小时工资、小时工作量、性别、年龄、职业、行业、工人是全日工还是兼职工、工资是否受出勤率影响、家庭住址和单位地址等。遗憾的是，没有衡量工人的教育。为了计入教育水平的差异我们搜集了 ONS 年度人口调研（APS）的数据。APS 为统一当局（UA）/当地局（LAD）提供了国家职业资质（NVQ）水平的劳动市场数据。NVQ 水平是反映教育水平之外的员工质量的基于工作的奖励。在 NVQ 水平和受教育程度之间存在一致性。我们使用 NVQ 4 级或更高水平的 16~64 岁的人口百分比，这里包括了更高的受教育程度。

另一个影响工资水平的重要因素是生活成本，这也是 ASHE 中没包含的。为了计入不同生活成本的差异我们从 ONS 房屋供给数据中（基于地政局数据）得到平均住房价格。然而，区域数据只针对英格兰和威尔士的 LAS 可获得。所以，我们将苏格兰从我们的分析中剔除了。

工资估计函数（等式（1））中所使用的最终数据集，包括了 2002~2006 年 190151 个人的不平衡面板（对应539533个观察）。平均来说，我们每个工人观察 2.8 次。

ARD 是一个带有英国商业数据的纵向微观尺度的数据集。ARD 中涉及的主要变量包括营业额、输出、雇用、资本支出、中间消费、产业、拥有者国籍、对生产资料的兼并处置等（Barnes，2002，Barnes 和 Martin，2002）。最后的数据集曾估计了等式（2）中由 143913 份报告单位对应 2002~2006 年五年 200959 个观察构成的不平衡面板的生产函数。平均来说，我们观察了每个报告单位 1.41 次。我们对总产出、劳动（雇用）、净资本支出（总资本支出减去土地、建筑、机器、车辆等的处置）和购买的机器使用报告水平的数据。

5　结果与讨论

在这一部分，我们首先考虑工资和产出函数各自的估计值，然后检验匹配回归估计，来验证城市集聚经济与劳动力市场池外部性之间的正向关系。从工资和生产率方程估计所得的结果分别在表5和表6显示。表7报告了从匹配回归中获得的结果。

为了解释第三部分的讨论，我们选择了固定效应（FE）估计量作为优先选择的模型，因为它为估计误差项和未被观察到异质性的工人之间存在非零关系提供了连贯的模型参数。结果表明，工资率随着工人的年龄增加而增加，但是随着工人变老，工资率增长幅度变小，意味着工资和年龄之间存在凹的关系。全日型工人小时工资率比兼职型工人平均高

3.4%，女性工人比对应的男性工人平均低12%（POLS，合并普通最小平方）。

表5　工资函数的结果

	POLS	FE
年龄（Age）	0.0375 ***	0.0441 ***
	(0.0004)	(0.0028)
年龄的平方（Age2）	− 0.0004 ***	− 0.0006 ***
	(0.0000)	(0.0000)
全日型（Full − timer）	− 0.1009 ***	0.0344 ***
	(0.0018)	(0.0023)
女性（Female）	− 0.1163 ***	
	(0.0019)	
平均房价的对数（Log of Average House Price）	0.1263 ***	0.0395 ***
	(0.0023)	(0.0039)
NVQ 4 级及以上水平工人占比	0.0042 ***	0.0009 ***
（Percentage of people with NVQ level 4 or higher）	(0.0001)	(0.0001)
观测值（Observations）	539533	539533
R − squared（Overall）	0.60	0.41
R − squared（Within）		0.08
R − squared（Between）		0.43

注：表中括号内数值是集聚在工人层面显著标准误的修正。显著性水平：***表示 p < 0.01。控制变量包括：两位数行业的固定效应；一位数职业的固定效应；年的固定效应。

表6　生产函数的结果

	POLS	FE	LP1	LP2
Log of labour	0.8041 ***	0.4156 ***	0.818 ***	0.7045 ***
	(0.0034)	(0.0138)	(0.0036)	(0.0034)
Log of capital	0.0783 ***	0.0132 ***	0.0483 ***	0.0340 ***
	(0.0016)	(0.0011)	(0.0022)	(0.0022)
Log of materials	0.2752 ***	0.0493 ***		0.0697 ***
	(0.0023)	(0.0025)		(0.0020)
Returns to scale	1.16	0.48	0.87	0.81
Observations	200959	200959	200959	200959
R − squared（Overall）	0.88	0.84	0.90	0.91
R − squared（Within）		0.27		
R − squared（Between）		0.81		

注：表中括号内数值是集聚在企业层面显著标准误的修正。显著性水平：***表示 p < 0.01。控制变量包括：两位数行业的固定效应；年的固定效应。

表7　匹配函数的结果

	POLS	RE	POLS – IV	RE – IV
Log of employment density （Dens）	0.0628 **	0.0713 **	0.0877 *	0.0844
	(0.0262)	(0.0347)	(0.0526)	(0.0641)
Log of Market Potential （MP）	0.0732	0.0959	0.0197	0.0706
	(0.1164)	(0.1420)	(0.1109)	(0.1405)
Hirschmann – Herfindhal Index （HHI）	– 0.1069	0.0194	– 0.0998	– 0.0181
	(0.1940)	(0.2285)	(0.2185)	(0.1982)
Log of area （km^2）	0.0875 **	0.0740 *	0.0893 **	0.0828 *
	(0.0356)	(0.0397)	(0.0380)	(0.0462)
Breusch and Pagan Lagrangian multiplier test for random effects （H0：Var（ui）=0）	2.57 (0.109)			
First stage partial R – squared			0.25	0.37
First stage partial F – statistic			25.61	34.9
Under identification test – Kleibergen – Paap rank LM statistic （p – value）			23.44 (0.000)	154.55 (0.000)
Weak identification test – Kleibergen – Paap rank Wald F statistic			25.61	87.77
Hansen J statistic （p – value）			0.36 (0.546)	
Observations	542	542	542	542
R – squared （Overall）	0.041	0.04	0.04	0.04
R – squared （Within）		0.01		0.01
R – squared （Between）		0.06		0.06

注：（1）表中括号内数值是集聚在 TTWA 层面显著标准误的修正。显著性水平：＊＊＊表示 p < 0.01，＊＊表示 p < 0.05，＊表示 p < 0.1。控制变量包括年的固定效应。

（2）用优格股份（2005）微弱的 ID 检验临界值。如果检测值超过临界值，则拒绝微弱的 ID 零值检验。对于最小二乘，5% 最大的四级可偏：13.91；10% 最大的四级可偏：19.93。

（3）工具：1831 年和 1851 年的雇用密度。

如果看当地区域的人力资本效应，模型显示，在 NVQ4 或更高水平上的 16~64 岁人口百分比每增加 1% 是与小时工资率每增加 0.09 个百分点相联系的。我们同时发现，当地以平均房价衡量的区域居住成本会正向地影响工资。结果表明，平均房价上涨 10 个百分点与小时工资平均上涨 0.4 个百分点相联系。为了寻找基于未被观察到的技能的劳动力的空间分类的证据（如 Combes 等，2008），我们根据劳动力市场规模比较了劳动力固定效应的分布。我们还讨论了劳动力空间分布的结果。

我们现在转向生产函数估计中获得的结果。正如第三部分讨论的，有两个主要的估计问题——未被观察到的异质性和投入因素的同时性偏差。固定效应估计量强调了第一个问题，而 Levinsohn 和 Petrin（2003）的控制函数方法，结合固定效应，可以把这两个估计问题都解释了。四个模型被估计，它们的结果在表6中显示：混合 OLS（POLS）、固定效应（FE）、Levinsohn 和 Petrin（2003）控制函数方法采用了材料（LP1）或电力购买（LP2）作为未被观察到的随时间变化的生产率的代理变量。

劳动力弹性在 0.42（FE）和 0.82（LP1）之间变化，而资本弹性在 0.01（FE）和 0.08（POLS）之间变化，材料弹性在 0.05（FE）和 0.28（POLS）之间变化。POLS 估计会倾向于向上偏误，而 FE 估计会倾向于向下偏误。此外，这两种估计都不能解释投入因子的同时性偏差问题。因此，模型 LP1 和模型 LP2 比 POLS 和 FE 估计量更受欢迎。总体来说，Levinsohn 和 Petrin（2003）模型所得的结果是类似的，尽管模型 LP1 并没有估计中间产物的投入弹性。

为了衡量员工—雇主匹配的质量，我们计算了英格兰和威尔士劳动力市场中分别从 FE 工资函数和 LP1 生产函数模型中取得的（匹配的）工人和企业固定效应的相关系数。匹配的劳动力和企业数量等于 14851 个雇员—雇主匹配。我们随后计算了在劳动力市场水平上的关联系数（如 TTWAs）。除了城市聚集的测量（例如雇用密度）外，我们加上了其他协变量（正如第四部分所讨论的）来代表匹配回归模型中的劳动力市场相对专业化的程度、劳动力市场潜力和劳动力市场范围。我们在 2002～2006 年平均观察了 TTWA 3.2 次。

表7报告了匹配回归中获得的结果。我们考虑四个模型：混合 OLS（POLS）、随机效应（RE）、与工具变量结合的混合 OLS（POLS – IV），还有与工具变量结合的随机效应（RE – IV）。为了鉴定我们应该采用混合 OLS 还是随机效应估计量，我们基于 TTWAs 的方差等于0的零假设使用了 Breush – Pagan Lagrangian 乘数测试随机效应。测试结果表明，应该混合 OLS 估计（包括结合工具变量和不结合工具变量的模型）。

工具变量的有效性估计依赖于所使用的工具的外生性和关联性，并且可以通过适当的诊断测试和统计被评估。从工具关联性开始，第一阶段的回归指出 TTWAs 雇用密度的工具具有相当大的解释力度。第一阶段 POLS – IV 的局部可决系数和 F 统计量分别是 0.25 和 25.61，RE – IV 模型分别是 0.37 和 34.9。此外，鉴别不足和弱鉴别的 Kleibergen – Paap 测试同样指出我们的工具不是弱的。为了估计工具的外生性，我们对过度识别的情况使用了 Hansens（1982）检验。检验未能拒绝工具外生性的零假设，因此认为我们的工具变量可以被作为外生的来看待。

结果表明，城市聚集经济对雇员—雇主匹配的质量具有显著的正向影响。结果同样为劳动力市场池和聚集经济之间正向的关系提供了支持证据。劳动力市场雇用密度10个百分点的增长被发现与工人和企业固定效应（关于雇员—雇主匹配质量的衡量）介于 0.63（POLS）和 0.88（POLS – IV）之间百分比的增长相联系。城市聚集和雇员—雇主匹配的质量的反向因果关系的纠正只会最低限度地影响雇用密度系数。然而，至于 RE – IV 模型，效应并非在统计上有意义，因为估计的标准差相对更大。我们选择了 POLS – IV 估计量作为我们更倾向的模型（随机效应的 Breush – Pagan 表明，RE 估计量并没有提供一个超过 POLS 之上的改进），劳动力市场聚集对雇员—雇主匹配的效应估计等于 0.088。

另外，市场潜力效应的估计和工业专业化不是显著的，虽然劳动力市场区域存在正向效应。一种关于市场潜力对雇员—雇主匹配的无关紧要的效应的可能解释是，我们分析的地理尺度本质上指向劳动力市场（在 TTWAs）内部的交互作用。Rice 等（2006）提出了45 分钟驾驶时间作为劳动力市场效应的合适范围。

尽管我们发现劳动力市场城市聚集对雇员—雇主匹配有正向影响，劳动力和企业固定效应之间的平均联系还是相当低，约为 0.10。这至少有两个原因：第一，有人会说个体劳动力固定效应只是提供了对劳动力随时间的人力资本的不完全衡量。知识外溢很可能在更加聚集的地方以更快的速度计算，但我们关于劳动力技能的衡量不能很好地解释这些原因。第二，知识外溢的空间尺度很可能在比劳动力市场更小的区域更具有局部性（例如，Fu，2007）。

与安德森等（2007）、米翁和纳帝基（2009）获得的先前的证据相比，我们的结果与安德森等（2007）针对美国（加利福尼亚和佛罗里达）的发现一致，而与米翁和纳帝基（2009）针对意大利的发现不一致。安德森等（2007）对企业和工人之间空间协调的匹配程度的效应估计了正向有意义的系数：雇用密度系数（对数）在加利福尼亚和佛罗里达分别等于 0.020 和 0.019。我们的发现表明，劳动力市场聚集对雇员—雇主匹配质量具有更强的影响：在 0.06～0.09。我们相信安德森等（2007）在美国郡县（这是比劳动力市场边界小很多的行政地理单位）的水平上测试的城市聚集的事实可以部分地解释这种差异。此外，因为劳动力市场（例如美国的大都市统计地区）是强有力地整合在经济术语中的地理单元，我们预测在这个水平上测试的劳动力市场池效应会比在更小的行政地理单元的水平上衡量得更强。

先前讨论的工资和生产率函数模型使用了每个工人和企业在 2002～2006 年中分别平均 2.8 个和 1.41 个观察。这种程度的不平衡性将会影响结果，尤其是影响那些基于固定效应的估计量。这是一个对生产函数估计的关注，该估计对每个企业使用了少于平均两个的观察。作为结果，我们对工人企业的面板数据的不平衡性质进行了稳健性检验。特别地，我们使用了更加平衡版本的数据集——只使用被至少观察两年或更多的企业，重新估计了生产函数和匹配回归。

总体来说，城市聚集经济的效应对使用非工具变量的匹配模型是一致的。结果指出城市聚集经济对雇主—雇员匹配的质量具有统计上有意义的正向影响。POLS（RE）估计与基于企业全样本的匹配模型中获得的类似——0.063 对 0.075（0.071 对 0.075）。然而，当我们考虑工具估计量时，劳动力市场密度的系数不再具有统计意义。

要让从使用完全和严格的企业样本中估计的匹配模型获得的两套结果完全一致较为困难。如果我们使用非工具变量回归作为我们更倾向的模型，劳动力市场密度对雇主—雇员匹配的影响是正向的且范围在 0.063～0.075。如果我们使用工具变量回归作为我们更为倾向的模型，只有基于企业的全样本的 POLS - IV 模型预测了一个城市密度和用更好的雇员—雇主匹配质量显示的劳动力市场池效应的正向关系。

尽管我们的分析使用了一个独特匹配的工人和企业数据集，数据的局限限制了我们实证地检验这一假说的能力：在更为聚集的劳动力市场的更高质量的雇员—雇主匹配。主要的数据来自从工人（ASHE）和企业（ARD）匹配的纵向调研中获得的员工—雇主匹配数量的减少（使用企业的全样本是14851个，使用更平衡的企业面板是11323个）。当在英格兰和威尔士劳动力市场的水平上考虑时，若使用企业的全样本，个体的匹配代表了TT-WAs的50%~69%，当我们使用企业更为平衡的样本时是38%~57%。结果是，我们的分析不能为英格兰和威尔士劳动力市场的匹配机制提供一个完全的图景。为了提高分析我们需要增加个体雇员—雇主匹配对，从而使我们能提供对劳动力市场的更加完整的表述。为了取得这个目标我们不但需要寻找可供选择的工人和/或企业纵向调研，而且要把其他调研与分析中使用的这个结合起来。

6 结论

本文为英格兰和威尔士地区劳动力作为聚集经济来源的重要性提供了新的证据。被检测的假说是密集的劳动力市场会促进工人和企业之间更有效的匹配。我们使用工人和企业纵向微观数据来获取对工人和企业生产率的估计，这后来被用来测试雇员—雇主匹配质量与英格兰和威尔士旅游工作地区的聚集经济之间的正向关系。

相比先前研究中通过工人和企业的匹配机制（安德森等，2007；米翁和纳帝基，2009）对劳动力市场池和聚集经济之间关系的检验，我们的分析通过使用对企业生产率和引致一些实证研究中主要的估计问题的统计估计量的更有效的衡量，在已有的研究基础上做出了贡献。我们的发现与安德森等（2007）针对美国两个州的研究相一致，并指出劳动力市场密度与雇员—雇主匹配质量之间存在着正向的关系。这为聚集经济的马歇尔来源之一的劳动力市场池以及匹配作为这些优势产生的渠道提供了支持证据。

尽管匹配的工人—企业纵向数据的可得性通过雇员—雇主匹配机制为测试劳动力市场池的外部性提供了一个独特的机会，结果受到数据问题的影响。我们分析结果的其中一个限制来自不平衡的纵向微观数据的使用，这限制了我们全面测试聚集经济对英格兰和威尔士所有的劳动力市场区域的雇员—雇主匹配效率的效用的能力。为了评估不平衡的数据结构影响结果的程度，我们通过使用更加平衡的版本数据重新检验实证模型进行鲁棒性检验，这减少了匹配回归中劳动力市场区域的数量和测试城市聚集对雇员—雇主匹配效率的效应的能力。

题目：什么导致产业集聚？来自集聚模式的证据

来源：《美国经济评论》，2010 年第 100 卷第 3 期，第 1195 – 1213 页

作者：格伦·埃里森，爱德华·L. 格莱瑟，威廉·R. 克尔

原文摘要：Why do firms cluster near one another? We test Marshall's theories of industrial agglomeration by examining which industries locate near one another, or coagglomerate. We construct pairwise coagglomeration indices for US manufacturing industries from the Economic Census. We then relate coagglomeration levels to the degree to which industry pairs share goods, labor, or ideas. To reduce reverse causality, where collocation drives input – output linkages or hiring patterns, we use data from UK industries and from US areas where the two industries are not collocated. All three of Marshall's theories of agglomeration are supported, with input – output linkages particularly important.

原文译文：

摘要：为什么企业会彼此靠近？本文通过检验哪些产业布局接近其他产业，或者哪些产业存在结对集聚来检验马歇尔关于产业集聚的理论。利用经济普查数据构建了美国制造业的结对集聚指数，然后将共生集聚水平与产业间共享商品、劳动力或思想的程度联系起来。由于成对布局会带来投入产出联系和雇佣模式，为了降低该反向因果关系，本文利用英国产业数据和美国两个产业没有布局在一起的地区数据构建工具变量。结果表明，马歇尔的三个集聚力都存在，且投入产出联系尤为重要。

产业呈现地理上的集中。自然优势带来的外生空间差异不能解释这种集中的程度。为什么会发生这种集中？可以解释产业集聚的理论有很多，但是，很少有实证研究对这些理论的相对重要性甚至一般正确性进行评估。本文运用产业集聚的模式来衡量不同产业集聚理论的相对重要性。

集聚的好处最终反映在企业之间运输成本降低而使收益相对提高收益。马歇尔（Marshall，1920）强调了三种不同类型的运输成本——运输商品、劳动力思想的成本——都可以通过产业聚集来降低成本。首先，他认为，公司将靠近供应商或客户，以节省运输成本。其次，他提出了市场劳动力池理论来解释集群。最后，他开创了知识外溢理论，认为在集聚中"贸易不是神秘的，而是实实在在存在的"。诸如 AnnaLee Saxenian（1996）所描述的那些硅谷中的公司，彼此靠近，以便学习和加快创新速度。

第一，描述了用来构造聚集指数的数据。我们使用制造业普查的编制水平数据来计算 Ellison 和 Glaeser（1997）的离散指数以及 Duranton 和 Overman（2005）的连续指标的近似值。

第二，回顾了马歇尔的三个理论，用实证模型检验了每对产业中，三种集聚力哪个影响力更大。例如，投入产出联系使我们能够测试不同行业是否搭配来降低客户和供应商之间的运输成本。在 Ellison 和 Glaeser（1999）的观点之下，本文也描述了我们计算的每个

产业对的预期成对集聚，这个聚集集合预计会由于自然优势的空间分布不均衡而产生。

第三，介绍了我们的主要实证结果。普通最小二乘法得出的关系支持所有三个马歇尔理论和共享自然优势的重要性。我们估计，共享的自然优势比任何一个单一的马歇尔因子更重要，但不如三个马歇尔因子的累积效应那么重要。在马歇尔因素中，客户—供应商关系的影响最大。紧随其后的是类似的劳动力需求的投入—产出联系。而知识溢出的影响比其他因素弱，但在经济和统计上仍然重要。这些对各因素的相对影响受到限制，因为我们对于影响的变量的替代指标不完善和对自然优势的量化数量有限。但总的来说，集聚理论中的每个因素在制造业集聚中起着一定的作用。

对这些结果的一个担忧是现在的产业分布状态可能是聚集的结果，而不是聚集的原因。一些行业在生产过程中可能具有足够的灵活性，以适应邻近的劳动力和物质投入资源。如果两个行业由于随机原因而彼此靠近，那么这些行业可能会使用在他们所处位置容易获得的相同的劳动力和原材料。

第四，通过发展两套工具变量来解决这个问题。首先，我们使用英国行业特征。由于未被观察到的、共享的自然优势或纯粹的随机事件造成的集聚模式在英国可能是不同的，在这种情况下，英国的行业特征可以帮助识别由于行业匹配之间天生的相似性而产生的影响。

第五，我们用仅来自位于美国不同地区的工厂的数据来衡量行业的相似性。即使在高度集聚的行业对中，每个行业中通常也有一些工厂不在其他行业的工厂附近。我们可以使用这些孤立的工厂来估计投入产出矩阵和劳动力使用情况。由于这些工厂并不靠近其他行业，因此它们的投入、产出和劳动决策不太可能受到常见的因素或靠近其他行业的影响。我们使用制造业普查的工厂级详细数据和普查综合公共用途的微观数据系列（IPUMS）的个体水平数据，根据非集聚性工厂的特点制定产业配对进行相似性度量。本文的 IV 回归为投入产出关系和劳动力市场集中效益都是产业集聚的重要驱动因素这一观点提供了额外的支持。

1 美国制造业集聚

我们使用美国人口普查局制造业普查的保密工厂水平数据计算出制造业的成对集聚程度。每次人口普查都记录了大约 30 万个雇用约 1700 万工人的机构的运作情况。我们关注1987 年标准工业分类（SIC3）的三位数字。样本每年包含 7381 个行业配对观察数据：来自 122 个行业的所有不同的配对集群。

我们用两种方法来量化产业成对集聚。首先，我们使用 Ellison 和 Glaeser（1997，以下简称 EG）的方法。我们在州、主要大都市统计区（PMSA）和县一级这样做。我们还利用纵向的人口普查局数据来分析创业企业的成对集聚。EG 集聚指数在应用到产业配对（而不是更大的群体）时采用简单的形式。产业 i 和 j 的成对集聚指数是：

$$\gamma_{ij}^{c} = \frac{\sum_{m=1}^{M}(s_{mi} - x_m)(s_{mj} - x_m)}{1 - \sum_{m=1}^{M} x_m^2}$$

其中，m 指地理区域。s_{mi} 是行业 i 在地区 m 的雇用员工份额。x_m 衡量的是区域 m 的总体规模，我们将其作为制造业在该地区的平均就业份额。

我们的第二个集聚度指标是由 Duranton 和 Overman（2005，以下简称 DO）提出的连续指数的"整体"近似值。DO 反对使用离散空间单位指数，如 EG。这种离散性使得底特律到芝加哥的距离相当于底特律到迈阿密的距离。DO 提出了一个连续的指数来分析集聚。

$$\hat{K}_{ij}^{Emp}(d) = \frac{1}{h\sum_{r=1}^{n_i}\sum_{s=1}^{n_j}e(r)e(s)}\sum_{r=1}^{n_i}\sum_{s=1}^{n_j}e(r)e(s)f\left(\frac{d-d_{r,s}}{h}\right)$$

其中，$d_{r,s}$ 是工厂 r 和 s 之间的欧几里得距离，f 是带宽为 h 的高斯核密度函数，n_i 和 n_j 分别是行业 i 和 j 中的工厂数量。总和是在产业 i 和产业 j 之间的距离（如 n_i 到 n_j 的距离）。

然后将观察到的集聚密度与制造活动的基本分布进行比较。如果观察到的集聚密度明显高于（低于）制造活动的底层分布，那么一个行业对就表现出全球本地化（分散性）。这个比较是在指定的距离范围内完成的。我们将这个距离阈值设置为从 100 英里到 1000 英里不等，我们的主要结果取自 250 英里的距离范围。

表 1 的 A 部分是 EG 度量的描述性统计。成对集聚 EG 指数平均值近似为零。这主要是因为：我们衡量一个地区"规模"的基准指标是其在制造业就业中的份额，所以每个行业和基准的偏差与所有其他行业的平均偏差大致无关。集聚指数的标准偏差更加有趣，因为它反映了产业配对主动和被动集聚的程度。州级标准差为 0.013。这可以与 Ellison 和 Glaeser（1997）的行业内平均集聚水平 0.051 进行对比。表 1 的 B 部分给出了 DO 度量的描述性统计。在 250 英里的门槛上，87% 的行业对展现出一定程度的全球本地化。

表 1　成对集聚回归的统计描述

A. 成对集聚的 EG 测度	均值	标准差	最小值	最大值
EG 州总就业集聚	0.000	0.013	−0.065	0.207
EG PMSA 总就业集聚	0.000	0.006	−0.025	0.119
EG 县总就业集聚	0.000	0.003	−0.018	0.080
EG 州公司总就业集聚	0.000	0.015	−0.082	0.259
由于天然优势，EG 预期会发生集聚	0.000	0.001	−0.008	0.022

B. 成对集聚的 DO 测度	企业数目	相关行业（非零）		
		均值	标准差	最大值
1000 英里尺度上本地全球 DO 集聚度	7371	0.133	0.073	0.454
1000 英里尺度上本地全球 DO 分散度	10	0.592	0.078	0.746
1000 英里尺度上本地全球期望 DO 集聚度	7381	0.181	0.027	0.256
250 英里尺度上本地全球 DO 集聚度	6429	0.017	0.019	0.283
250 英里尺度上本地全球 DO 分散度	952	0.042	0.029	0.307
250 英里尺度上本地全球期望 DO 集聚度	7381	0.029	0.010	0.077

C. 马歇尔因素	均值	标准差	最小值	最大值
劳动关系	0.470	0.226	−0.046	1.000

续表

C. 马歇尔因素	均值	标准差	最小值	最大值
投入产出最大值	0.007	0.029	0.000	0.823
输入最大值	0.005	0.019	0.000	0.392
输出最大值	0.005	0.026	0.000	0.823
Scherer 研发技术最大化	0.005	0.026	0.000	0.625
专利引用技术最大化	0.015	0.025	0.000	0.400

注：集聚估算的描述性统计。除了文中所列出的外，所有成对 SIC3 行业的成对组合都包括在内，共有 7381 个观测值。EG 和 DO 联合度量指标分别由 1987 年和 1997 年制造商人口普查计算得出。用于确定全局定位或分散的距离阈值通过 DO 分组进行调整。通过预测国外的工业份额（外生本地成本变量如沿海进入、能源价格，以及行业成本依存度）估计自然优势的协同集聚。劳动关联指数是根据 1987 年 BLS 全国工业占领就业矩阵计算出来的。投入产出关系是根据 1987 年 BEA 基准投入产出矩阵计算出来的。技术流量是根据 20 世纪 70 年代 Scherer（1984）研发表计算的。

表 2 列出了 EG 和 DO 指标中 15 个最为成熟的行业组合。纺织和服装行业在这两个方面的排名都非常高。这些行业主要集中在北卡罗来纳州、南卡罗来纳州和格鲁吉亚州。尽管有这样的聚集，但是这些聚集性并不像工业聚集区中那样显著。许多工业配对近似为零集聚。成对产业聚集在不同地区时也会出现负的 EG 指数。对于导弹和航天器（376）和铁路设备（374）行业，EG 的最低值为 − 0.065。导弹和航天器（376）和纸浆厂（261）是 250 英里的 DO 指标的分散度最高的行业对。EG 和 DO 指标在所有行业中的相关性为 0.4。

表 2　成对聚集度最高

等级	行业 1	行业 2	聚集度
	A. 1987 年州的总就业的 EG 指数		
1	宽幅轧机厂，棉花（221）	纱线和螺纹铣刀（228）	0.207
2	针织厂（225）	纱线和螺纹铣刀（228）	0.187
3	宽幅轧机厂，纤维（222）	纺织品整理（226）	0.178
4	宽幅轧机厂，棉花（221）	宽纤机，纤维（222）	0.171
5	宽幅轧机厂，纤维（222）	纱线和螺纹铣刀（228）	0.164
6	手提包（317）	摄影器材（386）	0.155
7	宽幅轧机厂，羊毛（223）	地毯和毯（227）	0.149
8	地毯和毯（227）	纱线和螺纹铣刀（228）	0.142
9	摄影器材（386）	珠宝、银器、镀金制品（391）	0.139
10	纺织品整理（226）	纱线和螺纹铣刀（228）	0.138

续表

等级	行业1	行业2	聚集度
11	烤箱，棉花（221）	纺织品精加工（226）	0.137
12	宽幅轧机厂，棉花（221）	地毯和毯（227）	0.137
13	宽幅轧机厂，棉花（221）	针织厂（225）	0.136
14	地毯和毯（227）	纸浆厂（261）	0.11
15	珠宝、银器、镀金制品（391）	服饰珠宝和概念（396）	0.107
使用1997年250英里门槛公司雇员的DO指数			
1	宽幅轧机厂，纤维（222）	纱线和螺纹铣刀（228）	0.283
2	地毯和毯（227）	纱线和螺纹铣刀（228）	0.262
3	宽幅纺织厂，纤维（222）	地毯和毯（227）	0.226
4	棉纺织厂（221）	纱线和螺纹铣刀（228）	0.219
5	棉纺织厂（221）	地毯和毯（227）	0.218
6	鞋类切割库存（313）	服饰珠宝和概念（396）	0.217
7	珠宝、银器、镀金制品（391）	服饰珠宝和概念（396）	0.208
8	针织厂（225）	纱线和螺纹铣刀（228）	0.2
9	宽幅纺织厂，纤维（222）	针织厂（225）	0.19
10	棉纺织厂（221）	宽幅纺织厂，纤维（222）	0.175
11	纺织品整理（226）	纱线和螺纹铣刀（228）	0.163
12	鞋类切割库存（313）	珠宝、银器、镀金制品（391）	0.157
13	手提包（317）	珠宝和概念（396）	0.151
14	棉纺织厂（221）	针织厂（225）	0.149
15	女装和外套（233）	服饰珠宝和概念（396）	0.149

2　从实证方法角度说明企业集聚的原因

无论是城市集中还是地域集中，集中收益都来自减少某种形式的运输成本。马歇尔强调，这些运输成本可能是货物、人员或思想。我们的主要目标是评估这些马歇尔因素的相对重要性。我们通过关于马歇尔集聚力对两两联合集聚的影响的横截面回归来做到这一点。

即使从位置邻近没有获益，集聚和成对集聚经验上也可以理解。天然优势如自然投入的存在，在空间上是不同的，企业可以选择地点来获得这些投入。因此，我们也控制了由于某些自然优势（如沿海进入、能源价格）的共同依赖而产生的产业对的预期成对集聚。除了控制重要的遗漏变量之外，我们还将自然优势视为评估制造企业选址决策中货物、人员和思想相对重要性的基准。

在下文中，我们将简要地讨论马歇尔理论中的集聚力和我们用来捕捉它们与每个产业配对相关的指标。然后，描述了我们如何基于自然优势建模和我们的方法的一些限制。我们的初步分析将包括对这些措施的集聚指数的 OLS 回归。在可能的情况下，我们将估计和数据建设集中在 1987 年的横截面上。

2.1 邻近客户和供应商：货物

企业彼此靠近，以降低获得投入或运输货物给下游客户的成本。当投入远离最终的市场时，马歇尔（1920）认为，企业将根据原材料和成品的成本来综合选择客户和供应商之间的距离。例如，由于运输成本的原因，制糖业是 19 世纪纽约市最大的工业之一。糖在纽约而不是在热带种植园中精制而成，是因为精制糖晶体在长时间的海上航行期间会在热的船体中聚结。最终炼糖工作在纽约而不是在小镇市场上进行，是为了获得规模经济。当冷柜火车出现并能够运送冷牛肉后，牛在芝加哥大量的畜牧场被屠宰，以节省向东运送活牛肉的成本。Masahisa Fujita 等（1999）的"新经济地理学"认为，降低运输货物的成本是集聚背后的核心驱动力。

为了评估这个因素的重要性，我们使用了由经济分析局（BEA）发布的 1987 年基准投入产出账户来衡量行业之间相互买卖的程度。投入产出表提供了我们汇集到 SIC3 行业的商品水平的流量。我们将 $Input_{i \leftarrow j}$ 定义为行业 i 从行业 j 输入的份额。我们还将 $Output_{i \rightarrow j}$ 定义为行业 i 的产出份额，这些产出被销售给行业 j。这些份额是相对于所有供应商和客户计算的，其中一些可能是非制造业或最终消费者，范围从 0 到 1。

$Input_{i \leftarrow j}$ 的最高观察值是 0.39，它代表皮革鞣制和整理（SIC311）来自肉类产品（SIC201）的投入份额。$Output_{i \rightarrow j}$ 的最高相对值为 0.82，这代表公共建筑及相关家具（SIC253）对机动车辆和设备（SIC371）的销售产量的贡献。对于大多数行业对，当然，$Input_{i \leftarrow j}$ 和 $Output_{i \rightarrow j}$ 大约为零，事实上，70% 小于 0.0001。为了构建一对行业之间的货物连接的单一代理，我们定义了输入和输出变量的单向版本：$Input_{ij}$、$Input_{j \leftarrow i}$ 和 $Output_{ij} = \max \{Output_{i \rightarrow j}, Output_{j \rightarrow i}\}$。我们还定义了一个组合的 $InputOutput_{ij} = \max \{Input_{ij}, Output_{ij}\}$。

2.2 市场劳动力池：劳动力

集聚的第二个原因是与大量劳动力相关的规模经济的优势。已经有多种关于这些劳动力群体潜在收益的理论被提出来了。马歇尔强调大型劳动力市场的风险分担属性。随着个体企业的生产力的提高，工人可以变换雇主，从而最大限度地提高生产率，减少工人工资的差异（如 Charles 和 Curtis，1990；Krugman，1991a）。这个理论的一个延伸是凝聚力促进了更好的工人—企业匹配（例如 Robert 和 Strange，1990）。Julio 和 Garth（2000）进一步模拟了员工如何更有可能在集群中投入人力资本，他们知道并不会面临事后拨款。只要有合适的劳动力，企业家也可能选址于现有的聚集地（例如 Pierre - Philippe 等，2006；

Michael 和 Steven，2007）。

所有这些模型都表明，集聚发生是因为工人能够跨越企业和行业。但是，企业和行业的劳动力流动只有在工业使用同一类型的工人时才会发生。我们将通过考察使用相同类型的工人的产业在多大程度上相互集聚，来评估劳动力市场统筹的重要性。我们通过劳工统计局（BLS）发布的 1987 年全国工业职业就业矩阵（NIOEM）中的各行业的职业就业模式来衡量各行业使用类似劳动力的程度。NIOEM 矩阵在 277 个职业中提供了行业层面的就业机会，我们将 Shareio 定义为行业 i 在职业中的就业比例。

我们通过职业间的 Shareio 和 Sharejo 的相关性来衡量行业 i 和 j 的就业相似度。表 1 包含此 Labor Correlation$_{ij}$ 变量的汇总统计信息，平均值是 0.470。测量的相关性之一是因为行业职位矩阵报告 NIOEM 行业的数据，这是比 SIC3 行业更粗糙的一个部门。机动车辆（371）和摩托车，自行车和零部件（375）在 NIOEM 数据不同的行业中的就业形式最为相似，均为 0.984。伐木（241）和飞机及零部件（372）的相关劳动力需求相对最低，为 -0.046。

2.3 知识或技术溢出：观念

我们关于知识溢出的第一个数据来源是 Frederic M. Scherer（1984）的技术矩阵，该矩阵描述了一个行业的 R&D 活动如何流向另一个行业。这种技术转让既可以通过这两个行业之间的供应商—客户关系，也可以通过一个行业获得的专利发明可能在其他行业中获得应用的可能性发生。我们设计了两个度量，TechIn$_{i \leftarrow j}$ 和 TechOut$_{i \rightarrow j}$，这些技术流程反映了上面描述的 Input$_{i \leftarrow j}$ 和 Output$_{i \rightarrow j}$。技术流相关性最强的是塑料材料和合成材料（282）与塑料产品（308）、轮胎和内胎（301）与工业有机化学品（286）这两对。

我们的第二个信息交换数据源是 NBER 专利数据库。我们衡量与行业 i 相关的技术在多大程度上引用了与行业 j 相关的技术，反之亦然。对于行业来说，PatentIn$_{i \leftarrow j}$ 和 PatentOut$_{i \rightarrow j}$ 的度量是在全行业被标准化的。对于回归分析，我们构建了一个行业对 Tech$_{ij}$ 和 Patent$_{ij}$ 的知识溢出的无向测度，类似于我们构建的 Input Output$_{ij}$。

知识溢出比货物贸易和劳动力更难以确定。许多作者使用专利引用来评估知识溢出效应，但它们只是衡量知识溢出效应的一个不完美的衡量标准。正如 Porter（1990）所强调的那样，在客户和供应商之间发生了很多知识共享，与专利引用相比，这些知识更好地被投入产出关系中。通过交换工人来交流思想的行为也可能更好地被我们的职业关系所捕捉。我们的专利引用指标代表了交换技术，而不是代表所有形式的知识溢出。由于我们的思想分享措施比我们的投入产出联系措施弱，我们预计它们与成对集聚的联系变得更弱。

2.4 自然优势

对于某些行业来说，一些地区拥有较好的自然环境，从这些自然的成本优势中可以得到集聚。沙漠地区难以发展伐木业。电力价格低廉的地区，可能是由于水力发电，吸引了铝生产商。如果两个行业被同样的自然优势吸引，即使这些行业不会通过马歇尔的力量相互作用，也可能会观察到集聚。例如，造船业和炼油业可能因为都喜欢沿海地区而被集聚起来。

为了控制以自然优势为基础的集聚，我们根据当地的成本优势和行业特点预测了每个制造业的空间分布。核心思想是将行业特征与那些特征相关的成本相互作用。该方法遵循Ellison 和 Glaeser（1999）的方法，他们提供了 16 个国家层面的自然资源的特征、运输成本和劳动力投入方面的自然优势。将这些成本差异与每个行业的要素使用强度结合起来，Ellison 和 Glaeser（1999）通过仅由成本差异决定的产业期望分布估计了制造业活动的空间分布。他们发现，观察到的美国制造业集聚的 20% 可以通过这些大多是外生的地方因素来解释。

我们采用这些行业的预期空间分布来计算各个行业对的预期成对集聚水平 $Coagg_{ij}$ N. A. 。EG 和 DO 指标构建了由于自然优势而单独预期的成对集聚。这些方法简单地用行业预测的空间就业数据代入第一部分提到的 EG 和 DO 公式。从本质上讲，这种方法衡量的是如果两个行业完全由行业特征和地方特征的相互作用决定的，那么这两个行业将如何实现联合。DO 指标还需要一些细微的修改。使用 EG 和 DO 方法的预期和实际成对集聚的配对关系分别为 0.2 和 0.4。

虽然 $Coagg_{ij}$ N. A. 为我们的估计提供了一个重要的控制变量，但是这个指标比那些主要研究自然优势的文章（如 Holmes 和 Sanghoon Lee，2008）的方法要粗糙一些。首先，我们的 16 个自然优势将省略在许多行业中可能非常重要的特性。其次，我们将每个自然优势的影响限制在一定的因素上，例如行业的用电量，而不是自由地估计每个影响。与我们的马歇尔回归方法一样，由此产生的测量误差可能会降低我们对这些自然条件重要性的估计。一些遗漏的天然优势也可能与我们的马歇尔代理变量有正向或负向的联系。虽然大多是固定的，但是我们的一些天然优势本身可能是内生的，内生性可能导致我们要么超出、要么低估自然优势的重要性。例如，如果能源密集型企业所处的地区因其他原因能源价格上涨，那么这会偏向能源价格系数，使我们的结果解释复杂化。

认识到这些局限性，我们认为我们的预期成对集聚的度量既是一个重要的控制变量，也是比较马歇尔集聚经济的一个自然基准。由于自然优势指标的不完善性可能会偏向马歇尔参数估计值，因此我们将测试马歇尔发现的敏感性，以包含或排除预期的集聚度量。

3　实证结果：OLS 估计

现在介绍我们主要的制造业集聚效应的实证结果。我们的核心实证模型是一个简单的 OLS 回归：

$$Coagg_{ij} = \alpha + \beta_{NA}Coagg_{ij}^{NA} + \beta_{L}LaborCorrelation_{ij} + \beta_{IO}InputOutput_{ij} + \beta_{T}Tech_{ij} + \varepsilon_{ij}$$

其中，$Coagg_{ij}$ 是衡量行业 i 和 j 之间两两成对集聚的标准。我们分别测试 EG 和 DO 度量的四个变体。我们修改 Coagg ij N. A. 以反映因变量（EG 或 DO），而马歇尔指标保持不变。由于 Coagg ij N. A. 是生成的回归因子（如 Adrian R. Pagan，1984），我们报告自举标准误差。

我们规范所有变量的标准偏差为 1。这种归一化使得比较不同变量的系数估计变得更加容易，并且在解释整体集聚模式时评估每个因素的重要性。我们将比较马歇尔因素的个人贡献，包括自身优势和自然优势。我们也有兴趣比较马歇尔作用力对集聚的贡献和自然优势对集聚的贡献。我们通过三个马歇尔因素的一个标准差增加来评估这个。

3.1 单变量回归

表 3 给出了我们每个变量的单变量回归。表 3 中的条目来自 40 个不同的规格，其中列的项目是聚集指数、行的项目是解释变量。第 1 列为各州总雇用员工的 EG 度量，可以发现系数幅度相当一致。由于共有的天然优势，预期的集聚结构的一个标准偏差增加与实际集聚的 0.21 标准偏差增加有关。投入产出关系也表现出 0.21 的相关性。其他的马歇尔因素则稍微弱一些。估计的劳动力集中系数为 0.18，技术共享系数为 0.08 ~ 0.18。当使用 EG 度量其他变量时，第 2 到第 4 列找到了可比较的排序，所有相关的强度总体下降也很明显。就这三个变量而言，它们各自可以解释不同行业对之间的成对集聚差异。

表 3 成对集聚的 OLS 单变量回归

每个条目报告单个回归量的单独估计	1987 年 EG 集聚指数				1997 年 DO 集聚指数			
	州全部雇用人员	PMSA 全国雇用人数	国家全部雇用人数	州流入雇用人数	不同本地门槛企业雇用人数双边检验			
					1000 英里	500 英里	250 英里	100 英里
	1	2	3	4	1	2	3	4
自然优势 DV 值	0.210	0.188	0.222	0.120	0.442	0.406	0.253	0.531
	(0.020)	(0.017)	(0.014)	(0.016)	(0.013)	(0.012)	(0.013)	(0.019)
R^2	0.044	0.036	0.049	0.014	0.200	0.165	0.064	0.282
劳动关联	0.180	0.106	0.082	0.077	−0.155	0.008	0.016	0.011
	(0.014)	(0.016)	(0.013)	(0.015)	(0.012)	(0.012)	(0.015)	(0.013)
R^2	0.032	0.011	0.007	0.006	0.024	0.000	0.016	0.011
投入产出	0.205	0.167	0.130	0.112	0.100	0.162	0.188	0.112
	(0.037)	(0.028)	(0.022)	(0.022)	(0.019)	(0.029)	(0.036)	(0.029)
R^2	0.042	0.028	0.017	0.012	0.010	0.026	0.035	0.013
Scherer 设计研发科技流	0.180	0.148	0107	0.089	0.046	0.107	0.136	0.094
	(0.037)	(0.031)	(0.019)	(0.024)	(0.019)	(0.029)	(0.038)	(0.029)
R^2	0.032	0.022	0.012	0.008	0.002	0.011	0.019	0.009

每个条目报告单个回归量的单独估计	1987 年 EG 集聚指数				1997 年 DO 集聚指数			
	州全部雇用人员	PMSA 全国雇用人数	国家全部雇用人数	州流入雇用人数	不同本地门槛企业雇用人数双边检验			
					1000 英里	500 英里	250 英里	100 英里
	1	2	3	4	1	2	3	4
专利引用科技流	0.081	0.100	0.012	0.008	−0.001	0.056	0.103	0.092
	(0.012)	(0.016)	(0.013)	(0.013)	(0.012)	(0.012)	(0.012)	(0.013)
R^2	0.007	0.010	0.007	0.005	0.000	0.031	0.011	0.008

注：每个单元格报告一个单独的回归成对工业共享定位的决定因素的成对集聚。成对集聚指标的计算是来自于如标题所示的 1987 年和 1997 年制造商人口普查。除了文中所列出的外，所有成对 SIC3 行业的成对组合都包括在内，共有 7381 个观测值。通过预测国外的工业份额［外生本地成本变量（如沿海进入、能源价格）和行业成本依存度］估计成对集聚的自然优势。劳动关联指数是根据 1987 年 BLS 全国行业职业就业矩阵计算出来的。输入输出关系是根据 1987 年 BEA 基准输入—输出矩阵计算的。技术流量是由 19 世纪 70 年代的 Scherer（1984）研发表格计算出来的采用成对组合的最大值。变量被转换为具有单位标准差的解释。回归是不加权的。自举标准错误在圆括号中报告。

第 5～8 列考虑连续 DO 度量的四个变量，其中我们调整用于识别定位的阈值。在忽略指定的距离阈值时，使用连续 DO 指标比使用离散 EG 指标具有更大的解释力。马歇尔因子在 EG 和 DO 回归中通常具有相似的系数，EG 结果与 250 英里 DO 结果特别相似。这两项措施旨在反映类似规模的成对集聚效应，因此这一结果提供了更多的信心，即我们确定的效应对于如何测量成对集聚来说是稳健的。

当我们移动到 1000 英里的门槛时，DO 的结果确实发生了很大的变化：专利引用似乎与成对集聚集群不相关，而劳动力集中与承兑集聚负相关。我们发现这些结果令人放心。这个 1000 英里的门槛远远超出了人们期望劳动力具有高度流动性的想法，而这个想法是确定的。因此，我们不希望这些回归能够识别劳动力集聚和技术溢出对企业集聚的强烈影响。

3.2 多元回归

表 4 显示了我们完整的多变量回归结果。每一列报告一个单一的回归系数，因变量是成对集聚指标。我们专注于使用州级就业的 EG 度量标准和具有 250 英里的阈值的 DO 度量标准，每个报告都有四个规范。

表 4 成对集聚的 OLS 多变量回归

	州全部雇用人员的 EG 集聚指数				250 英里门槛的 DO 集聚指数			
	基本估计	排除自然成本	投入产出分离	排除 SIC2 中相同对	基本估计	排除自然成本	投入产出分离	排除 SIC2 中相同对
	1	2	3	4	1	2	3	4
自然优势	0.163		0.163	0.172	0.251		0.252	0.253
DV 值	(0.017)		(0.017)	(0.016)	(0.012)		(0.012)	(0.013)

	州全部雇用人员的 EG 集聚指数				250 英里门槛的 DO 集聚指数			
	基本估计	排除自然成本	投入产出分离	排除 SIC2 中相同对	基本估计	排除自然成本	投入产出分离	排除 SIC2 中相同对
	1	2	3	4	1	2	3	4
劳动关联	0.118	0.146	0.114	0.052	0.069	0.098	0.066	0.029
	(0.032)	(0.012)	(0.011)	(0.012)	(0.012)	(0.013)	(0.012)	(0.012)
投入产出	0.146	0.149		0.110	0.163	0.150		0.177
	(0.032)	(0.032)		(0.022)	(0.035)	(0.035)		(0.032)
投入			0.0106				0.097	
			(0.029)				(0.029)	
产出			0.093				0.107	
			(0.039)				(0.038)	
Scherer 设计研发科技流	0.096	0.112	0.079	0.046	0.076	0.075	0.065	0.033
	(0.035)	(0.035)	(0.035)	(0.019)	(0.033)	(0.034)	(0.032)	(0.020)
R^2	0.103	0.077	0.110	0.059	0.113	0.051	0.117	0.102
样本量	7381	7381	7381	7000	7381	7381	7381	7000

注：参见表 3 产业共享区位决定因素上的成对集聚的回归。第 4 列和第 8 列排除了在相同 SIC2 内的 SIC3 成对组合。变量被转换为具有单位标准差的解释。自举标准错误在圆括号中报告。

第 1 列介绍了我们的基本 EG 规格。回归结果表明，我们的每个变量在多元框架中仍然是重要的。天然优势仍然是最强的解释变量，系数估计值为 0.16。投入产出的点估计值最大（0.15），其次是劳动力集中度（0.12）和技术溢出效应（0.10）。但是，系数估计值之间的差异并不显著，这表明所有三个马歇尔因素都是重要的，效应似乎在数量上是可比的。这三个变量共同解释了更多的成对集聚的变化，而非自然优势，这支持了地理位置是集聚经济的一个更重要的决定因素的观点（如 Ellison 和 Glaeser，1999）。

第 2 列不包括回归的自然优势。虽然我们认为控制这一变量通常是有意义的，但驱动自然集聚度的要素潜在的内生性使我们有理由怀疑当排除这一变量时我们的结果是否发生了很大变化。我们发现，当排除自然优势时，马歇尔程度变得稍强一些。然而，这两列的系数是非常相似的，似乎自然优势和马歇尔因素大部分是相互正交的。

第 3 列将投入产出效应分解为单独的投入和产出效应。这两种效应在数量上是接近的，两者都相当重要。

第 4 列不包括 SIC 行业（SIC2）中的同一个两位数的所有行业配对。这种排除有概念和方法两方面的原因。从概念上讲，由于未被观察到的因素或者由于我们测量的地理特征有误，同一 SIC2 内的行业可能更容易发生集聚。在方法上，我们的一些措施如技术流程措施，有跨越 SIC2 和 SIC3 分歧的变化。这个回归中的系数估计值略低，但与第 1 列的基本回归相似。我们将在下面的工具变量分析中使用这个受限制的样本。

第 5 列至第 8 列给出了用 250 英里距离阈值计算的 DO 指数的等同结果。结果与州级 EG 指数相似。所有三个马歇尔因素都很重要。天然优势比任何一个单一的马歇尔因素都重要，但三者共同比自然优势更重要。表 3 中显示的差异依然存在：当我们使用 DO 指标进行成对集聚时，天然优势显得更为重要；而劳动力市场集中似乎不那么重要。同样，广泛的相似性提供了证据，集聚度量的方法不会影响本文的基本结论。

根据这些回归可以得出三个一般的结论：首先，马歇尔（1920）有关集聚的三个理论在成对集聚模式中得到了支持。其次，马歇尔因素似乎相对重要，因为它们加起来比起我们已经确定的自然优势更重要。最后，投入产出因素最为一致。劳动力集中紧密地依赖于较小的空间距离，但是当我们在更广泛的地理尺度上看待联合集聚时，它的影响要小得多。

我们还提出了稳健性检验：使用成对的方法而不是解释变量的最大值，包括行业影响、行业对的相对规模的加权以及用专利技术度量替代 Scherer 度量。我们进一步考虑了 EG 和 DO 度量的几个变体，虽然存在微小的差异，但表 3 和表 4 所示的总体模式相当稳定。

4　工具变量分析

上述分析的一个潜在问题是，我们对各行业之间马歇尔溢出潜力的衡量可能内生地反映了集聚模式。例如，制鞋业与皮革业之间的贸易量可能不仅反映了制鞋技术的内在特征。如果随机事件导致制鞋业和塑料业的联合集聚，那么可能会有更少的皮革和更多的塑料。同样，一个行业的就业结构可能受到工厂所在地的影响。一些行业的企业可能会选择需要大量非技术劳动力的低科技生产流程和更加自动化的流程，而这些流程的职业组合更为不同。这些选择可能会受到当地劳动力市场状况的影响。

为了帮助解决这些问题，我们的 OLS 回归控制了自然优势的共享收益而带来的成对聚集。当然，由于未建模的自然优势造成的成对估计的方差仍然会偏向我们的参数估计。而且，这对上面提到的相反原因问题也没有帮助。在本部分中，我们提出两套 IV 估算来解决这些问题。

4.1　英国工具变量

我们的第一套工具变量是根据英国工业特征的数据构建而成的。如果两个行业在美国是纯粹随机的，或者是因为它们在美国是不同的，没有观察到的天然优势是随机相关的（例如，如果国家与铝土矿床也接近甘蔗的来源），那么可以预期，在英国，这对行业将不会因为这些原因而集结起来。在这种情况下，英国行业的特征提供了与美国内生变化正交的行业对的马歇尔因素的度量。

当然，这种技术只适用于某些情况。如果两个产业在美国是因为它们对沿海地区有更大的需求而集聚的，那么它们也可能在英国被联合起来。在这种情况下，行业对的英国特征可能受到相关内生性的影响。我们的天然优势度量应该在理论上捕捉到这种情况，但是没有随机分布的未建模的自然优势可能再次出现。

我们基于英国的投入产出关系工具建立于中央统计局于 1992 年出版的"1989 年投入产出平衡表"中。原始表格包含 102 个部门，Keith E. Mostenus、C. Sveikauskas 和 Allan Webster（1994）将这些原始类别汇总成 80 个可与美国工业相匹配的部门。英国工具的构建与 BEA 数据的结果相当。我们将使用这些英国投入产出指标作为美国投入产出关系的工具，其假设是英国物质流与美国真实的马歇尔依赖关系相关，但与工业地点确定之后美国境内可能出现的相反因果关系无关。

知识交流的内生性也是一个问题，因为产业可能因为地理位置接近而共享技术。但实际上我们发现很难同时为马歇尔的三种因素设计工具变量。因此，我们把重点放在对顾客供应商和劳动力集合理论的 IV 规范上，这在理论和实证上也是更加可区分的。

4.2 美国空间工具变量

我们的第二套工具变量是使用分类数据构建的，这些数据使我们能够检验美国不同地区的行业特征。这种方法衡量的是一个行业的投入产出和劳动模式，而这些在另一个行业是非常罕见的地方。通过关注其他行业缺席的领域，我们可以理想地估计与天生的工业需求相关的投入产出和雇用模式，但不会受到与其他行业在地理上相近的影响。大多数行业成对集聚都非常薄弱，以至于我们可以找到美国的部分地区，这些地区存在 i 行业却没有过多集聚 j 行业。我们使用行业 j 在最少存在的地区的行业 i 的特征数据和行业 i 最少存在的地区的行业 j 的特征数据来衡量每个行业对的相关性。

如果我们的马歇尔因素的内生变化是由于工厂的投入/劳动选择受到其他工业中的工厂邻近性的影响，那么这种形式的措施将是有用的工具。例如，如果制鞋厂在靠近皮革制造商的地方选择制造皮鞋，并且选择另外制造塑料鞋，则对它们将是有帮助的。在这种情况下，OLS 估计会夸大输入/输出关系作为一个集聚力的重要性。通过查看位于远离皮革制造商的制鞋商所使用的输入信息，我们可以获得有用的工具的行业特征。

还有其他一些情况，空间工具是无用的。其中一个例子就是在生产技术和技术的发展过程中，根据工业 i 和工业 j 之间的平均距离发展的经济规模。在这种情况下，即使工业 j 没在工厂附近，工业企业仍然需要从工业 j 处购买投入。测量不搭配的工厂的特征不能纠正这种情况。

我们的空间投入产出工具是用 1987 年制造业人口普查的"物料投入拖车"开发的。该表格要求工厂列出其物料投入和相关支出。我们的空间工具使用微观的记录来计算工业 i 对工业 j 最少出现的地区的工业 j 的投入依赖。我们特别选择 25 个 PMSAs，其中 j 行业相对于所有制造业来说都是最少的，以计算行业 i 对 j 的依赖性。依赖关系涉及所有的工厂投入，包括非制造业。

我们使用 1990 年人口普查的 IPUMS 开发了劳动力相似性的空间手段。相对于所有的制造业活动，我们根据每个行业相对的占比重新排列了 PMSA。我们选择了 25 个 PMSA，在衡量行业 j 的职业需求时，行业 i 是至少存在的，反之亦然。综上所述，我们构建了行业 i 和行业 j 之间的劳动力相似度相关性。

我们对同一 SIC2 行业中排除 SIC3 配对的 7000 对两两行业组合的受限样本对 IV 进行了分析。这个限制有两个原因：首先，在 SIC2 部门中，工具变量的一些数据在 SIC3 对之间变化有限。其次，我们对工具变量概念性责任的讨论往往集中在预期的集聚度量所忽略的未被察觉的自然优势。这些混杂的问题在同一个 SIC2 类别的 SIC3 行业中最有可能存在。正如我们在表 4 中所看到的，OLS 关系是稳定的，无论是否包括这些紧密相关的行业对。

5. 回归结果

表 5 显示了我们使用英国和美国空间工具的核心工具变量结果。我们使用上述工具来计算投入产出和劳动力合并因子。由于共享的天然优势而对预期的成对集聚的控制被包括在内，并被视为外生的。我们不包括技术溢出变量第 1 列和第 4 列报告的这些规范的 OLS 估计。

表 5 成对集聚的 OLS 多变量 IV 分析

	州全部雇用工人 EG 集聚指数			250 英里门槛的 DO 集聚指数		
	基本回归	英国 IV	美国空间 IV	基本回归	英国 IV	美国空间 IV
	1	2	3	1	2	3
自然优势	0.176	0.173	0.171	0.254	0.210	0.233
DV 值	(0.019)	(0.019)	(0.016)	(0.013)	(0.016)	(0.012)
劳动关联	0.083	0.079	0.091	0.027	0.501	0.248
	(0.012)	(0.060)	(0.023)	(0.012)	(0.060)	(0.023)
投入产出	0.122	0.191	0.185	0.186	0.164	0.213
	(0.023)	(0.048)	(0.036)	(0.031)	(0.054)	(0.049)
样本量	7000	7000	7000	7000	7000	7000

注：见表 3 基于工业选址的成对集聚的回归。所有的估计都不包括同一 SIC2 内的 SIC3 配对组合。第一阶段和附加的稳健性检查省略。变量被转换为具有单位标准差的解释。自举标准错误在圆括号中报告。

第 2 列和第 3 列分别用 EG 状态水平集聚作为因变量，分别采用英国工具和美国空间工具报告 IV 回归。尽管两者的结构和数据来源完全不同，但两者的结果相似。劳动力的作用得到确认，面板弹性与 OLS 结果非常相似。另外，投入产出弹性加强。Hausman 检验并不否定 OLS 估计在 10 个百分点水平上是外生的假设。

我们使用 250 英里 DO 指标的工具变量的估计也支持马歇尔因素的重要性。投入产出变量在 DO OLS 回归中具有比 EG OLS 回归更大的系数，并且在两个 IV 估计中都保持显著和稳定的规模。劳动力变量在 OLS 回归中的效应小得多，但 IV 回归的估计值要大得多。Hausman 检验拒绝两个工具对的 DO 规范对于 OLS 和 IV 都是拒绝的。

6. 结论

从最广泛的层面来说，本文为马歇尔的集聚理论提供了强有力的支持。我们在美国制造业三个机制中找到了一致的证据——降低移动货物、人员和思想的成本。总而言之，马歇尔因素似乎对共同集聚模式的影响要比共享的自然优势更为显著，Ellison 和 Glaeser（1999）发现这些共同的优势驱动了美国内部产业集聚的非平凡部分。然而，我们认识到，我们只建模了有限数量的自然优势，而我们的代理是不完善的。这种测量误差可能导致我们低估自然优势对马歇尔势力的相对贡献。

马歇尔关于产业集聚的哪个理论更重要？我们从集聚模式考察得到的基本结论是，三种因素在程度上是相似的，同样数量的投入产出影响较大。劳动力或投入—产出依赖关系的一个标准差增长使成对集聚率增加了标准偏差的 1/7 左右。技术流动的重要性在某些规范中较弱，但在其他估计中则相当。

我们不知道制造业成果如何推广到其他行业。由于涉及面对面的交流，许多服务的运输成本更高，因此我们可能认为投入产出关系在该部门尤为重要（如 Jed Kolko，1997）。然而，目前学界对服务外包的兴趣表明，呼叫中心等服务部门的运输成本可能相当低。在非常创新的部门，理念和知识溢出可能更为重要。我们希望今后的研究以适合非制造业的方式来定义马歇尔的相互作用。

同时，为了更好地理解这些力量随着时间的推移如何变化，实体商品的运输成本在 20 世纪显著下降（Glaeser 和 Janet E. Kohlhase，2004）。这些运输成本可能相对于移动劳动力成本而言有所下降，但是实物商品的相对下降高于或低于想法的运输成本的下降还不清楚。某些类型的信息似乎长距离流动得非常好，而其他类型的信息则需要距离非常接近。这些运输成本相对变化的影响值得进一步研究。模拟几十年前由于不再相关的集聚因素而导致的公司位置中的沉没投资之间的相互作用，以及相对运输成本的变化，也将是有趣的。

虽然本文主要是关于集聚而不是关于方法论，但我们希望这种方法对集聚力的探索是有用的。我们探索的成对集聚模式可以用许多不同的方法来检验，而我们开发的英国和美国的空间工具可以应用于其他行业特征的内生性以及未来的集聚研究领域。

题目： 异质性集聚

来源：《经济学与统计学评论》，2017 年第 99 卷第 1 期，第 80－94 页

作者： 茱莉亚·法吉欧，奥尔莫·席尔瓦，威廉姆·C. 斯塔兰奇

原文摘要： Many prior treatments of agglomeration explicitly or implicitly assume that all industries agglomerate for the same reasons. This paper uses U. K. establishment－level coagglomeration data to document substantial heterogeneity across industries in the microfoundations of agglomeration economies. It finds robust evidence of organizational and adaptive agglomeration forces as discussed by Chinitz (1961), Vernon (1960), and Jacobs (1969). These forces interact with the traditional Marshallian (1890) factors of input sharing, labor pooling, and knowledge spillovers, establishing a previously unrecognized complementarity between the approaches of Marshall and Jacobs, as well as others, to the analysis of agglomeration.

原文译文：

摘要： 以往很多关于集聚的研究都直接或隐含地假定所有产业集聚的原因都是相同的。本文利用英国企业层面结对集聚的数据进行研究，认为不同产业在集聚经济的微观机制方面存在异质性。本文发现了 Chinitz (1961)、Vernon (1960) 和 Jacobs (1969) 所讨论的有关存在产业组织和适应性集聚力的有力证据。这些集聚力与传统马歇尔 (1890) 的三个集聚力——共享投入品、劳动力池和知识溢出相互作用，并在马歇尔、雅各布斯和其他有关集聚分析之间建立了以前未识别出的互补性。

1 引言

本文主要研究在集聚经济的微观基础中存在的产业间异质性。Marshall (1890) 提出了集聚经济的三大来源：劳动力池、中间品共享和知识溢出。之后对集聚的许多研究都或明或暗地假定，所有产业集聚的原因是相同的，并认为三种马歇尔集聚力同时影响所有产业。这一方法的重要例子就是从个体向更大经济推演，比如从硅谷的特例来推演出更一般的集聚经验。另一种方法就是收集数据来检验产业集聚的普遍趋势——理论上不同的集聚。本文认为，异质性是显著存在的，并发现异质性的样式对于我们理解集聚的本质具有深远意义。

本文实证分析部分主要研究的是产业配对的协同集群与产业间马歇尔联系之间的关系。该方法的动机在于，共生布局的企业特征的变化能说明集聚经济的微观基础。Ellison 等 (2010) 提出了这一方法，并发现一个产业配对间的劳动力池、中间品共享和知识溢出代理变量与共生布局显著正相关。本文将以古典非马歇尔分析框架对集聚进行分析，探究该结果在产业间如何变化。Jacobs (1969) 强调城市中新职业的诞生的非人为规划性（内生的），而 Vernon (1960) 则讨论城市如何帮助管控在某些生产过程中的不稳定性。Chinitz (1961) 认为小企业在集聚经济产生过程中具有积极作用，这也是非马歇尔研究的

又一力证。无独有偶，波特（1990）分析得出产业集群对于竞争具有积极作用。我们讨论的异质性类型同基于适应性和组织性因素的非马歇尔微观基础是一致的。[①]

我们用 1997~2008 年英国经济结构数据库的工厂层面（相当于 Plant - level 和 Firm - level 相对）的数据。首先，我们按照 Ellison 等（2010）那样，用基准模型估计所有制造业产业的产业联系和共生集聚水平间的关系。然后，我们考虑异质性，根据 Jacobs 和 Vernon 提出的适应性方法和 Chinitz 的组织性方法以及最近研究集聚过程中的人力资本作用的方法（比如 Rauch，1993；Glaeser and Saiz，2004；Moretti，2004；Berry and Glaeser，2005）。相对于以往文献，本文的独特之处在于用共生集聚来看待集聚的各方面。此外，我们检验马歇尔集聚力和其他集聚因素间的关系，而不是把它与 Jacobs 和其他集聚来源对立起来。这在之前的文献中也是没有的。这样看来，本文试图在 Marshall 和 Jacobs 之间构建一种联系。

实证分析证明，不同产业的集聚机制不同，结果如下：第一，大量共生集聚模型证明了马歇尔集聚力的稳健预测能力。这既肯定了之前的研究，也支持我们进一步研究马歇尔分析方法与非马歇尔分析方法之间的关系。第二，能够根据共生集聚趋势区分不同集聚配对的分量回归得出的结果与 Jacobs 关于非计划性知识溢出和劳动力池的分析结果一样。第三，按进入和产业年龄区分，可以得到集聚的适应性因素是稳健的证据，这一结论与 Vernon 一致。第四，通过对部门技术导向和劳动力教育水平的区分可以发现，集聚并非是高科技产业的特有现象。但高科技产业的知识溢出更明显，科技含量低的产业通常更偏向于投入品共享和劳动力池。这些发现都佐证了 Jacobs 和 Vernon 的观点：集聚过程中学习的重要性。最后，Chinitz 认为集聚效应尤其是投入品共享，在企业越小的情况下反而越大。

除了依据集聚研究的经典文献外，本文还依据近年来关于集聚的计量文章。[②] 最接近本文的研究思路是，利用"赛马模型"研究马歇尔集聚力的相对重要性。例如，Audretsch 和 Feldman（1996）以及 Rosenthal 和 Strange（2001）用说明劳动力池、投入品共享和知识溢出的代理变量对集聚水平进行回归。另一新近研究方法就是 Jofre - Monseny 等（2011），他们将新企业作为马歇尔集聚力代理变量的函数，对计算模型进行了估计。相关一批研究论文都是将马歇尔三个集聚力单独进行研究。这些成果包括：Fallick 等（2006）、Almazan 等（2007）和 Serafinelli（2015）研究劳动力市场；Holmes（1999）研究投入品共享；Jaffe 等（1993）、Arzaghi 和 Henderson（2008）以及 Lin（2012）研究专利、网络化和学习，以及新工作机会创造。这些研究提供了有力的证据，说明了马歇尔集聚力的确存在。本文通过纳入组织和适应理论，提供进一步的证据并拓展这个研究线索。

尽管文献对集聚是如何产生的做了大量研究，却很少涉及其微观基础的异质性。Henderson 等（1995）在分析城市经济增长的过程中发现高科技产业与低科技产业的集聚

---

① 现代理论文献都得出一些常规结论，这与经典理论的非常规方法结果一致。比如，Duranton 和 Puga（2001，2004），Strange 等（2006），以及 Helsley 和 Strange（2001）。

② 参见 Hanson（2001），Rosenthal 和 Strange（2004），Behrens 和 Robert - Nicoud（2014），以及 Combes 和 Gobillon（2014）对于集聚的文献综述。

经济不一样。但他们研究的是，集聚经济是来自于本产业内还是来自于城市多样性，而不是直接研究马歇尔三大集聚力。与 Glaeser 等（1992）一起，本文导致了一类研究文献的出现，这些文献将 Marshall 和 Jacobs 进行对比，而不是像我们一样在揭示异质性集聚特征时研究马歇尔集聚力与非马歇尔集聚力之间的相互影响。近年来，Hanlon 和 Miscio（2014）对动态产业增长模型做估计，并强调投入产出关联和劳动力池的重要性。其结果表明，小企业从集聚中获益更多，并产生更强的集聚效应。Glaeser 和 Kerr（2009）以及 Rosenthal 和 Strange（2010）也考虑到这一点——小企业多的地方集聚经济更强。这些论文里的集聚都是组织性的。Duranton 和 Puga（2001）的大部分内容虽然是理论探讨，但给出了产业生命周期内的区位选择的经验证据，这些证据与将城市视为年轻产业的温床的模型是吻合的。Strange 等（2006）说明了这些面临马歇尔集聚力诸多不确定性的产业的总体趋势。在这两篇文章中，集聚基本上是适应性的。总体而言，文献综述表明，集聚经济的异质性是可信的。我们的分析系统地解释了这种异质性的类型及其对理解集聚经济的意义。

从整体上来看，异质性的结果从个体集聚向外推演还是要谨慎。这很重要，原因在于，根据案例进行推演是解释集群政策的核心部分。[①] 不巧的是，我们满意于从那些鲜明的例子（比如硅谷和计算机、底特律和汽车）中推导出结论，但不同的产业对集聚力反应不同。同样，我们的研究也发现，在用赛马模型来解释集聚效应的相对强度时应该慎重，因为这些模型设定没有考虑产业间异质效应。这些与 Chatterji 等（2013）的集群政策评论的文章中提出的忠告是一样的。政策制定者应该认识到，集聚问题是复杂的，且在集群政策中的建议需要更谨慎。严谨的试点项目能够发现针对特定产业哪些适合，哪些不适合。一般推动增长的政策都有利于集群产生。相反，假定集聚经济的异质性存在不确定性，那么针对具体产业的政策可能会面临输赢倒置的局面。

第二部分讨论实证方法，第三部分进行基本马歇尔分析，第四部分考虑 Jacobs 的非计划性相互作用，第五部分分析产业异质性，第六部分为结论。

2 共生集聚与集聚力

2.1 共生集聚的度量

微观基础的分析依据是产业有在大都市区共生布局的趋势。我们采用 Ellison 和 Glaeser（1997）的度量共生集聚方法，也是这一领域标准方法。N_i 表示 i 产业的总就业量，n_{mi} 表示 i 产业在大都市区 m 的就业量。$s_{mi} = n_{mi}/N_i$ 表示 i 产业内大都市区 m 的就业比重，x_m 表示都市区占全国的就业比重。若有两个产业 i 和 j，用 Ellison-Glaeser 法来表示共生集聚度就可以写成（Ellison 等，2010）：

---

① 比如 Porter（1990）和 Duranton（2011）的批判。

$$\gamma_{ij}^{C} = \frac{\sum_{m=1}^{M} (s_{mi} - x_m)(s_{mj} - x_m)}{1 - \sum_{m=1}^{M} (x_m)^2} \tag{1}$$

这一指数与大都市区间不同产业的协方差有关。

我们用 1997～2008 年英国经济结构数据库的数据来算一算英国制造业产业的共生集聚度。该数据来自官方统计，囊括了英国 99% 的经济活动。我们使用地区（即厂址）单元的 BSD 数据，那就有一个厂区和多个厂区的企业了。每个厂区的就业量、工业活动、成立年份、倒闭年份和邮编都可以查到。我们用这些信息将每个地区单元分配到上班地区中（下面简称 TTWA）。原始数据大概有每年 300 万的地方单元。经过一系列数据清理，数据库中有 200 多万个厂区 12 年的数据。[①]

为了量化共生集聚，我们主要研究 1992 年英国标准产业分类（SIC）的三位数产业（中类），并把范围压缩在制造业上——SIC151～SIC372。我们跟之前文献一样，不研究其他部门（比如服务业），因为度量这些产业的劳动力池、投入品共享，尤其是知识溢出是具有难度的。去掉和重组了一些厂区和就业量变动异常的产业，最终留 94 个三位数产业样本。每一年有 4371 个独特配对组数据，持续了 12 年，共 52452 组，我们所使用的地理集聚层次是上班地区，这样定义地理实体是为了保证至少 75% 的居住人口在上班地区工作，75% 的在上班地区工作的人口居住在外地。TTWA 设计就是为了地区划分，划分的地区具有独立的劳动力市场和相应的经济集聚。2007 年，英国就有 243 个 TTWA。本研究主要关注 84 个人口超过 10 万人的城市 TTWA。但我们也会考虑农村 TTWA，并用其他集聚层次，比如区域、观测值。

本文用 Ellison 等（2010）γ^{C} 来计算共生集聚，使用的数据是 84 个城市 TTWA 中的 94 个三位数产业的总就业份额。表 1 是其描述性统计结果。γ^{C} 均值和中值约为 0，标准差为 0.005，最小值为 -0.028，最大值为 0.107。相对于 Ellison 等（2010）而言，虽然它也勉强是正值，但英国的共生集聚度的离散程度较低。

表 1　描述性统计

	均值	标准差	最小值	最大值
共生集聚度与马歇尔集聚力				
TTWA 就业共生集聚度（γ^{C}）	0.000	0.005	-0.028	0.107
劳动力池（相关）	0.237	0.188	-0.022	0.968
投入产出份额（最大）	0.009	0.033	0.000	0.547
投入品份额（最大）	0.005	0.021	0.000	0.546
产出品份额（最大）	0.016	0.037	0.000	0.413

---

① 我们用英格兰、苏格兰和威尔士的数据，但是北爱尔兰数据缺失。

续表

	均值	标准差	最小值	最大值
知识溢出—概率映射，产业制造（最大内引、外引）	0.012	0.026	0.000	0.540
知识溢出—概率映射，技术使用部门（最大内引、外引）	0.013	0.016	0.000	0.097
额外的控制（变量）				
能源差异指数	0.013	0.016	0.000	0.097
水差异指数	0.001	0.001	0.000	0.006
交通差异指数	0.014	0.018	0.000	0.084
自然资源差异指数	0.041	0.076	0.000	0.369
服务差异指数	0.018	0.016	0.000	0.082

我们用变量 γ^c 进行一些扩展分析。特别是，我们将计算出：①以厂区数量而不是就业量计算的共生集聚度；②不包含伦敦的 γ^c；③只有一个厂区的公司的共生集聚度；④包括城市和农村地区的共生集聚度；⑤不包括出版业（SIC221）和印刷传媒传播业（SIC222）的共生集聚度。这些测算结果的描述性统计结果与表1差不多。而且，它们与主要测算方法的相关性很高，在0.76（只包括一个厂区的工厂）和0.99（考虑城市和农村地区）之间。

2.2 马歇尔集聚力

马歇尔把产业的空间集中归因于三种力：劳动力池、投入品共享和知识溢出。我们所使用的变量是为了衡量各产业配对之间的商品流、人流和信息流。我们选用的代理变量故意设计得与 Ellison 等（2010）的差不多，我们认为在数据可获得的情况下这是"最好的做法"。描述性统计结果见表1。

我们用1995～1999年英国劳动力调查数据来评价劳动力池的潜力。LFS 是英国居民代表性调查。数据反映了1990年每个工人的就业产业和标准职业分类（SOC）。英国的 SOC 是根据技能水平和工作内容划分职业的。我们用331个职业组来计算 $Share_{io}$ 和 $Share_{jo}$，职业分类是根据与94个三位数制造业有关的三位数标准职业分类确定的。这两个指标分别计算产业 i 和产业 j 中职业 o 的职工比重。利用这些信息，我们通过计算 $Share_{io}$ 和 $Share_{jo}$ 之间的相关性，可以测算出 i 产业和 j 产业就业相似度。描述性统计结果见表1，均值为0.237，标准差为0.188。

本文用1995～1999年 ONS 投入产出表来评估投入品共享。① 我们计算一个配对内每个产业从另一产业购买的中间产品数量占所有中间产品数量比重以及一个配对内每个产业向另一产业出售的产出数量占其所有产出的比重，这里面要减去直接卖给消费者的量。然后我们为投入产出联系构建了三个不同的代理变量：第一，我们看投入品份额的最大值，

---

① 即使上下游要素都存在，我们也按照之前的方法来处理投入品。

即产业部门从部门购买的中间品份额的最大值，反之亦然。第二，我们看产出品份额的最大值，即产业部门卖给产业部门的产出品份额的最大值，反之亦然。这两步分别获取了上下游联系。第三，我们将这两个代理变量中的最大值合作为产业配对间联系的综合度量。这三个代理变量的均值都趋于 0（见表1），这意味着大多数产业不严重依赖中间产品共享。事实上，的确有 30% 的产业部门配对不共享任何投入或产出，75% 的配对的共享度低于 0.005。

为了构建知识溢出代理变量，我们用欧洲专利办公室数据库中英国 1997～2009 年的发明者信息来表示专利引用流。约有 14.4 万件英国发明专利，其引用流超过 7.7 万次。我们用这一数据来度量 i 产业的专利被 j 产业引用的程度，反之亦然。问题是专利是以技术分类的，部门是按标准产业分类划分的，二者的对应关系是本文的难点。根据文献综述，本文采用这两种方法：①以产业制造为基准的概率映射；②以技术使用部门为基准的概率映射。算完这些以后，我们再来统计 i 部门的专利被 j 部门专利引用的数量，以及 j 部门的专利被 i 部门专利引用的数量。这些计算与前文投入品份额的计算基本一致。我们的两大指标都用 i 和 j 部门专利引用流的最大值来计算的，在产业制造和技术使用部门两种概率映射中选择一种。表 1 的描述性统计结果表明，平均知识溢出份额为 0.012（SOU）和 0.016（IOM）。两种映射匹配都高度趋向中位值，约 0.003/0.004，75% 的产业的引用流低于 0.011/0.013。

除了马歇尔集聚力，本文还控制了可能影响区位选择的因素——靠近资源和基础设施。本文基于 1995～1999 年 ONS 投入产出表，产业的初级资源使用信息和其他非生产性投入信息可以用来量化一些方面①的产业组的相似性。本文将产业组各种投入品份额的差异的绝对值作为衡量产业组的差异性的标准。具体而言，本文将计算产业从七大 T－O 基础"纯自然资源"产业（包括农业、林业和渔业、采矿和采石业）购买的中间品份额。本文还会分别考虑从自来水服务公司购买的投入品份额和从能源产业（电和气）购买的投入品份额，以此来控制水和能源的使用。另外，本文还考虑交通运输部门（包括铁路、航空、水运和其他陆地运输）提供的中间产品，以此来控制运输成本的影响。最后，根据 Overman 和 Puga（2010）对劳动力池的分析，我们还考虑到商务服务行业的投入品份额，并找到表征指标。②

2.3 超越马歇尔：适应性与组织性集聚

正如引文的讨论，已有大量文献进行了关于马歇尔三大集聚力的实证研究，而对非马歇尔方面的研究却不足。在本文中，最受关注的方法是 Jacobs（1969）发现的。他研究的

---

① Ellison 等（2010）用美国自然资源、交通成本和劳动力投入的空间分布数据来预测协同集聚。但英国不能用这种方法，因为国家的地理尺度将会使得自然资源和自然基础设施如靠海具有异质性，而且在监管约束下油、气、水、电等资源的成本可忽略。

② 其中包括计算机服务、研发活动、法律咨询、会计服务、市场研究和管理咨询以及广告。结果并不取决于是否包含这个变量。

是适应性，尤其是"新工作的产生"的非计划特性。普遍把 Jacobs 作为 Marshall 的备选方法，比如 Glaeser 等（1992）和 Henderson 等（1995）关于城市增长的论文中。从自然角度而言，这是事实。Marshall 把规模收益递增作为推动产业空间集聚的力。相反，Jacobs 研究知识溢出，把新工作的产生视为地方集聚（密度高）的结果。但从另一角度来看，二者并不应该是对立的。Jacobs 对知识溢出的分析是支持 Marshall 理论的，她也提到劳动力和投入品市场体现了新工作的产生。

按照这种思路，本文探讨了 Marshall 和 Jacobs 的互补性，并提供一种新的方法来研究该问题。之前的研究都使用 Marshall 与 Jacobs 的二分法，通过用本地生产率、增长和工资来计算产业集聚的赫芬达尔指数，从而度量本地专业化或者多样化。这一专业化度量方法受限于 Marshall 理论，多样化变量与 Jacobs 联系也不紧密。她认为，一个多样化的城市就会提供机会给那些不同产业间的非计划、不可预见和非正常的相互影响，这就导致意料之外的社会联系会增加新工作的产生。

该方法背后的思想就是研究产业组间集聚与不集聚的差异。Jacobs 理论的核心是，集聚是否普遍的影响因素很多，有非计划、不可预见和非正常的因素相互影响。她用这解释产业组间为什么偶尔在同一处布局。反而，基于战略性移民决定和企业生存的有计划的、可预见的相互影响可能常出现在产业同位布局的情况中。按照这个逻辑，本文将用分位数回归来识别 Jacobs 集聚经济，从而研究出在易共生集聚和难共生集聚产业中马歇尔集聚力的异质性。

集聚研究领域里，Jacobs 并不是 Marshall 唯一的继承者。Chinitz（1961）发现纽约跟匹兹堡不一样，它的产业不存在更少共生集聚的趋势，为创业创新提供了一个友好的环境。Porter（1990）也提出过类似的观点，竞争有助于产业集群。Vernon（1960）关于"不稳定性"对规模收益递增产业的重要性曾这样写道，不断扩大的新兴产业，往往因它在大城市的区位优势而获益更多。其他人则更多地强调人力资本（如 Rauch，1993；Glaeser and Saiz，2004；Moretti，2004）和创造性（Florida，2003），而这两点都跟大城市的适应能力有关。正如 Jacobs 所言，本文对集聚的处理方法应该是 Marshall 方法的补充，而非替代或者备用解释。这一直指导我们的实证研究。

为验证非马歇尔机制，本文通过可捕捉非马歇尔方法的部门分解来检验马歇尔集聚效应的异质性。首先，我们用 1997 年经济合作与发展组织的信息，把部门分为高科技部门与低科技部门。其次，根据比重比 0.078 大还是小将部门分为高教育部门和低教育部门，其数据主要来自于劳动力调查中各产业高校毕业人数比重。最后，将收集到的 BSD 数据按如下步骤来分解：

（a）通过产业部门的第一家厂区开始时间与所有部门和年代的中值（1967 年）比较，把这些产业划分为新产业和旧产业。①

---

① 我们按行业历史最悠久的工厂的年龄对行业进行排名，而不是行业本身的年龄。我们相信这可以捕捉行业运营的稳定程度。

（b）根据新企业的比重，比如 t 期所有企业中出现新企业的概率，与全年全行业比大小的结果（0.10）来判定是动态产业还是静态产业。

（c）根据新企业的平均规模，比如 t 期的企业在前一期尚不存在，与年代和各部门的中值（8.59）比较，判定是大的新产业还是小的新产业。

（d）根据在岗工人的平均规模，比如 t 和 t + 1 期都在经营的企业，与年代和各部门的中值（18.95）比较，判定是大的劳动力吸纳者还是小的劳动力吸纳者。

假设数据观测值为产业组，再对组合进行分类，有些产业部门属于同一组（比如都是高科技部门或都是低科技部门），有些部门属于不同组（比如一个高科技部门或一个低科技部门）。

然后本文通过研究各组马歇尔集聚力的强度来反映具有异质性的不同模式，这是阐明非马歇尔集聚的方法。值得注意的是，我们用新旧产业、动态与静态产业维度来分析异质性，证明集聚的适应性特征。Vernon 和 Jacobs 就是这么做的。通过研究高科技部门与低科技部门、高教育部门与低教育部门来量化与人力资本和适应性能力相关的概念的重要性。最后，本文通过分析新企业和在岗工人规模来证明集聚的组织性特征。Chinitz 用这种方法研究了异质性。

3 共生集聚与马歇尔微观基础：英国的数据

3.1 单变量和多变量普通最小二乘法回归分析

本文研究集聚经济的微观基础，将马歇尔三大集聚力的表征变量与产业组集聚相联系。结果就是下面这一模型的回归结果。

$$\gamma_{ijt}^{C} = \alpha + \beta_{LP}LP_{ij} + \beta_{IO}IO_{ij} + \beta_{KS}KS_{ij} + \sum_{k=1}^{5} \lambda_k Diss_{ij}^{k} + \varepsilon_{ijt} \tag{2}$$

其中，γ_{ijt}^{C} 表示 Ellison 等（2010）部门 i 和部门 j 在 t 期的共生集聚度。LP_{ij}、IO_{ij} 和 KS_{ij} 分别表示相应年份部门 i 和部门 j 之间的劳动力池、投入品共享和知识溢出。$Diss_{ij}^{k}$ 表示部门 i 和部门 j 之间在使用基础资源和非生产性投入品时存在的五种差异性之一（k = 5），ε_{ijt} 表示一个与其他自变量无关的误差项。在若干年产业组冲击和集聚的标准差水平下，本文接受任意水平的相关性。数据集中每一年有 4371 组数据，持续 12 年，共 52452 组观测值。[1] 整个分析中，我们规定变量有统一的标准差。

正如 Ellison 等（2010）所言，该方法的目的就是产业经常选址同一处的特征证明了集聚经济的微观基础。比如，若产业间经常进行买卖，它们在很大程度上会集聚。这也就说明，投入品共享是一种重要的集聚力。反过来，这就要求共生集聚与产业组内集聚经济

---

① 本文的马歇尔集聚力的度量始于最初观测值，且没有时间变量。如果我们将 γ_{ijt}^{C} 的时间序列数值全都算作均值，变量回归只针对 4371 个观测值，那么不出意外结果是相同的。为了在稳健性检验中错开和修正观测值，我们把数据做成年份 × 产业组的形式。

强度（劳动力池、投入品共享和知识溢出）相关。

除了直观上觉得它具有集聚力，Ellison 等（2010）还在一篇文章中证明了这一属性。文章中设定了一个特定的模型，产业被分成组，且必须集聚才能获得正利润。在这一两极式集聚模型中，产业不断进行区位选择，并在从共生集聚中获益之后，不断走向共生集聚。笔者注意到，在一些较弱的集聚经济中，结果也呈现弱集聚。然而，值得注意的是，城市组成的确定过程中存在着一个基本的协调问题（Helsley and Strange，2014），很有可能是，互利情况下共生集聚没有发生，或者没有互利但共生集聚发生了。虽然存在这种情况，但还是有充分理由相信，当集聚效应力更强时，共生集聚的均衡会不断扩大。其一，在一个产业组和均衡共生集聚内，集聚力之间的关系是稳健可信的。除了 Ellison 等（2010），很多论文如 Kolko（2010）、Jacobs 等（2013）、Gabe 和 Abel（2013）都证明了这一点。所以，Helsley – Strange 提到的多重均衡选择勉强能证明，共生集聚带来的好处和均衡下的共生集聚存在正相关关系。其二，O'Sullivan 和 Strange（2015）用代理模型来对城市组成的多重均衡进行选择。他们也得出了同样的结论，产业组内的溢出力与均衡的共生集聚存在正相关关系。

研究共生集聚，而非产业集群的跨部门模式（比如 Audretsch – Feldman，1996；Rosenthal and Strange，2001），具有很多其他的优势。第一，这一方法不同于只关注产业集聚的方式，而是直接研究产业组间联系来揭示集聚的机制。第二，研究共生集聚与成对的马歇尔集聚力之间的关系有助于处理一些不可观测变量。当观测单元是产业本身，那么这些不可观测变量就会造成结果偏差。如果是用产业组进行分析，那么不可观测变量就没那么重要了。当然，本文强调这些优势并不是说，共生集聚是研究集聚经济的微观基础唯一有效的方法。本文只是认为，它是一种有效的方法，用它可以清晰地辨识产业组的特征，并灵活地研究异质性模式。

表 2 呈现的是第一次运行的结果。第一栏和第二栏是一次只考虑一种马歇尔集聚力的存在，做了单变量回归的分析（第二栏控制了差异性）。结果现实劳动力池对共生集聚的影响最为显著。劳动力池的标准差每增加 1 个单位，γ^c 的标准差将会增加 0.19 个单位。而投入品共享和知识溢出分别会增加 0.14 个和 0.1 个单位。该结果与 Ellison 等（2010）一致，因为他也证明知识溢出具有较弱的集聚效应。另外，控制差异性并不能对马歇尔三大集聚力的系数有任何显著性影响。这就说明控不控制资源利用（靠近自然资源和非生产性产业）不会影响模型结果。

表 2　共生集聚度 γ^c 与马歇尔集聚力之间的关系

具体详细	(1)	(2)	(3)	(4)
	OLS – 单变量	OLS – 单变量	OLS – 多变量	OLS – 多变量
劳动力池（LP）	0.191 (0.018)***	0.198 (0.018)***	0.156 (0.019)***	0.165 (0.020)***

具体详细	(1)	(2)	(3)	(4)
	OLS - 单变量	OLS - 单变量	OLS - 多变量	OLS - 多变量
投入产出共享（IO）	0.138 (0.026)***	0.137 (0.026)***	0.083 (0.025)***	0.082 (0.025)***
知识溢出—制造产业（KS）	0.106 (0.015)***	0.099 (0.014)***	0.031 (0.013)***	0.024 (0.013)***
控制资源利用差异性	否	是	否	是

注：见表1的变量定义。变量都标准化为0均值和单位标准差。括号内是产业组的标准差，回归年份是1997~2008年，显著性为 *** 表示 $p < 1\%$、** 表示 $p < 5\%$ 和 * 表示 $p < 10\%$。

第三栏和第四栏刻画的是多变量回归的系数。仍可以发现，劳动力池的影响最为显著，在标准差下为0.16。另外，投入品共享和知识溢出的系数分别降至0.082和0.024。综上，本文的结论与Ellison等（2010）的结论是一致的，马歇尔三大集聚力与共生集聚呈正相关关系。

接着进行一系列稳健性检验。首先，研究上游联系是否比下游联系更重要。我们发现，投入品共享效应是产出品共享效应的两倍，但区别并不显著，不影响其他系数。其次，研究样本中的某一年是否会影响全局。我们分别对1997、2002年和2008年做了回归，并发现随着时间的推移，劳动力池、投入产出共享和知识溢出效应出现微小的衰减，但差异并不大。再次，研究如果用技术使用部门（SOU）为基准的概率映射对结果的影响，结论依旧成立：虽然劳动力池的效应更大一些，但马歇尔三大集聚力都很重要。同时还发现，与知识溢出的联系更强一些，投入品共享效应更弱。因为SOU是把产业部门中技术（和相关专利）作为买卖的中间品，所以它会把投入品共享的一些联系赋予知识溢出，削弱了投入产出效应。基于这个问题，本文后面都用IOM（制造产业）来做概率映射。① 最后，我们换一种共生集聚的度量方式来看结果是否改变：①不用就业数，用厂区数；②只用单个厂房企业的本地单位；③把城市和农村地区都考虑进去。试验时依旧剔除出版业（SIC221）和印刷与传媒传播业（SIC222），因为它们在美国产业分类里属于服务业。稳健性检验不影响结果。

3.2 解决内生性问题

关于集聚经济的微观基础的文献总结出两大OLS有偏的原因：①反向因果；②分类

---

① 存在一个相关的问题就是，投入产出联系也会部分弱化知识溢出，因为我们采用的知识溢出衡量变量并不严密。为了探讨这个问题，我们考虑两个特例：马歇尔集聚力的两者之间和三者之间的相互影响。唯一显著的就是投入产出共享和知识溢出中的一种，其系数显著为负，为 -0.009。当知识溢出效应变成0.100（显著），投入产出共享和劳动力池的影响大小差不多。这就说明，投入品共享和知识溢出的效应不同。这一模式跟后文的部门异质性差不多。后文举了很多例子来充分说明，投入产出关联不太会影响知识溢出。

问题。本节就探讨这些问题，并提供一套稳健性检验和工具变量来解决。

反向因果由 Ellison 等（2010）提出。具有较强马歇尔联系的产业中的企业为了从中获利而更愿意集聚。那么其他原因的集聚就会夸大马歇尔联系。与 Ellison 等（2010）不同，我们反过来把共生集聚作为生产联系的致因，它自己就是集聚经济的一种。比如，如果两个企业在区位选择后发现可以雇用同一个市场的劳动力，那么就会从劳动力池中获益。同样，两个企业如果事后能相互学习，那么技术进步的结果就是知识溢出的力证。这些集聚经济的例子都是 Jacobs（1969）提出来的，她举了很多偶然集聚经济的例子。即便如此，还是要想出一个对策来解决这个问题，成功地捕捉并估计出马歇尔联系对集聚的影响，而不是反过来。

谈到分类问题，主要研究的就是集聚与共生集聚的相互关系，而集聚会通过某种不可观测的方式提高生产率。为说明问题，考虑两个产业是因历史原因而集聚的，比如：服装业和印刷出版业。假设区位优势赋予两个产业以高生产率。进一步假设，生产率更高的企业能雇用更多的工人，因为它们能从广阔的集聚市场上找到"正确的类型"。相反，考虑在一个小城市经营的这样两种产业，比如：木材压合业与家具制造业，它们生产率低下，在劳动力分享上也效率不高。通过比较这两组产业来估计劳动力池对共生集聚的影响，这样做会把劳动力池的真实效应与生产率优势上升混淆在一起。因为企业选址于集聚地就会推动城市经济发展，从而拉动生产率上升。虽然这种说法逻辑上是正确的，但导致这种模式的不可观测变量需要有一个特定的结构。这意味着共生集聚与集聚和部门间联系强度有相关性。Ellison 等（2010）首创的方法优点之一就是，通过研究共同区位选择与产业组联系的关系，处理了大量与非特定组间联系不太相关的不可观测变量。所以，本文认为文献中提出的观点并不能否定我们的发现。

一系列的稳健性检验进一步支持了这一结论。这些检验包括解决反向因果的方法、处理共生集聚与集聚关系的方法以及产业组织可能影响共生集聚的可能性。这些检验都没有改变我们的结论。

总之，本文用美国数据变量对马歇尔三大集聚力进行了一系列工具变量回归。这一方法与 Ellison 等（2010）如出一辙。本文通过度量部门组间的相关关系来测量劳动力池效应，因为部门组间雇用不同类型的工人。工人分类是按照美国劳工统计局发布的国家产业职业就业矩阵来划分的。本文以经济分析局 1987 年的基准投入产出表，用同一种方法来做投入产出品共享的工具变量。最后，本文用美国 NEBR 专利数据库的引用流来做英国发明引用流的工具变量。该方法的有效性就在于控制了自然优势和非生产性资源的使用份额带来的集聚。所以，所有的工具变量规制都包括了部门的差异性。

回归结果见表 3。本文按照 Ellison 等（2010）的方法，把两个三位数的产业剔除出去了，因为它们同属于一个两位数产业组；同时，还把很多在数据构建过程中容易聚合的产业部门剔除出去了。第一栏和第三栏表明，OLS 回归结果并没有因为剔除这些部门而受影响。第二栏是对一个马歇尔集聚力的 IV 回归结果。工具变量回归的系数与第一栏 OLS 回归的相应系数很接近。第四栏用工具变量的多元回归，将对马歇尔三大集聚力同时取工具变量替换。劳动力池和投入产出共享的效应都是正的且显著，其系数大小跟第三栏的系数很接近。但知识溢出显著性降低，且系数变为负。这可能是因为，共线性即知识溢出的工具变量与劳动力池和投入品共享很难实现完全分离。Ellison 等（2010）也提出这一问题，在对知识溢出做工具变量时，结果不显著。为部分解决这一问题，在第五栏和第七栏对两个马歇尔集聚力进行替代。在第五栏，对劳动力池和投入产出共享进行替代，发现它们与 γ^c 都有正系数。在第六栏，对劳动力池和知识溢出进行替代，并发现二者对共生集聚度的系数均为正且显著。知识溢出的系数估计值与第三栏的 OLS 回归系数十分接近。最后的第七栏对劳动力池和知识溢出做替换，发现系数均为正。虽然在传统水平上只有劳动力池的系数显著，知识溢出的系数符号是对的（为正），而且也有第三栏 OLS 相应系数的一半。总而言之，表 3 证明了之前的发现，并支持本文的结论：内生性并不会对 OLS 的回归结果有显著影响。

表 3　工具变量回归

	（1）OLS - 单变量	（2）IV - 单变量	（3）OLS - 多变量	（4）IV - 多变量	（5）IV - 多变量：LP 和 IO	（6）IV - 多变量：IO 和 KS	（7）IV - 多变量：LP 和 KS
劳动力池（LP）	0.161 (0.017)***	0.113 (0.020)***	0.133 (0.018)***	0.116 (0.032)***	0.100 (0.024)***	—	0.116 (0.030)***
投入产出共享（IO）	0.105 (0.017)***	0.127 (0.026)***	0.061 (0.016)***	0.083 (0.024)***	0.082 (0.024)***	0.121 (0.028)***	—
知识溢出—IOM（KS）	0.078 (0.013)***	0.088 (0.016)***	0.033 (0.013)**	-0.021 (0.023)	—	0.031 (0.019)*	0.017 (0.022)
First - stage statistics							
T - statistic on LP	—	19.93	—	16.91	18.78	—	17.04
T - statistic on IO	—	6.39	—	6.22	6.32	5.95	—
T - statistic on KS	—	6.83	—	5.94	—	6.45	6.56
Kleinbergen - Paap F - Statistic				18.17	33.10	23.26	23.94

注：观测值为 43644（36737 个产业组）。工具变量使用美国工具。显著性为 *** 表示 $p<1\%$、** 表示 $p<5\%$ 和 * 表示 $p<10\%$。

4　共生集聚：Jacobs 遭遇 Marshall

本部分将呈现产业间异质性假设下的结果。具体而言，本文通过研究 Jacobs 和 Marshall 的互补性，采用了一种新的方法来检验 Jacobs（1969）的结论——新工作如何产生。该方法的核心思路很简单：很少在同一位置选址的产业的共生集聚与经常在同一位置选址的产业的共生集聚有区别。前者主要刻画了 Jacobs 认为的非计划、不可预测、不寻常的相互作用的类型。为了检验这一思路，本文在不限制马歇尔集聚力对所有产业组具有相同效应的前提下，对之前的马歇尔模型进行估计。进一步地，本文允许效应在最集聚和最不集聚的产业组之间变动，再对公式（2）进行估计。估计过程采用了分位数回归，并在控制自然优势的情况下，包含了三种马歇尔集聚力。图2、图3就分别展示了劳动力池、投入品共享和知识溢出的结果。图1的置信区间由集聚于产业组的 Bootstrap 法下的标准差所决定。

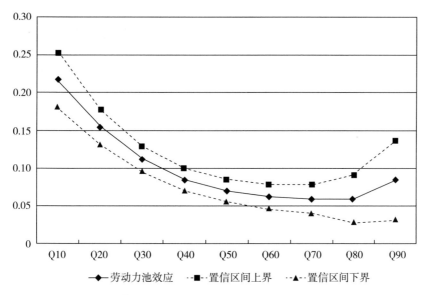

图1　γ^C 在不同分位下劳动力池的马歇尔集力效应

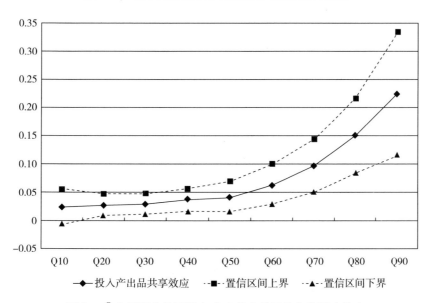

图2　γ^C 在不同分位下投入产出共享的马歇尔集聚力效应

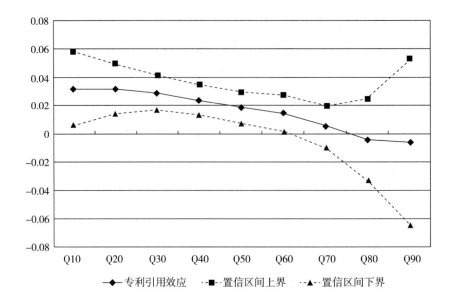

图3 γ^C 在不同分位下知识溢出的马歇尔集聚力效应

注：图中实线是马歇尔三大集聚力的回归系数，虚线是95%置信区间的分位回归。变量都标准化了，Bootstrap法的标准差置信区间是产业组集聚的。

结果清晰地揭示了产业组间隐藏大量变量的集聚模式。图1展现了劳动力池的结果。产业组间的集聚存在明显的异质性。虽然全样本下劳动力池对产业组共生集聚具有正且显著的贡献，但这一效应要比不易集聚的产业组大很多。低位的2个产业组的劳动力池系数为0.22和0.16（均显著），当共生集聚度高位的时候，该系数降至0.06和0.08。图2描绘的是投入品的情况，与劳动力池完全相反。对于投入品共享，越共生集聚的组，它的系数越高。其系数从低位的约0.3（不显著）升至高位的0.15和0.23（均显著）。图3描绘的是知识溢出的情况，当到60分位的时候知识溢出的系数就为正且显著了。在该阶段内，系数从0.03降至0.02（中值），大多数集聚产业的系数趋于模糊，因为其效应系数不显著区别于0。

这种异质性反映了Jacobs想法很有趣的一面。图1的投入品共享结果与Jacobs正好相反。这表明投入品共享与广义上的共生集聚下的产业组同一选址是有关系的。如果产业不能共生集聚，那么它们的获益会很少。换言之，有充足的证据可以证明，最常见的、最可能计划出来的相互作用其实与共生集聚有关。有必要来看Marshall举的一个例子，他这样写道：

例如，很多谢菲尔德的刀具制造企业将其研磨和其他工作以计件价格外包给了必须有蒸汽动力的工人。他们要么是签了协议的，要么就是其他来源的（Marshall，1890：172）。

数据说明，谢菲尔德至今仍是刀具制造业的中心，而且，刀具与粗铁、钢铁是最高度共生集聚的产业组。所以，刀具制造商选择这一区位就是为了保证其钢铁投入品供应，这完全是合情合理的。[①]

另外，按照 Jacobs 的思路，劳动力池和知识溢出的结果更大。对于知识溢出，高共生集聚组的效应并不显著。对于劳动力池，其效应随着共生集聚增加而下降。换言之，当产业选址一处不频繁发生或者相互影响更像是未预测到的联系（Jacobs 主要研究），那么这两种产业间的相互影响将具有更大的效应。

这三个问题值得思考：首先，研究 TTWA 水平上的集聚将会影响本文的结果。正如前文提到的，TTWA 由通勤流来度量，受劳动力市场规模的影响。这将使得共生集聚与劳动力池之间的关系比共生集聚与投入品共享的关系更容易被找到。因为投入产出关联在更长距离情况下起作用。为解决这一问题，我们用 18 个宏观区域（经济结构数据库）再次进行分析。结果完全支持我们的发现。我们也检验了如果保持原始 TTWA 地理尺度，结果会不会变化。但只研究 84 个 TTWA 中的 28 个大城市，即最大的 30%，并没有得出这一结论。

其次，投入品共享变量用的是部门组内的最大流量，劳动力池则是用两个产业的职业混合的相互关系。这说明，该方法旨在只抓取共生集聚产业间的显著的投入产出关联，而劳动力池的度量方法在分布的其他部分更显著。我们相信，这个问题不会影响结论，因为发现知识溢出跟劳动力池的度量方法一样（比如，它也用组间专利引用流的最大值），二者的影响路径也很像。这就意味着，变量的选取不会影响从机理上改变我们看到的模式。

最后，正如 Jacobs 所言，我们不关注共生集聚是否会因非计划、难以预料的事件而加剧。相反，我们只关注产业组内共生集聚的频率。尽管这可能跟共生集聚是不是计划好的有关，但其他力也会对产业组内的共生集聚有贡献。例如，控制污染就会妨碍重工业集聚。像这样的集聚/分散力就会把噪声引入共生集聚的决定过程中，并在计划/非计划的集聚属性与集聚频率发生映射（对应）时产生一系列度量误差。可能这样做就很难在分位模型中得出显著的模式了，尤其是找出劳动力池与投入品共享的显著差异。这就意味着，在计划/非计划的维度下，我们的结论就低估了马歇尔集聚力的异质性。

5 异质性集聚：适应性和组织性

5.1 非马歇尔方法

本部分将呈现集聚经济的适应性和组织性特征的实证结果。我们这里通过检验共生集聚模式如何依赖于马歇尔集聚力和产业属性，来延伸传统马歇尔方法。因此，本文不排除马歇尔微观基础的其他解释。

我们直接观察产业特性与包含前文讨论的变量在内的共生集聚的关系，比如方程（2）所控制的变量：创立的年份、进入份额、技术水平、大学本科比例、求职者/在职者

[①] 参见表 4 的其他协同集聚产业，就像 Marshall 讲的纺织和制造业。

的规模。除了不能求平均的技术，其他变量都在产业组内求平均。这样我们就能构建一系列虚拟变量，来识别产业部门是否都是高科技部门，还是只有一方是。表4展示了这些模型的结果。第一个重要结论就是，引入不同控制变量，马歇尔力的系数相当稳定。其系数大小与表2的基本差不多，说明马歇尔力的系数估计值是稳健的。

表4　共生集聚度 γ^c、马歇尔集聚力与非马歇尔机制的关系

Additional Control details	(1) 创立年份	(2) 进入份额	(3) 技术	(4) 教育	(5) 求职者规模	(6) 在职者规模	(7) 综合控制
劳动力池（LP）	0.166 (0.020) ***	0.165 (0.020) ***	0.188 (0.022) ***	0.176 (0.021) ***	0.164 (0.020) ***	0.161 (0.019) ***	0.189 (0.023) ***
投入产出共享（IO）	0.085 (0.026) ***	0.082 (0.025) ***	0.075 (0.025) ***	0.079 (0.025) ***	0.080 (0.025) ***	0.081 (0.025) ***	0.073 (0.025) **
知识溢出—IOM（KS）	0.028 (0.013) **	0.024 (0.014) *	0.027 (0.014) **	0.029 (0.014) **	0.023 (0.014) *	0.024 (0.014) *	0.036 (0.014) ***
创立年份	0.046 (0.014) ***						0.048 (0.014) ***
进入份额		0.003 (0.012)					0.003 (0.014)
高技术			− 0.227 (0.055) ***				− 0.223 (0.065) ***
综合技术			− 0.087 (0.035) ***				− 0.083 (0.039) **
本科毕业比重				− 0.059 (0.018) ***			− 0.045 (0.021) **
求职者规模					0.028 (0.014) *		0.009 (0.020)
在职者规模						0.032 (0.016) *	0.058 (0.025) **

如果转而研究非马歇尔变量，那么会出现一些有趣的模式。我们发现，第一栏的创立年份（年龄的倒数）的系数为正且显著，第二栏进入份额的系数不显著。前者的结果与前文讨论的苗圃城市/非计划相关关系的情况一致。后者则显示弱成立。第三栏高技术和综合技术组的虚拟变量反而为负且显著。对马歇尔力进行控制，会发现低技术产业更容易集聚。这一结果与基于苗圃城市模型预测结果正好相反。第四栏平均本科比例的系数显著为负。给定其他模型的人力资本效应强度（如 Rauch，1993；Rosenthal and Strange，2008），这就很难预测了。最后，第五栏和第六栏的求职者规模和在职者规模均为正且轻

微显著。控制马歇尔力，那么小企业效应就会小很多。正如第七栏所示，对所有非马歇尔因素综合控制，并不会影响结论。除了求职者规模，其他因素的系数的符号、大小和显著性都不变。它跟在职者规模的相关性这么高（0.712）其实一点也不奇怪。总之，对共生集聚/微观基础模型的产业组取均值来简单控制非马歇尔力，这种方法很难把异质性纳入进来，在实证时会出现弱的甚至相反而令人困惑的结论。所以，我们减少模型约束，使得产业间马歇尔效应不同。

5.2 新产业和进入

我们通过将产业组分成两部分分别进行估计，来研究适应性和苗圃城市。首先，用时间最长的企业的存活时间来表示产业年龄；其次，研究一产业内新企业进入的份额。这种方法会得出前文产业组分离的效果。在产业年龄的问题上，新产业组会包括这样的组——两个部门的年龄都比产业组的年龄中值要小。在进入者份额的问题上，动态的产业组可能包括这样的组——两产业的求职者份额都比中值要高。这两种情况下，我们分别对两部门产业组的年龄和进入者份额均值进行额外控制。①

结果见表5。对于一个产业的年龄而言，我们发现新产业组的集聚效应最大。这对于马歇尔三大集聚力均成立。对于劳动力池，混合产业组和旧产业组的效应（分别是0.153和0.081）都比新产业组（0.310）要小。但所有的系数显著性都很高，且在这些效应中变量的强度要比其他两个马歇尔集聚力更温和。知识溢出的结果在前面讨论的田园城市/非稳定产业思路下表现得非常明显。新产业组的知识溢出效应强度（0.236，显著）分别是另外两组的5~10倍（0.040，显著；0.026，不显著）。这一结果在投入品共享上也成立。新产业组的系数是0.270（显著），混合组为0.049（不显著），旧产业组为0.041（显著）。虽说投入品共享的模式与田园城市模型不吻合，但知识溢出的系数的异质性佐证了这一理论。

表5　异质性集聚——适应性

	（1）	（2）	（3）
	新	混合	旧
劳动力池（LP）	0.310	0.153	0.081
	(0.058)***	(0.026)***	(0.021)***
投入产出共享（IO）	0.270	0.049	0.041
	(0.083)***	(0.030)	(0.018)**

---

①　这里的模型是基于产业组水平的。所以，分类研究将会更好地处理马歇尔理论与非马歇尔理论的互补关系，而不会将马歇尔集聚力与产业特性搞在一起。比如，考虑一个企业与其规模有关，正如Chinitz研究的那样。用这种方法构建出三个产业组团。首先，每个产业都是小企业；其次，产业组以大企业为标志。Chinitz预测了这些产业组的情况。第三个组团是混合型的，由1个小企业组和其他大企业组构成。在这种情况下，Chinitz无法进行预测。可以构建一个平均企业规模变量，并估计相互影响的标准，混合型组团将会使这种方法的结果的解释力大打折扣。

续表

	（1）	（2）	（3）
	新	混合	旧
知识溢出—IOM（KS）	0.236 （0.121）**	0.040 （0.017）**	0.026 （0.019）
观测值数量/组数	12972/1081	26508/2209	12972/1081
	动态	混合	静态
劳动力池（LP）	0.181 （0.059）***	0.144 （0.026）***	0.180 （0.028）***
投入产出共享（IO）	0.113 （0.095）	0.103 （0.031）***	0.052 （0.021）**
知识溢出—IOM（KS）	0.181 （0.074）**	0.033 （0.018）*	−0.020 （0.015）
观测值数量/组数	12972/1081	26508/2209	12972/1081

注：变量的定义详情见表1。标准就是表2的第四栏加上平均各部门组的变量之一：创立的第一年（顶部面板）或进入者份额（底部面板）。组指的是不重复的部门组合。显著性为 *** 表示 $p < 1\%$ 、** 表示 $p < 5\%$ 和 * 表示 $p < 1\%$ 。

在产业动态模式下，其结论很相近。三组的劳动力池的系数始终显著，在 0.144 ~ 0.181。知识溢出的最大值是在动态产业，系数为 0.181（显著）。混合组为 0.033（显著），静态组为 −0.020（不显著）。投入产出关联在动态产业组中要比之前的年龄分组情况下，与苗圃城市模型更吻合。投入品共享在混合组和静态组的系数也是显著的，分别为 0.103 和 0.052。静态组的投入品共享效应系数并不显著。①

5.3 高技术和高教育

现在我们研究马歇尔力与共生集聚的关系如何依赖于产业的技术水平。正如前文所述，根据经济合作与发展组织的分类（1997）来对产业的技术水平进行分类（是否是高技术）。产生三种类型的产业组：都是高技术、低技术和混合组，我们对三种类型一一进行回归。

回归结果见表6。我们发现，劳动力池在三个组都显著，且低技术组与共生集聚的相关系数（0.332）比高技术组（0.046）更高。在投入品共享效应中，低技术组也是系数最大，高技术组系数小且不显著。知识溢出呈现出相反的情形。高技术组的系数最大，为 0.053（不显著），低技术组系数为 0.039（不显著）。

---

① 如果我们用单一厂房企业来识别静态组的标准值，以至于新求职者都是独立的企业，那么表4和其他表的结果仍然支持这一结论。

表6 异质性集聚——技术和教育

	（1）	（2）	（3）
	高技术	混合技术	低技术
劳动力池（LP）	0.046 (0.017)***	0.110 (0.019)***	0.332 (0.049)***
投入产出共享（IO）	0.020 (0.012)	0.064 (0.020)***	0.091 (0.045)**
知识溢出—IOM（KS）	0.053 (0.024)**	0.031 (0.016)*	0.039 (0.041)
观测值数/组数	7140/595	24780/2065	20532/1711
	高教育	混合教育	低教育
劳动力池（LP）	0.046 (0.023)*	0.167 (0.031)***	0.391 (0.061)***
投入产出共享（IO）	0.007 (0.013)	0.066 (0.029)**	0.123 (0.057)**
知识溢出—IOM（KS）	0.048 (0.020)**	0.050 (0.021)**	0.030 (0.040)
观测值数/组数	12972/1081	26508/2209	12972/1081

注：参见表1关于变量定义的细节。下面面板回归进一步控制了平均部门组之间本科毕业的份额。显著性为 *** 表示 p<1%、** 表示 p<5% 和 * 表示 p<1%。

这些结果清晰地表明，集聚经济不只是高技术现象。低技术组的劳动力池效应更大，混合组和低技术组的投入品共享效应更大。值得欣慰的是，知识溢出不一样，高技术组最大。这说明，由于样本包括了知识溢出对其并不是很重要的低技术组（老产业组和稳态组），从而知识溢出的系数变弱（Ellison 等，2010）。

表6还根据工人的教育水平对产业进行分组，做了同样的回归，结果也大体一致。在这一案例中，我们进一步控制组内的本科毕业平均比例，以该变量在控制组间的直接效应。结果的情况就跟前文讨论的高技术与低技术异质性的结果一样。知识溢出在高教育水平组和混合组的系数都很显著（0.048 和 0.050），在低教育水平组就不显著了（0.030）。相反，投入品共享和劳动力池在低教育水平组都具有最大的系数，且显著性很强（分别是 0.123 和 0.391）。在高教育水平组就变为 0.007（不显著）和 0.046（边缘显著）了。

对于一个组团，这些结论都支持这样一个观点——学习在集聚过程中很重要。Jacobs（1969）称之为"新工作的产生"，而 Vernon（1960）就讨论新产品达到稳态的过程。有证据证明了 Duranton 和 Puga（2001）的苗圃城市现象，新产品在不同城市生产，并在成熟后迁至专门的城市。他们用法国企业迁移的例子证明了他们的结论。据我们所知，本文是第一个这样来检验共生集聚的。只有高技术/高教育组将会具有更高的知识溢出来促进共生集聚。这种情况与苗圃城市理论是吻合的。所以也发现低技术/低教育组可能具有劳动力池和投入联系来促进共生集聚。

5.4 产业组织

最后一组是对产业结构的回归分析。我们考虑两种分类：求职者规模和在职者规模。这两种分类都与Chinitz（1961）一致，他认为小企业的存在将会允许其他小企业进入。①

回归结果见表7。跟前面一样，该表展示了三个产业组团的马歇尔三大集聚力的系数。模型在控制自然优势的情况下，分别对产业组的求职者规模、在职者规模进行控制。结果是支持小企业效应的，即小规模求职者和小规模在职者的投入品共享效应系数值最大（分别为0.193和0.159显著）。值得注意的是，投入品共享在每个组都是显著的。但是，混合组和大规模求职者、大规模在职者组的效应系数就小了，分别只有0.068和0.082。3个求职者和3个在职者规模组的劳动力池效用的系数都是显著而且大小相当的。除了一个组，其他都在0.1以上，而且主要分布在0.15~0.20。最后，在所有现在的回归中，知识溢出是模型中统计不显著的一个系数指标。在这一情况下，我们发现，知识流只有在小规模求职者组（0.051）和混合组（0.028）是显著且较大的。其他的都不显著且太小，但都是正值，位于0.020~0.040。

表7　异质性集聚——组织性

	(1)	(2)	(3)
	小规模求职者	混合型	大规模求职者
劳动力池（LP）	0.113 (0.027)*	0.181 (0.027)***	0.223 (0.056)***
投入产出共享（IO）	0.193 (0.112)*	0.068 (0.034)**	0.082 (0.039)**
知识溢出—IOM（KS）	0.051 (0.030)*	0.028 (0.016)*	-0.022 (0.030)
观测指数/组数	12972/1081	26508/2209	12972/1081
	小规模在职者	混合型	大规模在职者
劳动力池（LP）	0.065 (0.026)**	0.223 (0.031)***	0.149 (0.047)***
投入产出共享（IO）	0.159 (0.076)**	0.071 (0.035)**	0.068 (0.039)*

① 主要是城市的产业组织而非部门的产业组织。但我们发现约96%的求职者规模变量和99%的在职者规模变量是在跨部门的TTWA里的。我们研究的重点在部门异质性上，因为它能刻画主要的相关变量。

	（1）	（2）	（3）
	小规模在职者	混合型	大规模在职者
知识溢出—IOM（KS）	0.034	0.020	0.040
	(0.024)	(0.018)	(0.031)
观测指数/组数	12972/1081	26508/2209	12972/1081

注：见表 1 关于变量定义的细节。下面面板回归进一步控制了平均部门组之间求职者规模（顶层模板）和在职者规模（底层模板）。显著性 *** 表示 p<1%、** 表示 p<5% 和 * 表示 p<1%。

Chinitz 主要研究小企业作为集聚推动者，它的投入品共享效应。我们的结果与方法是一致的。相反，Vernon 和 Jacobs 认为大企业和小企业的知识溢出存在相似性。但我们的集聚结果说明，知识流效应更倾向于在小企业身上发生。而对于劳动力池，Vernon 和 Jacobs 都没有直接研究企业规模与集聚力的关系。虽然对于所有组，劳动力池的效应都是显著的，但是小规模的求职者和在职者的系数更小。一个具有潜在影响的因素就是挖人（偷猎劳动力），即从其他公司挖走技术工人（Combes and Duranton，2006）。如果小企业面临着更高的被挖走人的风险，那么它们就不愿意集聚起来，共享劳动力池。

5.5　稳健性检验

本节主要讨论表 5 至表 7 所列的一系列影响结论的问题，并进行稳健性检验。首先，我们反思：构建 γ^c 所使用的空间尺度是否会影响我们的结论。用 IV 的方法，我们又算了一遍区域尺度上（之前是 TTWA 尺度）的协同发展度。其次，做这么多次回归到现在，我们控制了用于样本分组的属性特征，比如平均进入者份额、在职者平均规模。再次，在一些情况下（由于篇幅原因就不列出了），我们检验了控制部门组特征的差异性是否会影响我们的结果。我们用组内相应属性比重差异的绝对值（或取一半）来度量差异性。我们发现，控制差异性的结果与控制平均值结果极其相似。第三个问题就是，之前谈及的问题不与组团内产业组的本地化程度有关。考虑到这种可能性，我们增加对组内平均本地化指数的控制（例如 Ellison and Glaeser，1997），并进行回归（见表 5 至表 7）。这些并不会显著影响结论。[1] 最后，我们以产业分组为基准来评价结论的稳健性，尤其会考虑两位数部门的存在会不会影响结论，因为它们也可以细分为三位数部门。因此，我们将这些可以再细分成五个三位数次级组团的部门剔除出去。虽然这使得我们只有 1/4 的原始样本可用，但这样做并没有影响结果。另外，我们删除了所有同属同一两位数产业的部门。这样也不会影响我们的结论。

我们也考虑了潜在的内生性问题。为检验结论中共生集聚与集聚的先惯性，我们对排除伦敦之后的模型（见表 5 至表 7），在控制单位土地就业或者人口衡量的密度之后，又

---

① 产业间的协同集聚和本地化关系是极其小的，甚至是负的（-0.028），所以产业本地化不能解释图 1~图 3。

进行标准估计。这些工作都发现结论仍成立。而且，我们还对反向因果和遗漏变量进行工具变量回归。结论依旧成立。

6 结论

本文研究了英国产业集聚模式，考虑了集聚经济的微观基础中的异质性。分析得出以下重要结论。第一，产业间存在显著的异质性。不同产业集聚原因不同。第二，本文考虑异质性与 Jacobs（1969）是一样的，也是把非计划的相互影响作为劳动力池和知识溢出影响集聚过程的一个重要方面，但不包括投入品共享。第三，这一模式还支持苗圃城市理论（Duranton and Puga，2001）和更加一般意义上的适应性集聚经济（Vernon，1960）。最后，结论支持了 Chinitz（1961）的观点——小企业主导型产业的集聚效应更大。

总之，这证明了马歇尔对集聚的微观基础的处理应该是与 Jacobs 和其他人的互补，它们的关系不是非此即彼的关系。在马歇尔和非马歇尔的协同框架下对异质性模式进行识别和解释，就能加强我们对集聚经济本质的理解。

集聚文献中有很多例子表明，个别产业环境与集聚有广泛的相关性。毋庸置疑，计算机产业是集聚文献最喜欢举的例子。Saxenian（1994）则举了一个重要的例子——硅谷，且经常被引用。汽车行业也是集聚文献中常提到的。在美国，底特律的产业集聚下降与大圣何塞地区繁荣的计算机产业集聚形成鲜明对比。Glaeser（2011）沿着这些思路做了大量的研究。

我们的证据还表明，不同产业对应不同的集聚力。因此，虽然个案信息极其翔实（也证明了外推法的作用），但不进一步调查就不能接受一般性规律。这个问题在于政策制定者讨论时常常不知所云，因为他们不能识别与集聚经济异质性相关的不确定性。考虑到这种复杂性，针对具体产业的集聚政策就更容易扭亏为盈。相反，如果政策是要促进经济的全面增长，（即使是异质的）比如更好的交通基础设施、高水平的教育、更好的消费品和住房来吸引工人和企业家的话，那么政策就有助于"正确"的集聚出现，这是因为集聚力潜在的本地优势和集聚力。因此，很难事先识别这种政策。

二、人力资源积累及其空间效应

题目：人力资本溢出和地区发展

来源：《应用经济学》，2017 年第 32 卷，第 923－930 页

作者：Marcos Sanso－Navarro，Maria Vera－Cabello，Domingo P. Ximénez－De－Embún

原文摘要：This paper introduces technological interdependence into the theoretical framework of Gennaioli et al.（Quarterly Journal of Economics 2013）. This extension leads to an expression for regional development with spatial effects that motivates the incorporation of the geographical dimension into their newly constructed database and empirical analysis. Our estimation results corroborate both the necessity of accounting for the presence of spatial dependence to study the determinants of regional income per capita and the importance of educational attainment in explaining regional development differences. Furthermore, we provide evidence that human capital generates positive spatial spillovers.

原文译文：

摘要：本文将技术依赖纳入 Gennaioli 等（2013）的理论框架。这种扩展使得在区域发展中考虑空间效应，该效应会促使地理纬度被纳入新构建的数据库和经验分析中。本文的估计结果既证实了在研究区域人均收入决定因素时考虑空间依赖性的必要性，又证实了受教育程度对解释区域发展差异的重要性。此外，本文的结果还表明，人力资本对空间溢出起到积极作用。

1　引言

Gennaioli 等（以下简称 GLLS，2013）拓展了"卢卡斯—卢卡斯"模型（以下简称"L－L"模型）。"L－L"模型考虑人才在创业和工作分配以及标准迁移框架下区域内人力资本外部性。理论框架的主要目的是研究地区发展的决定因素，强调人力资本影响全要素生产率的途径。然而，邻近地区可能的影响没有考虑在内，并且，作为没有考虑在内的结果，空间维度被忽略了。假设给定区域产出是与邻近地区产出和特征相关，我们通过引入地区间技术相关来将模型进行扩展。

2　技术相关的"L－L"模型

GLLS 假设国家有生产性地区（P）和非生产性地区（U），均匀分布有经济人，其效

用取决于消费（c）和住房（a）：$u(c, a) = c^{1-\phi} a^{\phi}$。这些代理人一半是"租户"，一半是"劳动者"。劳动者先天禀赋有 h 单位的人力资本，既可以成为工人也可以成为企业家。工人在 i 地区的工资是 ϖ_i，企业家的生产消费品的利润为：

$$y_{i,h} = A_i h^{1-\phi-\tau-\kappa} H_{i,h}^{\phi} K_{i,h}^{\kappa} T_{i,h}^{\tau}, \quad \phi + \tau + \kappa < 1 \tag{1}$$

其中，A_i 表示地区的全要素生产率，$H_{i,h}$ 是工人的人力资本，$K_{i,h}$ 是资本，$T_{i,h}$ 是土地。

根据 Ertur 和 Koch（2007），我们认为给定地区全要素生产率不仅取决于劳动力 L_i、平均人力资本 E_i（h）和特殊因素 A_i，还取决于其他地区的技术溢出：

$$A_i = \tilde{A}_i \left[E_i (h)^{\psi} L_i \right]^{\zeta} \prod_{j \neq i} A_j^{\rho \omega_{ij}} \tag{2}$$

其中，$\psi \geq 1$ 表示人力资本质量对产量的相对重要性，$\zeta > 0$ 圈出了地区内人力资本外部性的范围。

方程（2）中的全要素生产率的特殊性是通过 $\prod_{j \neq i} A_j^{\rho \omega_{ij}}$ 将邻近地区生产水平的影响考虑在内。技术依赖性程度为 $0 \leq \rho < 1$。尽管这个变量对于所有地区都是相同的，但这些空间外部性的净影响依赖于地区与邻近地区的联系程度，取决于外在、非随机、有限摩擦条件，即 $j \neq i$ 时，$0 \leq w_{ij} \leq 1$，其他条件时，$w_{ij} = 0$。为清楚起见，以下假定地区 i，$\sum_{i \neq j} w_{ij} = 1$。

在第一阶段，工人根据每个地区总劳动量来选择地区和职业以最大化他们收入和住房。鉴于区域生产力在第一阶段是给定的，引入技术依赖不会改变模型中的地区劳动力分配。在第二阶段，企业家使用土地、工人和物质资本，生产进行、消费发生。

当生产性区域和非生产性区域工资比例大于 1，$\prod P = \prod_{P, j \neq P, i} A_{P,j}^{\rho \omega_{ij}}$ 且 $\prod U = \prod_{U, j \neq U, i} A_{U,j}^{\rho \omega_{ij}}$ 时，理论模型表达如下：

$$\frac{\overline{w_P}}{\overline{w_U}} = \left(\frac{\tilde{A}_P \prod_P}{\tilde{A}_U \prod_U} \right)^{\frac{1}{1-\kappa}} \left(\frac{E_P (h)^{\psi} L_P}{E_U (h)^{\psi} L_U} \right)^{\frac{\zeta}{1-\kappa}} \left(\frac{H_U}{H_P} \right)^{\frac{\zeta}{1-\kappa}} > 1$$

这个比例增加表明人力资本质量相对于数量的重要性上升。假定 $\tilde{A}_P > \tilde{A}_U$，该影响会由于技术依赖扩大。Dettori 等（2012）提出，全要素生产率倾向于地理集中，因此可以假设 $\prod_P > \prod_U$。如果 $(\tau - \psi \zeta)(1-\phi) + \phi(1-\kappa) > 0$，那么将产生稳定的均匀分布，这种均匀分布以人力资本禀赋 h_m 为门槛，超过这个阈值，劳动力就会迁移：

$$h_m \left[1 - \left(\frac{\tilde{A}_U \prod_U}{\tilde{A}_P \prod_P} \right)^{\frac{1-\phi}{1-\kappa}} \left(\frac{L_P}{L_U} \right)^{\frac{\zeta(\zeta-1)(1-\phi)}{1-\kappa}} \left(\frac{H_P}{H_U} \right)^{\frac{(1-\phi)(\tau - \zeta \psi) + (1-\kappa)\phi}{1-\kappa}} \right] = \chi$$

该值随迁移成本（χ）增加，随邻近地区技术影响下降。

方程（1）中的整合个人生产函数，加入一些均衡条件，地区产出即为：

$$Y_i = C A_i^{\frac{1}{1-\kappa}} H_i^{\frac{1-\tau-\kappa}{1-\kappa}}, \quad C > 0 \tag{3}$$

其中，C > 0 是模型参数决定的常数。

在方程（2）、方程（3）中采用自然对数，并以 N 个区域的矩阵形式重写它们，我们得到：

$$A = \tilde{A} + \zeta L + \zeta \psi E(h) + \rho W A \tag{4}$$

$$Y = C + \frac{1}{1-\kappa} A + \frac{1-\kappa-\tau}{1-\kappa} H \tag{5}$$

如果 $\rho \neq 0$，且 $\frac{1}{\rho}$ 不是 W 的一个特征值，我们可得出式（4）中的 A 并将其代入式（5）中，得到：

$$Y = C + \frac{1}{1-\kappa}(I_N - \rho W)^{-1}\tilde{A} + \frac{\zeta}{1-\kappa}(I_N - \rho W)^{-1}[L + \psi E(h)] + \frac{1-\kappa-\tau}{1-\kappa} H \tag{6}$$

Mincerian 方法允许从区域 i 的人力资本平均水平公式推导实证预测，且将其视为关于平均 Mincerian 报酬（μ_i）、教育年限（S_i）的矩阵形式：$E(h) = \mu S$。记住 $H = E(h) + L$ 表示 $y = Y - L$，在一些代数操作之后，得到：

$$y = \left(\frac{1}{1-\kappa}\right)\tilde{A} + \left(1 + \frac{\zeta\psi-\tau}{1-\kappa}\right)\mu\bar{S} + \left(\frac{\zeta-\tau}{1-\kappa}\right)L - \rho\left(\frac{1-\kappa-\tau}{1-\kappa}\right)W\mu\bar{S} + \rho\left(\frac{\tau}{1-\kappa}\right)WL + \rho W y \tag{7}$$

重写 i 地区的式（7），我们得到地区发展和空间效应的表达式，空间效应与式（6）中缺少技术依赖的 GLLS 相似（即 $\rho = 0$ 的情况）：

$$\ln\left(\frac{Y_i}{L_i}\right) = \left(\frac{1}{1-\kappa}\right)\ln\tilde{A}_i + \left(1 + \frac{\zeta\psi-\tau}{1-\kappa}\right)\bar{\mu}_i\bar{S}_i + \left(\frac{\zeta-\tau}{1-\kappa}\right)\ln L_i - \rho\left(\frac{1-\kappa-\tau}{1-\kappa}\right)\sum_{j\neq i}^N w_{ij}\bar{\mu}_j\bar{S}_i +$$

$$\left(\frac{\rho\tau}{1-\kappa}\right)\sum_{j\neq i}^N w_{ij}\ln L_j + \rho\sum_{j\neq i}^N w_{ij}\left(\frac{Y_i}{L_i}\right) \tag{8}$$

理论结果允许我们得出这样的结论：某地区平均资本产出不仅依赖于它自身的因素，还依赖于邻近地区的发展水平和一些因素。因此可以说，人力资本效应可能并不局限于现有框架下的特定区域。

3 实证分析

根据式（8），我们将空间维度纳入包含区域边界的 GLLS 构建的数据集中。提取空间信息的主要来源是 GADM 数据库（2.0 版本）。但是，其对区域的行政区划与 GLLS 考虑的划分不符。为了匹配两个数据库，我们将 GADM 数据库中较低级别的行政区划合并了，并删除了没有数据的区域，重新整理了一些空间单元。

3.1 窄复制和空间依赖性评估

GLLS 在控制人口、机构、文化和国家固定效应的情况下，通过回归地域和教育对人均收入的影响来检验区域发展的决定因素。所得结果的窄复制见表1。

表 1　地区人均收入、地理、体制、文化、教育：OLS 回归

	（1）	（2）	（3）	（4）	（5）	（6）	（7）
气温	− 0.016 *	− 0.013	− 0.007	0.000	− 0.014	0.002	− 0.009 *
	（0.008）	（0.008）	（0.005）	（0.006）	（0.009）	（0.008）	（0.005）
与海岸距离	1.028 **	0.524 ***	0.507	0.581 **	0.457 ***	0.571 *	0.884 ***
	（0.208）	（0.138）	（0.326）	（0.238）	（0.129）	（0.340）	（0.255）
人均油量	0.165 ***	0.185 ***	0.160	0.146 **	0.198 ***	0.104	0.140 **
	（0.048）	（0.047）	（0.097）	（0.059）	（0.049）	（0.201）	（0.064）
受教育年限		0.276 ***	0.348 ***	0.303 ***	0.265 ***	0.368 ***	
		（0.017）	（0.021）	（0.028）	（0.018）	（0.044）	
人口		0.012	0.001	0.009	0.017	0.005	− 0.026
		（0.016）	（0.021）	（0.018）	（0.017）	（0.039）	（0.018）
制度环境			0.367			0.467	
			（0.230）			（0.285）	
信任感				− 0.041			
				（0.088）			
种族					− 0.050 **		
					（0.024）		
65 岁以上 受教育年限							0.252 ***
							（0.028）
常数项	9.583 ***	6.616 ***	5.724 ***	6.186 ***	6.779 ***	5.354 ***	8.253 ***
	（0.227）	（0.244）	（0.467）	（0.315）	（0.217）	（0.776）	（0.311）
变量	1536	1499	483	728	1498	281	608
地区数量	107	105	78	66	105	45	39
Gabriel Moran' I	11.372 ***	11.305 ***	2.727 ***	5.127 ***	11.205 ***	4.895 ***	5.673 ***
邻近地区 n = 3	11.856 ***	11.541 ***	3.149 ***	5.185 ***	11.397 ***	4.827 ***	7.122 ***
邻近地区 n = 5	13.641 ***	13.352 ***	3.349 ***	7.293 ***	13.126 ***	4.413 ***	7.685 ***
邻近地区 n = 7	14.421 ***	15.222 ***	4.000 ***	8.873 ***	14.881 ***	5.697 ***	8.794 ***

注：内生变量是（log）人均收入。回归包括地区固定效应。括号中报告稳健的标准误。显著性 *** 表示 p < 1%、** 表示 p < 5% 和 * 表示 p < 10%。莫兰指数是指估计残差，且使用基于地理邻近和标准化后四个二元空间权重矩阵计算。

我们对其理论模型的扩展表明，在技术依赖存在的情况下，不应该在分析区域发展中忽视空间依赖的作用。为了证实这个结果，我们通过计算 Moran' I 检验统计量研究了空间自相关的存在性。残差中显著的空间自相关表明它们并不独立，但也有可能是某种类型的模型错误指示。

知识溢出及其生产力影响在地理上聚集（Fischer et al., 2009）。我们认为，在当前的情况下，空间关系的强度取决于地理邻近度。我们使用基于邻近度的空间权重矩阵的四个标准建立区域之间的依赖结构，并从地理坐标构建。在 GLLS 数据中存在的大量"岛屿"阻止我们使用基于地理邻接性的二进制矩阵。然而，我们已经应用了一种替代的连续性标准，即使用 Delaunay 三角测量法连接所有地区，而不用插入邻近地区，确保所有地区都至少有一个邻近地区。这种主要用于计算机科学和生态学的"加布里埃尔"权重矩阵认为，如果没有其他区域落在半径等于它们各自最短距离的圆圈之间，则两个区域是相邻的。空间权重矩阵的其他三个标准对应于建立特定数量的 n 个最邻近地区的另一个二进制类型。

获得的 Moran'I 检验统计量的值见下表。不管使用的权重矩阵如何，OLS 残差呈现出通过 GLLS 分析确定区域发展的特征的正的空间自相关性。这表明可使用空间计量学技术来研究地区人均收入差异（见表2）。

表 2　地区人均收入、地理、体制、文化、教育：SDM 估计

	(1)	(2)	(3)	(4)	(5)	(6)
气温	0.009 (0.006)	0.003 (0.005)	−0.004 (0.008)	0.000 (0.001)	0.007 (0.006)	−0.001 (0.010)
与海岸距离	1.496** (0.320)	1.193 (0.273)	0.883** (0.380)	0.358 (0.321)	1.035*** (0.314)	0.831** (0.390)
人均油量	0.165*** (0.038)	0.155*** (0.031)	0.208*** (0.091)	0.124** (0.062)	0.229*** (0.034)	0.282 (0.229)
受教育年限		0.219*** (0.010)	0.227*** (0.014)	0.215*** (0.015)	0.219*** (0.011)	0.212*** (0.019)
人口		0.037*** (0.010)	0.060*** (0.019)	0.056*** (0.015)	0.036*** (0.011)	0.086*** (0.025)
制度环境			0.569** (0.187)			0.697*** (0.002)
信任感				−0.006 (0.121)		0.039 (0.210)
种族					−0.076*** (0.024)	−0.033 (0.039)
W×人均收入	0.861*** (0.011)	0.793*** (0.013)	0.713*** (0.027)	0.872*** (0.014)	0.835*** (0.014)	0.725*** (0.032)
W×气温	−0.023*** (0.006)	−0.005 (0.005)	−0.003 (0.009)	−0.000 (0.001)	−0.010 (0.006)	−0.008 (0.011)
W×与海岸距离	−1.012*** (0.345)	−0.881*** (0.291)	−0.383 (0.426)	−0.147 (0.362)	−0.663* (0.345)	−0.388 (0.452)

	（1）	（2）	（3）	（4）	（5）	（6）
W×人均油量	−0.057	−0.027	−0.013	−0.035	−0.113**	0.122
	(0.062)	(0.045)	(0.137)	(0.096)	(0.049)	(0.327)
W×受教育年限		−0.159***	−0.168***	−0.181***	−0.170***	−0.180***
		(0.011)	(0.018)	(0.016)	(0.013)	(0.022)
W×人口		−0.035***	−0.059***	−0.049***	−0.022*	−0.073***
		(0.012)	(0.022)	(0.017)	(0.014)	(0.029)
W×制度环境			0.004			−0.293
			(0.252)			(0.289)
W×信任感				0.050		−0.217
				(0.152)		(0.265)
W×种族					0.083**	−0.022
					(0.033)	(0.054)
常数项	1.019***	1.125***	1.755***	0.604***	0.621***	1.820***
	(0.110)	(0.146)	(0.323)	(0.218)	(0.163)	(0.427)
权重矩阵	knn5	knn3	knn3	knn5	gab	knn3
变量	1536	1499	483	728	1498	281
地区数量	107	105	78	66	105	45
似然数	−1163.711	−899.923	−279.919	−408.122	−1000.61	−117.648
Moran' I	0.799	−1.017	0.328	1.063	−4.241	0.236
LR 检验						
SAR vs. SDM	27.332***	223.831***	91.336***	16.139***	202.423***	71.363***
SEM vs. SDM	56.690***	27.330***	12.39*	5.536	26.518***	13.386*

注：内生变量是（log）人均收入。括号中报告标准误。显著性 ∗∗∗ 表示 p<1%，∗∗ 表示 p<5% 和 ∗ 表示 p<10%。莫兰指数表示估计残差。

3.2　宽复制和空间溢出效应

式（8）包含了因变量之间内生的相互关系和自变量之间外生的相互关系。因此，其实证对应的是空间 Durbin 模型（SDM）：

$$y = \alpha \iota N + X\beta + WX\theta + \rho Wy + \varepsilon \tag{9}$$

其中，y 是人均收入的（N×1）向量，α 是截距，ιN 是一个（N×1）向量。X 是 k 个外生变量的（N×k）矩阵，β 是其对应的（k×1）参数向量。W 是行标准化的空间权重矩阵（N×N），WX 是外生变量的空间滞后矩阵（N×k），θ 是其对应的（k×1）参数向量。Wy 是内生变量的空间滞后向量（N×1），ρ 是空间自相关参数。ε 是误差项（N×

1）向量。

空间滞后 Wy 是内生的，原因是同时受到空间下相互作用，因此它与误差项相关。为此，我们使用最大似然估计来估算式（9）。对于每个指定值都实现了对数似然函数的最大值。从表2中得出的主要结论包括靠近海岸的地区和有更好资源禀赋的地区倾向于有更高的人均收入。也可以看出，引入空间效应不会影响人力资本作为区域发展决定因素的稳健性。

与 GLLS 结果相反，我们发现，人口——式（8）的主要变量是显著的。此外，空间模型的估计显示制度质量和地区人均收入显著正相关。更为重要的是证实了我们的理论扩展，因变量的空间滞后和人口、受教育程度的空间影响效应具有统计学意义。这些结果由于 Moran'I 检验无法拒绝原假设而得以增强。还可以发现，作为包含单一空间影响指标的替代，似然估计优于 SDM 检验。

由于空间滞后项的依赖关系会产生反馈效应，空间回归模型中参数估计的解释比 OLS 回归更为复杂。给定区域解释变量的变化不仅对因变量有直接影响，还对邻近地区有间接影响。然而，这是存在溢出效应的空间模型有价值的特征。表3显示使用 LeSage 和 Pace（2009）提出的方法计算 SDM 地区人均收入的边际效应。显示的平均直接效应的符号和区域发展决定因素估计参数的符号一致。参数估计和直接影响估计之间的差异表示通过邻近区域并反馈到原区域的反馈效应。与海岸距离产生的间接影响是正的，相反，与石油生产产生的那些间接影响是负的。还可以看出，与人口、社会资本、种族多样性有关的空间溢出效应在统计学上不显著。

表3　地区人均收入的边际效应：SDM 估计

	（1）	（2）	（3）	（4）	（5）	（6）
	直接影响					
气温	0.003 (0.005)	0.001 (0.004)	−0.006 (0.008)	0.000 (0.006)	0.005 (0.005)	−0.011 (0.010)
与海岸距离	1.611*** (0.299)	1.221*** (0.248)	0.968*** (0.341)	0.438 (0.303)	1.130*** (0.285)	1.093** (0.331)
人均油量	0.187*** (0.041)	0.195*** (0.033)	0.255*** (0.097)	0.159*** (0.061)	0.266*** (0.037)	0.680 (0.588)
受教育年限		0.225*** (0.009)	0.224*** (0.014)	0.218*** (0.014)	0.225*** (0.100)	0.179*** (0.021)
人口		0.035*** (0.010)	0.054*** (0.018)	0.056*** (0.015)	0.040*** (0.011)	0.073*** (0.033)
制度环境			0.723*** (0.203)			0.957*** (0.357)

	（1）	（2）	（3）	（4）	（5）	（6）
信任感				0.015 （0.082）		−0.191 （0.302）
种族					−0.067*** （0.025）	−0.090 （0.068）
间接影响						
气温	−0.100*** （0.012）	−0.011 （0.010）	−0.018 （0.014）	−0.007 （0.027）	−0.024* （0.014）	−0.020 （0.015）
与海岸距离	1.834*** （0.693）	0.289 （0.459）	0.773 （0.605）	1.191 （1.046）	1.123* （0.663）	0.519 （0.550）
人均油量	0.508*** （0.338）	0.421** （0.164）	0.425 （0.370）	0.524 （0.489）	0.438** （0.219）	0.790 （0.741）
受教育年限		0.065*** （0.023）	−0.021 （0.037）	0.047 （0.060）	0.068* （0.036）	−0.065** （0.031）
人口		−0.023 （0.032）	−0.053 （0.045）	0.001 （0.200）	0.043 （0.053）	−0.025 （0.048）
制度环境			1.308* （0.694）			0.514 （0.572）
信任感				0.321 （0.701）		−0.457 （0.482）
种族					0.110 （0.132）	−0.112 （0.106）

注：括号中代表标准误。显著性 *** 表示 1%、** 表示 5% 和 * 表示 10%。

题目：人力资本外部性：对教育程度较低的工人与低技术工作的影响

来源：《区域研究》，2016 年第 50 卷第 10 期，第 1675 – 1687 页

作者：劳伦斯·波罗斯玛，阿兰德·艾泽斯，焦克·冯·戴克

原文摘要：Investments in human capital are essential themes in many policy programmes. Besides the direct private returns of education, there is evidence of positive human capital externalities at the level of regions and firms. The results in this paper show that both production and consumption externalities have positive effects on wages. Production externalities are transmitted at the level of firms and not at the regional level. For workers in low – skilled jobs, consumption externalities dominate production externalities. Workers on low – skilled jobs earn higher wages when working in cooperation with workers in high – skilled jobs, while for low – educated workers such cooperation with high – educated workers is negative.

原文译文：

摘要：人力资本投资是许多政策研究关注的焦点。除了直接的私人教育回报外，有证据表明，在区域和企业层面存在积极的人力资本外部性。本文的结果表明，生产外部性和消费外部性都对工资有正向影响。生产外部性在企业层面而非区域层面传播。对于从事低技能工作的工人，消费外部性相对生产外部性占主导地位。从事低技能工作的工人与从事高技能工作的工人合作时，工资会更高；但是对于低学历的工人，与高学历的工人合作反而降低工资水平。

1 引言

很多西方国家、区域和城市正越发关注处理这种问题：如何提高技术水平低的和教育程度低的市民的经济地位。经济合作与发展组织（OECD，2006）认为在这个关注点的背后有很多原因。第一，很多区域和城市正经历着特定行业的技术差距和短缺："我们面临着很大的压力去提高国内市场的低技术工人的技能，以便它们可以填补更高质量的职位空缺，为经济增长添油加力。"第二，很多国家有提高生产力的愿望，这是因为"更高的生产力意味着企业可以提高自己在全球市场上的地位，吸引外来投资，维持创造就业的机会"。生产率增长也有助于维持目前的福利水平，随着人口老龄化的上升，这在许多国家中是十分重要的（Broersma 等，2014）。第三，这些国家担忧自己的"低薪工人"，他们是"劳动条件恶劣的低收入的广大劳动者"。这与实现包容性劳动力市场的目标相关：边缘人（低生产率工人）在现行的劳动力市场中失业或缺乏生产积极性，可以参与到包容性劳动力市场中，获得就业机会。这与经济中教育程度较低的工作和低技术的工作所占据的就业份额有关。

本文讨论的三个问题在当今关于改善低教育工作者或低技能工作者的经济地位的讨论

中发挥核心作用。第一个问题涉及人力资本外部性（HCE）对就业和工资的基本作用机制。在经济学中，外部性是不属于特定经济交易的其他人所受到的影响。在这种情况下，这些外部性与人力资本有关，人力资本不同在联合产出水平上可能会相互影响。经济学家早就认识到，工人之间的相互作用可能有助于增加人力资本，从而决定了就业、工资、产出和个人生产力。以前的几项研究，包括 Acemoglu 和 Angrist（2001）、Moretti（2004a）及 Liu（2007），通过估计城市或州平均教育程度对个人收入的影响来检验这一假设。Combes 等（2012）在 300 多个法国就业领域通过就业密度研究工资和技能分配，发现高技能工人和低技能工人都会更多地集中在密集区域，而不是较不密集的地区。

　　Heuerman 等（2010）在他们的文献综述中得出结论：HCE 的研究还远远没有达成共识，或者像 Psacharapolous 和 Patrinos（2002）提到的，"总体结果并不确定"。HCE 是由于教育增加一年而增加的总收入（Acemoglu 和 Angrist，2001）。除了个人的直接私人回报外，有证据表明在区域层面和企业层面存在积极的 HCE 或积极的社会回报率（Schlitte，2012）。然而，这些外部性的确切性质尚不清楚。它只与 Wheeler（2001）、Adamson 等（2004）和 Lee（2010）所显示的高技能或低技能工人的一些具体职业有关，还是与 Florida（2002）和 Florida 等（2012）论述的广义的创造性概念有关？这是如 Lucas（1988）所说的与工人的人力资本有关，还是如 Sassen（2001）所说的与居民的人力资本有关？第一类社会回报，通过工人，将被称为生产外部性；第二类回报，通过居民，将被称为人力资本的消费外部性。换句话说，这里将生产外部性定义为特定地区工人的社会教育回报率。这些地区的工作人员受益于个体工作者的教育水平的提高，因为所有人都可以从这个工人已经获得的高等教育中有所学习，因此他们都可以提高自己的产出。为了以适当的方式将其与生产外部性区分开来，这里将消费（而不是生产）外部性定义为特定地区居民的社会教育回报率。①这意味着当居民的教育水平（或技能）上升时，他们的收入可能会增加，因此他们更有可能聘请具有较低的教育水平或较低技能水平的人来代表他们执行简单的任务，例如清洁、维护和小修理、园艺、购物、保姆等。实际上，这个定义接近 Acemoglu（1996）定义的金钱外部性。本文提供了关于人力资本生产外部性和消费外部性相对重要的经验证据。

　　今天讨论的第二个问题是，员工的受教育程度和工作的技能水平是否决定了经济进步。教育和技能是同一结果的两个不同方面：教育是一个人的特征，因此教育是劳动力供给的一部分，而所需的技能是工作的特征，进而所需的技能是劳动力需求的一部分。②教育和技能是不一样的，就像越来越多关于教育或技能不匹配的研究文献所描述的那样（Hamersma 等，2014；OECD，2011，2012；Desjardins 和 Rubenson，2011；Quintini，2011）。这里的目的是评估对于教育或技能水平，HCE 的影响是否不同。

---

　　①　消费外部性的这种定义与通过消费设施（如餐厅、剧院等）的外部性不同。它也不是指在大型或熟练技术的城市当中个人效用的收益。后者有时被称为技术外部性（Glaeser 等，2001）。

　　②　本文忽略了这样一个事实，即技能可以被视为一个人的特点。

第三个问题是讨论 HCE 对低学历员工总体工资水平或者尤其是对低技能工作者的工资水平的影响。作为 HCE 转移机制，最重要的是区域层面还是企业层面？而且，就不同的工人或工作的分配而言，低学历的工人或低技术工人获益，也就是说低学历的工人或低技术工人赚取更高的工资，是要依靠和很多高学历工人或者高技能工人在同一个公司工作，还是只需要和很少的高学历工人或者高技能工人在同一个公司工作？一个区域或企业内部的教育或技能分配也是分析的一个主题。基本上，它表明了不同教育程度的工作者之间合作的可能性，或不同技能工作（者）之间合作的可能性。

2　人力资本外部性：什么机制在起作用

毫无疑问，通过正规教育进行的人力资本投资是许多国家、区域和地方公共政策计划的重要主题。人们普遍认为，在个人层面上，更高的教育水平导致更高的工资水平和更低的失业率（Heuerman 等，2010；Moretti，2004a，2004b，2012）。私人内部教育回报率在5% ~ 15%，即一个工人受教育的额外一年会导致其工资率上升5% ~ 15%。私人教育回报率高，为个人投资教育提供了动力。但是，教育的好处不一定只归属于个人，也可能传播给他人。因此，个人投资于教育（私人回报）的收益也可以提高整体经济的回报（社会回报）。这证明了公众对教育的支持。有关社会教育回报率的文献着重于经常引用的事实，即教育程度高的国家、地区或城市比教育程度低的国家、地区或城市创造更多的就业和更高的劳动生产率，从而导致该国家、地区或城市的所有居民的工资上涨（Berry 和 Glaeser，2005；Moretti，2004a，2004b，2012；Glaeser 等，1995）。

HCE 反映了生产外部性，认为受过高等教育的工人会提高其他受教育程度低的工人的工资。生产外部性通过供给效应来提高这些工资：由于受过高等教育的工人与低学历的工人分享知识，创造了低学历工人的额外就业机会。因此，当受教育程度低的工人与受过良好教育的工人相互作用时，他们的生产力和创造力就会提高，从而可以赚取更高的工资。有一个长期的研究线路正在研究这些 HCE（参见 Lucas，1988；Heuerman 等，2010；Psacharopolous 等，2002；Moretti，2004a，2004b）。同时，HCE 也可能反映了这里所谓的消费外部性，即教育水平高或技能水平高的居民（不一定只有工人）的消费能力对于受教育程度较低或者从事较低技能的工作的居民的收入有积极的影响（Sassen，2001）。Sassen（2001）认为受教育者的这种"消费外部性"往往是指向于低学历或低技能工作的人所提供的服务。消费外部性通过需求效应提高了这些受教育程度低的人的收入：需要低技能的额外就业是由受过高等教育的个人的需求造成的。那些受过低教育的人的（工资）收入会因此上升。结果，生产外部性通常发生在就业地点，而消费外部性发生在住宅地点。

此外，还必须确定生产和消费外部性的定义是否存在重叠。当然，（受教育程度低的）人可以在工作地点向受过高等教育的人学习，受过高等教育的人也会雇用低学历的人在他居住的地点也就是房子内外进行某些工作，如清洁、园艺、购物、保姆等。当然，当某人住在他或她工作的同一个地方时，这个人就可以出现在这两种外部性中。那时问题就变成了有没有重复计算的问题。这两种外部性都是单独区分的，都有不同的定义，因此，一个人在两种外部性中的重叠不应该成为一个问题，因为他们的定义并不相互依赖。而且，即使这是一个问题，它仍然取决于所用区域的大小。面积越小，通勤量就越大，对于上班族来说也没有问题，因为他们有着独立的工作和生活区域。当然，现在这个地区的实际规模很重要。在市级，通勤率高于（较大的）NUTS－3 区域级别（统计单位统计名称）。尽管如此，即使荷兰在 NUTS－3 区域上下班的统计量也很大，其中大约 1/3 的工人生活在另一个地区。在市一级，甚至有一半以上的工人在他们居住和工作于两个城市。关于区域的划分是根据荷兰两位数字的邮政编码区域计算出来的，这种区域总共有 90 个，位于市镇（n＝443）和 NUTS－3 区域（n＝40）之间，所以通勤数量仍然是大量的，并且重复计算生产和消费的外部性也不会成为问题。

除了这两种形式的外部性之外，还必须界定人力资本的含义。教育和技能本质上是人力资本的两个主要组成部分。教育是一个人的特点，与正规教育所获得的资格和知识有关。另外，技能是工作的一个要求，与能力和专业知识相关，通过经验获得，并通过人员需要的培训来完成。与物质资本投资一样，人力资本投资只能由财富最大化个体或利润最大化企业进行，如果期望的投资回报（所谓的净内部收益率）超过市场利率（Blundell 等，1999）。一个有趣的问题是人力资本溢出是否在工人和企业之间传递。这涉及大量关于刺激集聚、创新和区域增长的外部性文献（综述见 De Groot 等，2009）；波特的外部性，即内部的工人或同样行业的企业；以及雅各布外部性，即溢出效应。本文还有另一种方法。它侧重于区域内，工作地点（公司）和居住地点的不同文化程度的工人分布对个体工人工资率的溢出效应。

这里将解决三个重要的问题。首先，外部性的生产和消费类型是否对工人的个人工资率产生影响，如果是这样，这两种外部影响中的哪一个影响最大？这些外部性如何影响弱势群体中低学历工人或低技术工人的劳动力市场地位？从这个意义上讲，生产外部性是否会影响生产力，从而影响低工资工人或低技术工人工资的工资率和收入？或者，消费外部性是否会影响低技术工作的创造，从而影响低技术工作的工人或低教育水平的工人的工资水平和收入？其次，本文将调查 HCE 在企业层面与区域层面对低教育工人和低技能工作者工资率的作用。最后，在一家公司内，低学历和高学历的工人或低技能工人和高技能工人的分配是否导致了 HCE？

3 方法和数据

本文从简单的 Mincerian 框架开始，以一群人的受教育程度、企业层面和区域背景为变量，评估对个人工资率的影响。其重点在于受同一公司的同事和居住在同一个居民区的人的教育水平等情境因素的影响，控制个体工作者的教育水平以及其他个体、企业层面和区域的特征。我们把模型设定为：

$$\log(\omega_{i,j,k,t}) = \alpha + X_{i,j,k,t}\beta + Y_{j,k,t}\gamma + Z_{k,t}\delta + \varepsilon_{i,j,k,t}, \quad i = 1, \cdots, N, \quad j = 1, \cdots, J, \quad k =$$

1，…，K   (1)

其中，$\omega_{i,j,k,t}$是在 t 时刻位于第 k 个地区的第 j 个公司工作的第 i 个人的小时工资率的矢量。事实上，遵循了 Aslam 和 Corrado（2012）中的多层次模型（MLM）的描述。α 表示截距项，包括工业、企业规模和时间的固定效应。包含这些固定效应意味着一个模型，好像方程（1）的变量都集中于这三个项目。矩阵 X 中的解释变量都与在公司 j 工作的每个员工 i 在时间 t 处于区域 k 中有关。进入 X 的变量是个人的教育水平、个人工作经历、性别等。对于每个员工 i，他或她工作的公司 j 也被称为每个公司 j 所在的地区 k。此外，有关变量 Y 的信息在公司层面有所不同，但对于在该特定公司内工作的每个员工都是相似的。一个这样的变量是企业层面的教育，这是在该企业内工作的所有雇员的平均教育水平。最后，也有关于变量 Z 的信息，它在区域层面上有所不同，但是对于位于特定区域内的每个公司中的每个雇员而言都是相似的。例如，这些变量是区域工人教育水平、区域居民教育水平和区域失业率。

区域或企业层面的固定效应不包括在内，因为在重复的横截面上，如所使用的那样，具有大量虚拟变量（例如工人，甚至是企业或区域层面的固定效应虚拟变量）也意味着不再与自由度问题相关。这是因为每年的数据可能都是基于不同地点不同公司的不同员工。另一个与模型中大量虚拟变量有关的问题是，这些虚拟变量也可能分别在公司和区域层面影响实际变量在 Y 和 Z 上的影响，从而使这些变量在虚拟变量面前显得很多余，而且解释力度要弱得多。最后，β、γ 和 δ 表示常量参数的矢量。

方程（1）区分了个人、公司层面和区域层面的人力资本对个人工资率的影响。设定方程（1）考虑了在位于第 k 个地区的第 j 个企业工作的第 i 个工人的工资率的多级回归。即使纵向研究中也出现多层次的数据结构，其中个体随时间的响应彼此相关，但数据集不是纵向的。相反，它可以被看作一个具有三个不同层次——个人、企业和区域聚集的巨大横截面，因此是一个 MLM。为了估计具有如此复杂的数据结构的模型，应用适当的 MLM 估计方法。[①]MLM 通过允许层级中的每个级别的残差分量来识别这种数据分级的存在。在这种情况下，MLM 产生了正确的推论，而标准的普通最小二乘（OLS）则没有，因此它们仍然能够突出特定群体的利益（Snijders 和 Berkhof，2008）。

用于估计方程（1）的数据集是荷兰社会事务部的工作条件调查（WCS）。这是一个涵盖 1995～2006 年的雇主—雇员相匹配数据集。WCS 是企业间的一个分层调查，其中每个企业的员工样本受到质疑。WCS 的年度范围包括约 2000 家公司的平均 37000 名员工。WCS 不是一个面板数据，因为随着时间推移企业和员工可以被跟踪。如上所述，它包括每年重复的一组企业和相关工人的横截面，即重复的横截面。这实际上意味着，在所涉及的整个时间段内，数据集可以被看做 16000 家公司中 368000 名雇员的一个大的横截面。一个变量决定公司的地理位置，从而确定相关雇员的工作地点是两位数的邮政编码。这两位数的邮政编码

---

① Stata8（2013）允许使用最大似然估计估计多级模型的方法。有关多层次建模的更多信息，请参阅 HOX（1998）。

将荷兰分为 90 个地区，遍布大城市。这意味着方程（1）中观测值 N、J 和 K 的数量分别为 N = 368500、J = 16000 和 K = 90。①由于这些邮政编码是指企业的位置，因此有助于识别可能的生产外部性发生在工作地点。表 1 给出了数据集的一些描述性统计。

表 1   "工作条件调查"的描述性统计

	平均	标准差	最小值	最大值
个人特点				
总小时工资（€）	12. 36	5. 88	1. 59	87. 47
教育（年）	13. 74	2. 86	8	19
经验（年）	19. 58	11. 18	0	52
女	34%			
兼职（每周不到 36 小时）	13%			
公司特点				
公司平均受教育年限（年）	13. 36	1. 95	8	19
地区特色				
人口密度（人口/平方公里）	1127	1194	104	5770
区域失业（15～64 岁人口中失业人员的比例）	0. 054	0. 021	0. 015	0. 144
人力资本外部性（年）				
公司工作地点平均受教育程度	13. 65	0. 76	10. 43	16. 57
地区工作地点的平均受教育程度	13. 67	0. 78	9. 59	16. 57
15～64 岁的地区居民平均受教育程度	14. 65	0. 42	13. 59	15. 85

主流方法是评估 HCE 在生产函数设置中对生产率增长的影响，而不考虑其对工资的影响。然而，公司可以支付的工资率与其生产力直接相关。企业的生产力越高，这家公司能够支付的工资就越高。从这个意义上讲，生产力和工资是相互关联的。获得足够的数据，这些数据既能提供企业级的生产力也能提供工人级的变量，如教育或技能，总是很困难的。所使用的 WCS 数据集确实包含企业支付给员工的工资率，而不包括用于支付这一工资的企业本身的生产率。不过，这两者紧密相连。

4 受过教育的和技能熟练的劳动力

方程（1）是正式教育年数和个体工人工资率相关性的分析。② HCE 的指标也是基于正规教育的年限。因此，教育是关键变量。方程（1）中的教育效果在个人、企业和地区层面都有所体现。如上所述，这些不同层次意味着应该应用多层次的估计程序。该模型确

---

① 这里没有提到的是，估计模型的个体 N 的实际观测数取决于进入模型的变量的类型，但平均为 368500。
② 教育程度分为低、中、高等教育。低教育程度被定义为一个人获得的最高学历为初等教育（国际标准教育分类（ISCED 0，1）和中等教育（ISCED 2）。受过中等教育的人是那些至少已经达到高中和高等教育水平的人（ISCED 3，4）。受过高等教育的人至少达到了大专以上学历。

实可以区分不同聚合级别，在不同聚合中某些变量将被观察到。第一，对于每个单独的员工，他或她的受教育年限可以从 WCS 中获得。第二，每个企业的员工的受教育年数可以通过平均工人的教育年数来获得。第三，该公司所在地区（两位数邮政编码）的受教育年数可以以类似的方式获得，即通过来自 WCS 的该地区平均每家公司的教育年数。在工作地点的教育意味着在生产外部性方面关注 HCE。

为了区分生产外部性和消费外部性，本文分别计算了居住在荷兰 90 个两位数的邮政编码地区的 15～64 岁人口的平均受教育年限。这些数据来源于荷兰劳动力调查统计局（LFS），这些数据存在于 WCS 中。[1]这是在住址调查的，因此，它测量了生活地方的平均教育水平。这使得人们可以在住宅地点识别消费外部性，而不是在工作地点发生的生产外部性。需要注意的是，在 WCS 中工作地点的受教育年数略低于在 LFS 中住宅地点的受教育年数。这是因为 WCS 中某些行业的代表性不足，比如公共行政和教育，导致 WCS 教育水平低于 LFS。LFS 是一个有代表性的样本。它包含荷兰每个两位数邮政编码中 15～64 岁总人口受教育程度的信息。

在有关技能的文献中，通常将工作者的技能等同于她或他的教育水平（Bacolod 等，2009，2010）。但是，教育和技能是不一样的。虽然教育是变量的关键，但在解释 HCE 对工资收益率的影响时，本文考虑了职业技能水平。其原因在于，低学历人群并不一定是从事低技能工作的群体，因为一些低学历工人获得了更多的能力，使他们能够找到比自己教育程度更高的技能水平的工作。在这种情况下，他们的能力不及他们所要完成的工作。本文区分了初级、低级、中级、高级技术型职业。[2]

5　不同教育和技能的工人的分布

低学历的员工和越多的高学历的员工一起工作，信息就越容易从这些高学历劳动者流向低学历劳动者。不同技能水平的工人之间的技能转移也是如此。这意味着低学历的工人或从事低技术工作的工人可能会在和高学历工作者或从事高级数工作的工人一起工作时受益。WCS 为该员工的教育水平以及该员工履行的工作的技能水平提供个体工人的信息。因此，对于每个企业和每个地区，可以确定高、低学历的工人和高、低技能的工人的分布情况。

这种分配被定义为：

$$d = (e_{low} - e_{high}) \tag{2}$$

其中：$e_k = \sum_{i \in f} e_{i,k} / e$ 是具备教育/技能等级 k 的工人/工作在公司 f 中占据的份额，其中 k 指高教育程度或低教育程度的工人，或高技能或低技能的工作。这种划分的合理性

---

① 所有 443 个城市的平均受教育年限存在于 1996～2007 年荷兰统计局的劳动力调查的各种研究的 2007 年的数据。接下来这个市政信息被重新安排到与 WCS 中已经使用的地区相同的区域邮政编码等级。

② WCS 中的技能类型源于社会事务部使用的具体分类，该分类已被转换为荷兰统计局的标准职业分类（SOC）。这个 SOC 区分了初等、低技能、中等技能、高技能和科学技能的职业。

是，评估公司为了实现生产力的增长以能够支付更高的工资，是选择集中于高学历还是低学历的员工，或者，在工作方面是集中于高技能还是低技能的工作。这可以通过两个知名公司类型举例说明：是麦当劳类型的公司，有许多低技能的工作（低学历工人），只需少量的高学历、高技能的人；还是微软类型的公司，有很多高技能的工作（高学历的工作者），只有少量低学历或者低技能的工作，在微软类型的公司低技能工作者的工资受到了积极的影响。本文研究了低技能工作者或受教育程度低的工人的工资。d 越接近于零，不同技能或不同受教育水平的工作者就越平等地在公司内分布。d 为负值时表示在公司里高技能工作者或高教育工作者多于低学历工人或低技能工作者，即微软类型的公司。另外，d 为正值时是指低技能的工作（低教育的工人）多于高技能的工作（高学历的工人），即麦当劳公司类型。

6　结果

首先，作为第一步，方程（1）是用来评估人力资本的生产外部性和消费外部性对所有工人的工资率的影响的，不论他们的教育或技能水平如何。其次，生产外部性被分解为在企业层面和区域层面的外部性。这显示了生产外部性是存在于该企业是层面还是区域层面。

表 2 列出了当方程（1）被应用到加入了 1995～2006 年在其居住地点的关于 15～64 岁居民的平均受教育水平的 WCS 数据库中的估计结果。在表 2 中的所有模型参数包括 10 年虚拟变量，这意味着方程（1）基本上是作为估计的一个大的横截面，所以虚拟变量消除了时间的影响。此外，所有规格包括 15 个行业虚拟变量和 8 个公司规模虚拟变量，以解释行业和公司规模的影响。通常包括在这些类型的 Mincerian 模型中的典型变量，如经验和经验平方，显示了预期的符号和重要性。同样的情况也适用于这样的发现，即女性的小时工收入低于平均水平（也就是男性）。事实上，人口较密集地区工资较高，失业率较高地区工资较低也符合预期并在其他许多研究中找到了结果。给定分层多层次方法，不能计算标准拟合优度指标 R^2，所以添加了相对于标准线性模型的似然比（LR）的值。表 2 中模型的这些 LR 测量值可以进行比较，即 LR 测量值越低，模型越适合。

表 2　方程（1）最大似然估计结果，多级混合效应模型估计（1995～2006 年）

因变量	Log 所有员工的每小时工资率									
模型	系数	（z 值）	系数	（z 值）	系数	（z 值）	系数	（z 值）	系数	（z 值）
个体工人层面										
个人的受教育程度	0.078	(482.8)	0.077	(451.7)	0.078	(484.1)	0.078	(482.8)	0.077	(451.7)
经验	0.044	(341.5)	0.044	(341.7)	0.044	(341.5)	0.044	(341.5)	0.044	(341.7)
经验平方	-7.1E-04	(-242.6)	-7.1E-04	(242.9)	-7.1E-04	(242.6)	-7.1E-04	(-242.6)	-7.1E-04	(-242.8)
女性	-0.068	(-69.3)	-0.068	(-69.9)	-0.068	(-69.3)	-0.068	(-69.3)	-0.068	(-69.9)
兼职	0.195	(99.1)	0.193	(98.5)	0.195	(99.2)	0.195	(99.1)	0.193	(98.5)

续表

因变量	Log 所有员工的每小时工资率									
模型	系数	(z值)	系数	(z值)	系数	(z值)	系数	(z值)	系数	(z值)
企业层面										
公司工人的平均受教育程度			0.009	(18.3)					0.009	(18.3)
区域层面										
该地区工人的平均受教育程度	0.003	(2.14)					0.003	(2.14)		
剔除公司之后，该地区工人的平均受教育程度			−8.7E−04	(−0.62)					−0.001	(−0.74)
该地区 15~64 岁居民的平均受教育程度					0.016	(2.54)				
区域人口密度	2.1E−05	(6.42)	2.1E−05	(6.48)	1.9E−05	(6.00)	1.8E−05	(5.68)	1.9E−05	(5.75)
地区失业率	−0.512	(−4.39)	−0.523	(−4.48)	−0.521	(−4.55)	−0.516	(−4.50)	−0.526	(−4.57)
控制变量										
时间虚拟变量（10）	是		是		是		是		是	
行业虚拟变量（15）	是		是		是		是		是	
公司规模虚拟变量（8）	是		是		是		是		是	
变量数	38		39		38		39		40	
观察量数量	368541		368439		368541		368541		368439	
拟合优度										
LR 测试与线性回归	65490		64514		65038		65032		64057	
方差分量										
两位邮政编码	5.7E−04		5.8E−04		4.9E−04		4.8E−04		5.0E−04	
公司层面	0.015		0.015		0.015		0.015		0.014	
所有残差	0.047		0.047		0.047		0.047		0.047	

注：括号内的 t 统计量是基于聚集的标准误差。如果此统计量的值太小，那么似然比（LR）检验会拒绝零假设。各种模型的 LR 测试可以进行比较，而越小的 LR 越适合。从这个意义上说，最后一列的模型将成为首选的模型规范。方差分别指多级模型中的三个聚合级别。

表 2 包括五个不同的标准来确定工作或生活在一个地区（即一个两位数的邮政编码区）的人的 HCE 对个人工资率的影响。估计出来的系数和相关的 z 统计量，具有与通常

的 t 统计量相同的功能，但现在遵循标准的正态分布。第二和第三列显示了只有生产外部性的模型，假设除了工人的私人教育回报之外，只有区域生产外部性。结果表明，多一年的教育，个人工资的私人收益率为 7.8%。事实上，变量的旁边反映了工人的属性（如经验、性别和工作时间），但只有教育水平在 z 值方面对单一工资率的作用最强。除个别教育效应之外，同一区域（即两位数的邮政编码区域）的平均受教育程度也有 0.3% 的正面 HCE。在第三列中，这个邮政编码区域的教育效果被分成两部分。首先，是企业层面的 HCE 效应，也就是说同一公司的其他工人的教育程度对个人工资率的影响。其次，是区域层面 HCE 效应，也就是说同一区域（两位数邮政编码区域）其他员工受教育程度对个人工资率的影响，不包括公司。表 2 的第二列中确实显示区域生产外部性对于个人工资有显著作用，但在第三列中区域生产外部性不再显著异于零，取而代之的是公司层面的生产外部性非常显著。这表明，一名工人确实向同一公司内的其他工人学习，而不是从该公司外的其他工人那里学习，即使是在同一区域。在一个公司工作人员的受教育程度增加额外的一年将提高个人工资水平 0.9%，因此在表 2 中的第二列企业层面的生产外部性比区域层面的生产外部性大得多。因此，知识转移发生在工作层面而不是区域层面。

表 2 的第四列显示了仅包含消费外部性的模型的结果。一个区域居民的平均受教育年限多一年将使该地区的个人工资水平上涨 1.6%。这可以被解释为，额外的居住在该地区的受过高等教育的居民的需求效应消耗更多的个人低学历或低技能的服务，从而创造更多的就业机会。在第五列中，生产外部性和消费外部性都进入模型中，发现区域生产外部性的作用显著小于区域消费外部性。注意，此模型的 LR 检验比第二列的 LR 测量要小。这是因为企业层面的外部性对个人工资率的影响很大。最后一栏列出了具有生产外部效应的模型的估计结果，再次分为企业层面效应和区域层面效应以及消费外部性。区域生产外部性与第二栏一样，不显著异于零，但企业层面的生产外部性仍然具有相似的系数，仍然具有很强的显著性。区域消费外部性略低，但仍然显著。表 2 中所有模型的企业层面生产外部性和区域层面消费外部性的相对恒定值的这些发现意味着这些 HCE 效应相当稳健。生产外部效应的大小略低于消费外部效应的大小。与其他模型的 LR 检验相比，表 2 的最终模型优选的是最低的 LR 测试。

如果此统计量的值太小，那么似然比（LR）检验会拒绝零假设。各种模型的 LR 测试可以进行比较，而越小的 LR 越适合。从这个意义上说，最后一列的模型将成为首选的模型规范。方差分别指多级模型中的三个聚合级别。

需要注意的是表 2 的某些系数值非常小。因此，还估计了一个基于相同变量净值的模型和一个具有标准化变量的模型，即净平均值除以标准误。① 显然，相关的 z 值的系数值变化与表 2 中的非常相似。因此，只有模型的未调整变量的估计值在表 2 中体现了，即使有些可能很小。最后，"方差分量"标题下的变量显示了聚合水平下模型总方差的份额有多大。可以清楚地表明，绝大部分的误差方差都是在个人层面上，而不是在企业层面上，

---

① 这些估计结果可以联系作者获得。

最少的是在区域层面。

7 低学历工人和从事低技能工作工人的外部性

表3显示了表2中第三列低学历员工的结果以及第四列和第五列的从事低技能工作工人的结果。第二列和第四列以表2最后一列相同的标准开始，首先讨论这些结果，其次增加了低学历和高学历工作者以及低技能和高技能工作者的分布情况。

表3　对低学历工人与低技术工作的方程式（1）的计量结果（1995～2006年）

因变量	小时工资率的对数							
模型	低学历员工				从事初级和低技能工作的员工			
	系数	（z值）	系数	（z值）	系数	（z值）	系数	（z值）
个体工人层面								
个人的受教育程度	0.035	(82.4)	0.035	(81.2)	0.034	(96.3)	0.035	(97.9)
经验	0.046	(297.2)	0.046	(297.2)	0.045	(264.2)	0.045	(264.5)
经验平方	−7.4E−04	(−225.7)	−7.4E−04	(−225.7)	−7.5E−04	(−198.9)	−7.5E−04	(199.2)
女性	−0.051	(−40.6)	−0.050	(−39.6)	−0.014	(−10.1)	−0.013	(−10.0)
兼职	0.206	(92.6)	0.205	(92.1)	0.176	(76.8)	0.174	(76.0)
企业层面								
公司工人的平均受教育程度	0.019	(28.7)	0.025	(27.9)	0.013	(17.7)	0.002	(1.62)
区域层面								
剔除公司之后，该地区工人的平均受教育程度	−0.001	(−0.79)	−0.001	(−0.86)	−0.003	(−1.61)	−0.003	(−1.67)
该地区15～64岁居民的平均受教育程度	0.012	(1.87)	0.012	(1.98)	0.021	(3.48)	0.019	(3.03)
区域人口密度	1.4E−05	(4.65)	1.5E−05	(4.93)	1.7E−05	(6.16)	1.6E−05	(5.97)
地区失业率	−0.377	(−3.17)	−0.392	(−3.26)	−0.509	(−4.10)	−0.470	(−3.77)
公司层面的分布情况								
低教育工人 vs. 高学历工人			0.040	(10.7)				
从事初级和低技能工作 vs. 从事高级和专业技能工作							−0.073	(−17.4)

113

续表

因变量	小时工资率的对数			
模型	低学历员工		从事初级和低技能工作的员工	
	系数	（z 值）	系数	（z 值）	系数	（z 值）	系数	（z 值）
控制变量								
时间虚拟变量	是		是		是		是	
行业虚拟变量	是		是		是		是	
公司规模虚拟变量	是		是		是		是	
变量数	40		41		40		41	
观察量数量	188532		188532		131773		131773	
拟合优度								
LR 测试与线性回归	33357		33238		246992		24172	
方差分量								
两位邮政编码	3.5E–04		3.8E–04		2.4E–04		2.5E–04	
公司层面	0.013		0.013		0.015		0.015	
所有残差	0.034		0.034		0.033		0.033	

注：括号内的 t 统计量是基于聚集的标准误差。可以比较各种模型的似然比（LR）测试，LR 越小，拟合越好。方差分量是指多级模型中的三个聚合级别中的每一个。

表 3 中的低学历员工和从事基础或低技能工作的工人的个人教育回报是正的且大致相同，约为 3.5%。因此，低学历或低技能工人再接受一年的教育，将使其工资率提高约 0.035。请注意，这不到表 2 中所有工人的系数的一半，无论教育还是技能。低学历或低技能工人的经验、经验的平方、兼职工作、人口密度的系数，与表 2 中所有员工的综合系数大致相同。接下来，我们将讨论与全体员工和低学历人员或具有初级或低技能工作的人员的差异。从 HCE 开始，我们将发现有趣的差异。

低学历工人居住在某区域的消费外部性与表 2 中所有人的综合系数是大致相同的，仅仅微弱地异于零，但是从事低技能工作的工人的消费外部性效果要大得多、显著得多。根据调查结果，表 2 和表 3 也显示在区域层面净生产外部性没有显著的影响。因此，只有在企业层面上工人之间交流知识才会帮助生产，而不是在企业之外的区域层面，而且，对于低教育水平的工人来说，企业层面的这种生产外部性比起初级和低技术工作者要强。与表 2 相比也可以看出，低学历工人的生产外部性系数值是对于所有员工的大约两倍。对于初等和低技能工作的工人来说，他们大约要比所有人的数据大 50%。因此，他们从公司层面的教育或技能上升中获益比全体员工都要多。

表 3 显示不同的分布，$d = (e_{low} - e_{high})$，对于低学历工人和低技能工人有着显著但相反的效果。对于低学历工人，降低高学历的员工分布 d 有正系数，然而对于低技能工

人，降低高技能的员工分布 d 有负系数。所以，对于员工的教育而言，只要公司专注于高学历的员工，有 d <0，低学历的员工的工资率（如表 3 第三列）将下降。当企业的低学历工人多于高学历工人时，d > 0，那么低教育水平的工人的工资就会上升。但是请注意，同时表 3 显示了生产外部效应的显著变化。这就意味着企业内部的工人在教育程度提高后受益。因此，公司有众多高学历的员工，这弥补了 d 对工资率的负效应，同样，公司有很多低学历工人与之类似。

但是，应该指出的是，教育水平不涉及工作要求，事实上这决定了公司支付的工资。目前的经济危机导致许多受过高等教育的工人接受较低技术水平的工作，并获得与此类工作相符合的较低的工资。因此，考虑一个工人的工作水平，而不是他或她的教育程度可能会更好。表 3 的最后两栏显示了初级和低技能工作者的工资水平的模型。表 3 第四列中的模型显示了与表 2 最后一栏类似的模型标准，但现在不再适用于所有工人，而只适用于初级和低技能工作者。表 3 的最后一栏显示，将低技能工作变量减去科学技能高的工作变量，具有显著的负面影响。这意味着专门从事高技能工作的公司（即微软公司类型），他们比从事初等和低技能工作的工人的工资率更高。换句话说，低技能工作的工人可以从高技能工作的工人的学习效果中受益，从而获得更高的工资。相反，当一个公司有比在高技能工人更多的初级和低技能的工人（即麦当劳类型的公司），这将对初级和低技能工作的工资率产生负面影响。还要注意的是，在这种情况下，企业层次的初级和低技能工作的工资也有类似的补偿效应。而表 3 的第三列显示了生产外部性有 1.3% 的正向作用，但加上 d 之后下降到只有 0.2%，不再显著异于零。显然，这个效应现在是最终模型的变量分布。对于那些专门从事高学历工作的公司来说，这导致那些低技能工作者的工资增加了 7.3%。

可以比较各种模型的似然比（LR）测试，LR 越小，拟合越好。方差分量是指多级模型中的三个聚合级别中的每一个。

8 结论

本文研究了三个主题，这些主题在现今讨论如何改善受教育程度低的工人或者从事低技术工作的工人的经济地位方面发挥着核心作用。首先，展开了对 HCE 的讨论，如果消费或生产的外部性同时发生，这两个效应谁有更强的效果。结果显示，多一年的教育，个人工资率的私人收益率几乎达到 8%。最重要的是，员工总体上受益于 HCE，即公司或区域的工作人员受益于公司或区域的平均受教育程度。这些 HCE 被分割为人力资本的生产外部性和消费外部性，并且都显著、积极影响于员工的个人工资，但是区域消费外部性效应的大小大于企业层面的生产外部性的大小。

其次，当我们通过区分外部性在区域层面还是在企业层面发生效应的方式，仔细研究生产外部性时，就可以清楚地看出，生产外部性只能在企业层面传递，而不在区域层面传递。显然，为了学习效果的产生，在企业层面需要有一些邻近的事物去学习。

最后，特别是对从事低技能工作的工人，由于从事高技能工作的工人的存在，为了从外部性中受益，要紧的是他们在哪种类型的公司上班。本文表明，如果一个企业既有从事低技能工作的工人又有从事高技能工作的工人，那么分布为有很多从事低技能工作的工人，但只有几个从事高技能工作的工人的公司（一个麦当劳类型的公司）对从事低技能工作的工人的工资有负效应。与此相反，当一个公司有很多从事高技能工作的工人，但只有少数从事低技能工作的工人（微软类型的公司），这种分布对于从事低技能工作的工人有积极作用。然而，当由于低学历工人将公司内部的教育分配加入到模型中时，发现了完全相反的结论。换句话说，现在麦当劳公司有一个积极的工资效应，而不是微软类型的公司。需要注意的是，尽管工人的教育水平和技能水平有很大程度上的一致，但是很多低学历员工尝试他们所能获取的技术很高的工作，而且当时间不合适时具有高学历的员工退而求其次。所以教育层面和技术层面有很大的差别。

研究发现，以吸引高学历工人为目的政策战略，对加强低技能和低学历工人的劳动力市场地位是有益处的。这个效果主要通过消费外部性的效应产生。因此，投资改善住宅吸引力的设施是一个有前景的策略。通过区域层面的学习效应来刺激生产溢出效应是行不通的，因为这个机制只有在公司层面上发挥效果，当低技能工人和许多高技能工人一起工作时刺激生产溢出效应才特别有效。所以从学习的角度来看，想要低技能工人有更高生产率和工资，微软类型的公司比麦当劳类型公司更有吸引力。

三、空间治理与区域差距

题目：区域差距与政府治理质量：再分配冲突如何降低政府治理水平

来源：《空间经济分析》，2014 年 4 月第 9 卷，第 183 - 201 页

作者：安德里斯·P. 柯礼柯夫，奥里奥尔·罗卡尔—加尔

原文摘要：In this paper, we argue and provide empirical evidence to support the claim that higher income differences across regions increase the salience of interregional redistribution and, as a result, crowd out policies aiming towards improvements in government quality or efficiency. In the presence of greater regional disparities, the balance of politics may tilt towards redistributive concerns and away from government efficiency considerations, especially since the latter can be opposed by organized public sector interest groups. Our empirical analysis, based on a sample of 22 Organization for Economic Co - operation and Development (OECD) countries over the period from the mid - 1990s to 2005, supports our basic intuition that regional disparities may lead to territorially based redistributive conflict to the detriment of government quality.

英文关键词：Government Quality；Regional Disparities；Redistributive Conflict

原文译文：

摘要：本文研究并提供了实证证据支持以下观点：区域间收入差距的增大会提高区域再分配政策的重要性，并因此挤出旨在提高政府治理质量或效率的政策。在存在较大区域差距的情况下，政治平衡可能会倾向于再分配问题，而不是出于政府效率的考虑，特别是后者可能遭到有组织的公共部门利益集团的反对。基于 20 世纪 90 年代中期到 2005 年间 22 个经济合作与发展组织（OECD）的数据，经验分析支持我们的基本直觉，即区域差距可能导致基于区域的再分配冲突，从而损害政府治理质量。

关键词：政府质量；区域差距；再分配冲突

1 引言

地理因素对制度质量至关重要。Engerman 和 Sokoloff（2000，2002）将新世界的差异化制度归因于地理或气候条件以及要素禀赋的差异。北美小型家庭农场的气候条件和低人口密度有利于农业发展，这导致人力资本和财富分配相对平等。随着时间的推移，这又反过来导致了更民主的政治制度与对公共产品和基础设施更多的投资以及提供相对广泛的经济机会的部门。另外，在人口密度较高而且气候和土壤条件非常适合发展劳动密集型农业的殖民地中，出现了严重的社会经济不平等现象，这些不平等现象最终被制度化为限制成

为精英阶层的经济机会。Acemoglu 等（2001，2002，2005）认为，在土著人口密度高和疾病环境不利于大规模的欧洲人定居的地方，掠夺性政府（对私人财产的保护很少，而且对政府没收的检查和平衡有限）出现的可能性更大。地理或空间因素也与现代环境下的政府治理质量相关。许多研究表明，丰富的自然资源为寻租行为创造了机会，并最终导致政府腐败（Ades & Di Tella，1999；Leite & Weidmann，2002；Bhattacharyya & Hodler，2010）。随着一个国家与世界主要贸易中心的距离增加，腐败也往往增加，这是由于运输成本增加，竞争压力减少导致的（Ades & Di Tella，1999；Wei，2000）。

主要贸易中心的气候、资源丰度和距离显然是不可改变的，也是外生的空间因素，可以解释政府治理质量的跨国差异。在本文中，我们提出了政府治理质量与另一种空间定义变量之间的联系，虽然这种联系既不是永恒不变的，也不是外生于制度安排，即国家内部的区域收入差异。特别是我们考虑了区域差距影响政府治理质量的程度，广义上定义为公共部门不扭曲私营部门的正常运作，是公共产品的有效管理者和提供者（La Porta et al.，1999）。我们认为，区域差距可能会导致资源地域分配的冲突。我们提出，在相对贫穷的地区和相对富裕的地区之间的再分配冲突可能会挤出旨在提高国家和地区层面政府治理质量的政策。我们使用 22 个经济合作与发展组织国家在 1996～2005 年的样本数据的实证分析为区域差距和以地区为基础的再分配冲突降低政府治理质量这一观点提供了强有力的支持。

本文结构如下：在第二部分中，我们回顾之前的理论和实证研究，着重讨论了区域不平等与政治冲突之间的关系，并提出了我们关于这种冲突如何降低政府治理质量的基本观点。在第三部分和第四部分中，我们分别描述了核心变量和实证方法。在第五部分介绍并讨论了关于区域差距与政府治理质量之间关系的结果。第六部分为结论。

2 区域不平等、区域间冲突和政府治理质量

越来越多政治经济学文献从理论上分析了区域间再分配冲突的原因和后果。布坎南和费斯（Buchanan & Faith，1987）早期提出，财政上被大多数人控制的地区的少数人有激励单独提供自己的公共产品。值得注意的是，这种行为可能限制统治阶层潜在的剥削行为。Alesina 和 Spolaore（1997，2003）认为，上述的"大多数人"可能会通过一种有力的财政手段来促使那些"少数人"地区放弃分离，但是不得不承认大多数人可能会在他们"迁入"该地区之后违背自己的诺言。面对这种情况，少数群体的偏好与具有决定性大多数人的偏好不同，他们有激励分离和创建自己的国家。作者认为，克服这种信誉问题的一种现实的方式是制定适当的"确保承诺履行的体制架构"，并且为达到这一目的，他们提到了美国参议院中各州平等的代表权，以及欧盟的宪法规定的一致决策政策。①

---

① 与此相一致的是，Kyriacou（2009）提供了更具包容性的证据，以确定在具有民族地域集中的民主国家中不同级别政府之间的权利分配。

Persson 和 Tabellini（1996）分析了另类集体选择机制对区域间再分配的作用。他们发现，联邦或全国范围内的投票将倾向于在地区风险分担背景下过度的区域转移，这主要是因为此类转移不够透明，而且这种机制允许跨区域的选民联盟出现。或者，如果公共选择机制是区域间谈判的结果，由于富裕和贫穷区域之间存在利益冲突，而且这种体系使得区域间的再分配更加透明，那么冲突很可能出现。富裕地区的居民倾向于区域间谈判，而贫困地区的居民则倾向于全国范围的投票。

从比较政治学的角度来看，Wibbels（2005）将区域不平等与宪法史上的关键转折点联系起来。根据 Meltzer 和 Richard（1981）的精神，[①] 他认为在一个中位收入大大低于地区平均收入的地区，制宪会议投票时，贫困地区的区域代表有动力投票支持区域间再分配原则的政治团体，并在决定国家再分配政策时给予他们发言权（包括强大的参议院或多数立法要求）。[②] Rodden（2009）同样将制度特征（如总统制或地区上层议会）的起源归因于最初的联邦契约，但认为这是由于富裕地区和较小的贫穷地区之间的联盟造成的，对较大的贫穷地区不利。这些体制结构成为阿根廷、巴西和美国等国家高度进步的区域间再分配计划的突破口。在缺乏这些体制结构的情况下，特别是在支持有凝聚力的国家政党出现的议会制度的背景下，低收入联盟能够像加拿大和西班牙一样锁定再分配转移体系，以及许多中央集权状态。这反过来又导致富裕地区的财政分权、转移减少甚至分裂。

一篇相关的实证文献研究了区域间收入不平等对非暴力抗议、州内暴力冲突或分裂主义造成的影响程度。Bakke 和 Wibbels（2006）研究了联邦国家的种族冲突，并提供证据支持他们的论点，即高水平的地区间不平等可能会被政治化，导致资源分配的尖锐冲突。Sorens（2005，2008）提出了基于区域层面数据的经验证据，以支持这样一种观点：相对较富裕的地区由于在区域间再分配的背景下经历了净资源外流，更有可能产生分裂主义政治运动。

这种对文献的非穷举性回顾带来了一个问题，即地区间较高的收入差距很可能与分配冲突有关，因为相对富裕的地区往往会抵制资源的净流出，而相对较贫穷的地区则会要求更大的地区间的再分配资源。我们的基本观点是：在区域间高度不平等的情况下，区域间再分配日益突出，可能会将注意力从其他政策领域转移，特别是旨在提高政府治理质量或效率的政策。

我们的观点很简单。面临选举制约因素的地方政治家可以通过再分配博弈或提高政府效率来改善其选举前景。旨在提高政府治理质量的政策很可能会受到公共部门既得利益集团的抵制，这些利益集团与现状有利害关系。改革政治经济学的文献（Tommasi & Velasco，1996；Rodrik，1996）特别是侧重于机构或公共部门改革工作的文献，如 Navia 和 Velasco（2003）清楚地解释了上述观点：

---

① 再分配的出现是因为决定性的中间选民相对于平均值较差，因此得益于累进税/转移支付计划。

② 威伯斯（Wibbels，2005）通过提及阿根廷、美国和印度的宪法来阐述他的论点。Kyriacou（2000）在旨在解决长期存在的塞浦路斯冲突的宪政谈判中讨论了这种动态。

公共部门改革可能影响一些组织和部门的利益，例如一些高度组织化和有发言权的团体：教师和司法联盟，公共官僚机构中的中央、州和地方政府，私人垄断企业的所有者和管理者以及医疗机构。

在进入再分配博弈的地区政府中，不可能有类似的利益集团反对。事实上，参与这场博弈的选举企业家很可能会从与现状相关的利益集团获得支持。此外，区域差距越大，地方选举中的选民往往对再分配政治的反应越强烈。这些因素的综合作用意味着，对于政治家而言，再分配政治可能是一种比制度改革更有吸引力的策略。①

因此，地方官员可能会试图指责中央政府和其他地区为其地区提供"不良交易"，以此作为避免公共部门改革的一种方式。一名在加拿大进行跨省转移的政治冲突学者认为：

> 对于省级政治家来说，将公路、医院、大学或学校的缺陷归咎于遥远的联邦政府更容易和更方便……而指责其他省级政府则更危险，因为他们更有可能被冒犯，并且由于他们的合作可能需要在无尽的博弈中从"渥太华"赢得让步。然而，即便如此，这也可能比承认该省问题的根源可能在其内部，甚至在其立法机构之内更容易（Stevenson，2007）。

简而言之，区域间收入不平等可能会增加地方一级的再分配政治的显著性，这应该会削弱公共部门改革的努力，并最终降低地方政府治理的质量，而且，由于再分配政策往往是在国家层面上决定的，那么资源地域分配上的冲突很可能也会牵扯到中央政府。正如本文开头提到的那样，接下来的行为可能使它不采取适当政策，特别是旨在提高政府效率的政策。在这方面，Alesina 和 Zhuravskaya（2011）提出，面临分离威胁的中央政府可能会倾向于向分裂主义地区分流资源，而忽视提供生产性公共产品和体制改革，与地方政府的情况类似，中央政府可能也会试图利用这些地区的再分配需求来转移人们对其职权范围内必要的公共部门改革的注意力。无论是因为它转移了资源，还是因为它可能符合中央政府的利益，避免面对公共部门的团体，跨区域再分配政治对国家层面的溢出效应也可能会降低政府的质量。

3 衡量政府治理质量和区域差距

为了衡量政府的质量，我们使用了两个提供跨国数据的来源，而且，这些数据在不同的时期内是可以比较的。第一个是世界银行发布的全球治理指标（WGI）项目（Kaufmann 等，2006）。这些指标基于来自31个数据源的数百个单独变量，衡量各州机构和辖区（无论是在地方、区域还是中央）对治理的总体看法。我们使用基础数据的加权平均数，权重反映的是各个数据源的精确度。我们感兴趣的四个衡量有效治理的指标有：腐败

---

① 我们的论点是根据 Buchanan 和 Congleton（1998）的思想提出的，他认为，如果缺乏适当的制度设计，甚至善意的政治家也会陷入再分配政治，从而损害公共利益方面的考虑。

控制、法治、监管质量和政府有效性。[①] 我们的因变量是所有这些维度的平均值，这与我们考虑到的影响政府整体表现的因素以及各个指标都在测量相同的广义概念的经验证据相符（Langbein & Knack，2010）。总量指标从负数到正 2.5 不等，数值越大代表政府治理质量越高。另一个来源是由政治风险服务组织开发的国家风险国际指南（ICRG），用于评估各国的政治、经济和金融风险。该指数基于对全球专家网络的分析，并且需要经过同行评审，以确保各国之间的一致性和可比性。为了促进与世界治理指标的可比性，我们将重点放在腐败、法治和官僚质量这三个维度上。同样，这里使用的政府治理质量指标是这三个维度的平均值，其中较高的数字意味着较高的政府治理质量。在我们的样本中，斯堪的纳维亚国家的政府治理质量最高，东欧国家和墨西哥的政府治理质量最低（所有变量的汇总统计见表1）。

表1　汇总统计

	均值	最大值	最小值	标准差	观察值
政府质量 – WGI	1.4838	2.1099	– 0.0776	0.5129	212
政府质量 – ICRG	4.525	5.3333	2.3333	0.685	212
区域差异（A）	0.234	0.6035	0.0506	0.1083	212
区域差异（B）	0.2131	0.5076	0.052	0.0834	212
区域差异（C）	0.0281	0.1426	0.0013	0.0241	212
区域差异（D）	0.2569	0.6774	0.0777	0.1377	212
区域差异（E）	0.3385	0.783	0.063	0.1495	107
GDP（对数形式）	10.1486	10.7297	9.0707	0.3486	212
政府规模	0.4565	0.653	0.2189	0.0769	212
财政分权	0.3423	0.6336	0.0514	0.1348	212
政治分权	0.712	1	0.29	0.2013	212
开放性	0.7913	1.6957	0.2102	0.3512	212
转型经济	0.1415	1	0	0.3494	212
民族分割	0.0418	0.244	0.001	0.0669	212
国家面积（对数形式）	5.5489	9.2074	3.4965	1.7268	212

注：（A），PW – CV；（B），PW – LOG；（C），THEIL；（D），CV；（E），PW – CV – UNEMP。

---

① 腐败的控制衡量公共权力为私人利益行使的程度，包括小规模和大规模的腐败形式，以及精英和私人利益对国家的掠夺。法治考虑了代理人对社会规则的信心和遵守程度，特别是合同执行的质量、警察和法院以及犯罪和暴力的可能性。监管质量反映了政府制定和实施允许与促进私营部门发展的良好政策和法规的能力。政府的有效性衡量公共服务的质量，公务员素质和独立于政治压力的程度、政策制定和执行的质量以及政府对这些政策承诺的可信度。我们忽略了另外两个WGI（声音和问责制、政治稳定和没有暴力），因为我们的样本包含中高收入的OECD民主国家，因此它们似乎不太合适。当我们使用包含这些维度的总计指标时，我们的所有结果都有保留。

我们用多种方法衡量区域差距，因为不同的不平等指数会导致收入差异价值判断的变化，从而导致不同的不平等排序（Cowell，1995；Lambert，2001）。我们使用人口加权变异系数（PW – CV），它与所考虑地区的规模、人口和数量无关，并且满足庇古—道尔顿原则（Cowell，1995）。PW – CV 是一个国家人均 GDP 水平的人口加权标准差除以该国的人均国内生产总值（GDP）：

$$PW - CV = \frac{1}{\bar{\gamma}} \left[\sum_{i=1}^{n} p_i (\bar{\gamma} - \gamma_i)^2 \right]^{1/2}$$

其中，$\bar{\gamma}$ 是人均国内生产总值，γ_i 和 p_i 是区域 i 的人均 GDP 和人口份额，n 是区域数量。[1] PW – CV 基本上描述了一个国家的地区之间的差异，并考虑到它们的相对人口权重，它介于 0（相等）和 1（最大差异）之间。

另一个衡量指标是地区人均 GDP 对数的人口加权标准差（PW – LOG），它在收敛性文献中被广泛用于捕捉 Sigma 收敛（Barro & Sala-i-Martin，1995）：

$$PW - LOG = \left[\sum_{i=1}^{n} p_i (\ln\bar{\gamma} - \ln\gamma_i)^2 \right]^{1/2}$$

其中，$\bar{\gamma}$ 是人均国内生产总值，γ_i 和 p_i 是区域 i 的人均 GDP 和人口份额，n 是区域数量。

另外，我们考虑了 Theil（1967）提出的一个衡量标准，这个衡量标准通常用于不平等研究的文献中，并且也用于分析空间差异（Azzoni，2001；Novotny，2007）：

$$\left[THEIL = \sum_{i=1}^{n} p_i \ln\left(\frac{\bar{\gamma}}{\gamma_i}\right) \right]$$

地区人均 GDP 指标（CV）的变异系数没有考虑到所有地区人口的分布。

$$CV = \frac{1}{\bar{\gamma}} \left[\frac{1}{n} \sum_{i=1}^{n} (\bar{\gamma} - \gamma_i)^2 \right]^{1/2}$$

最后，我们还在 NUTS2 区域中，使用人口加权变异系数（PW – CV – UNEMP）来捕捉失业率的差异。虽然使用这个变量意味着使样本量减少，但它的优势在于它与其他区域差距衡量方法几乎没有关系。[2]

根据我们的前三个指标，斯洛伐克区域差距最大，尤其是墨西哥，而荷兰和澳大利亚区域差距最小。根据我们的未加权衡量指标（CV），斯洛伐克和比利时的区域差距最大。当我们采用仅适用于 16 个欧洲国家的地区失业指标时，意大利和德国的区域差距最大，而挪威和荷兰则最小。

在确定了我们对主要变量的衡量标准之后，我们现在开始考虑是否更大的区域差距与更低的政府治理质量相关联。尽管未考虑遗漏变量的影响，但图 1 显示了政府治理质量

---

① 除了比利时、德国、荷兰和英国（这些地区都处于 NUTS 1 级），所有欧洲地区都被定义为 NUTS2 级。澳大利亚被定义为州和地区；美国和墨西哥是国家，加拿大是省和地区。

② 我们所有区域差距变量的简单相关性与基于地区失业率的区域差距变量的范围从 0.80 ~ 0.96 不等，而 PW – CV – UNEMP 与其余地区之间的相关性范围为 0.22 ~ 0.37。

（WGI）与区域差距（PW－CV）之间的负相关关系。这些变量之间的简单相关性证实了这一点，因为相应的相关系数为 0.667，p 值为零。该图还显示出没有异常值，这表明文中的回归结果不受任何特定国家的影响。到目前为止并没有说明区域差距与政府治理质量之间的负相关关系的因果关系方向，我们将在下面讨论这个问题。

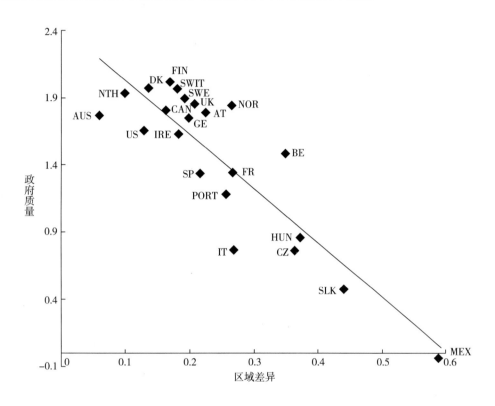

图 1　政府质量和区域差异（1996～2005 年的平均值）

4　实证研究方法

我们使用可行广义最小二乘（FGLS）估计。当该系列表现出异方差时，这比混合 OLS 估计量更为有效（Wooldridge，2006）。我们使用时期表面非相关回归（SUR）校正给定横截面内的时期异方差性和序列相关性（Parks，1967）。这里固定效应模型和随机效应模型都不适用。固定效应模型完全依赖于每个横截面单位内的时间变化，我们的核心变量（政府治理质量，特别是区域不平等）与总体变量相比，这一影响是有限的。[①] 就随机效应而言，这意味着我们的样本是大量人口中的随机样本，显然情况并非如此，因为我们

---

① 主要区域差距变量内部的标准偏差为 0.01，而变量间标准差和总体标准差分别为 0.12 和 0.10。

的横截面单位大多是一组高收入 OECD 国家（Hsiao，2003）。

我们估计以下模型：

$$Government\ quality = \alpha + \beta_1 Regional\ disparities_{it} + \beta_2 X_{it} + \varepsilon_{it} \tag{1}$$

其中，i 代表国家，t 指年份，α 是常数，X_{it} 是控制变量（人均 GDP、公共部门规模、财政分权、政治分权、开放性、转型经济和种族隔离）的向量，ε_{it} 是误差项。我们选择控制变量时，需要考虑可能影响区域差距和政府治理质量的因素，因此，它们的遗漏可能会对区域差距对政府治理质量的影响估计产生偏差。

越富裕的国家往往有更好的政府治理质量，因为经济发展使得其能够负担得起质量更好的机构（Islam & Monte‐negro，2002），并将倾向于产生对更好的政府的需求（La Por-ta et al.，1999），可能是因为收入对教育、文化和非人格化关系的积极影响（Treisman，2000），较富裕的国家也可能有更大的用以减少区域差距的再分配政策空间（Lessmann，2009）。同样，我们控制政府在实际 GDP 中所占的份额，因为拥有较大公共部门的国家可能更有能力解决地区间不平等问题（Rodríguez‐Pose & Ezcurra，2010）。更大的公共部门意味着更大的腐败，因为寻租的可能性更大（Tanzi，1998）。另外，较大的公共部门可能意味着政府拥有更好的资源，从而有可能改善其绩效。[①]

财政分权可以通过将更多的资源分配到信息充分的地方政府手中来提高政府治理质量（Oates，1972），或者通过促进跨辖区财政资源竞争增加地方政府对公民的偏好的敏感度（Brennan & Buchanan，1980）。由于财政分权意味着中央政府用于再分配的财政资源较少，因此可能会增加区域差距（Prud'homme，1995）。此外，财政分权还可能会造成较贫困地区对地区间财政资源分配的影响能力降低，这可能会使地区间的差距延续甚至加剧（Rodríguez‐Pose & Ezcurra，2010）。另外，财政分权可能会减少区域差距，因为由此产生的跨辖区竞争促使较贫困地区采取促进增长的政策（McKinnon，1997；Qian & Weingast，1997）。我们通过中央政府支出占综合性一般政府支出的比例和 OECD 一般政府账户的数据来衡量财政分权，这些账户记录了政府间转移和来自中央政府的拨款（Kyriacou & Roca‐Sagalés，2011a）。

地方选举形式的政治分权赋予选民权利，这可能会提高政府治理质量（Seabright，1996），但也可能导致特殊利益集团控制地方官员，从而产生相反的效果（Prud'homme，1995；Bardhan，2002）。政治分权也可能影响区域差距的演变，因为它给再分配博弈中的潜在参与者（区域主义/分裂主义政党）提供了影响再分配的方式（Brancati，2006，2007）。我们用 Schneider（2003）的方法衡量政治分权。他的方法认为：在政治分权体系中，公民根据当地情况形成了利益和身份认同，诸如政党和社会运动组织等在当地运作，并在地方问题和地方选举中竞争。由于偏好集聚和政治竞争都发生在选举政治的背景下，所以他使用基于 1996 年地区选举存在的验证性因素分析，得到一个 0 到 1 之间的指数，

---

① 在这方面，公务员工资较高可以减少腐败（Van Rijckeghem & Weder，2001）。

数值越大代表政治分权程度越高（Rodríguez‒Pose & Ezcurra，2010）。[1]

我们还研究了用进出口总额占国内生产总值的比重来衡量经济开放程度对政府治理质量的影响。如前所述，融入世界经济程度更高的国家基本上有治理能力更好的政府，因为它们受到更强的竞争压力。经济的开放程度也可能影响区域差距。Rodríguez‒Pose 和 Gill（2006）提出了一系列来自新经济地理学和赫克歇尔—俄林框架的理论观点来论证为什么增加贸易或一体化可能会减少或增加区域差距。经验研究表明开放与区域差距之间存在正相关关系（Giannetti，2002；Petrakos et al.，2005；Rodríguez‒Pose，2012）。

我们进一步研究一个国家是否是苏联成员对其政府治理质量有无影响。La Porta 等（1999）认为，一国的法律传统是国家和个人相对权力大小的一个指标，普通法系统偏向于后者，社会主义法律制度偏向于前者，倾向于前者的制度会损害政府治理的有效性。此外，从社会主义向资本主义过渡可能导致区域差距的扩大，因为它在使首都城市和主要城市受益的同时损害了农业和制造业地区（Petrakos，2001；Rodríguez‒Pose & Ezcurra，2010）。

最后，一个潜在的重要因素是一国的各个民族在地理上的集中程度。Alesina 和 Zhuravskaya（2011）认为，由于以下三个原因，民族分割的存在可能会降低政府治理质量。首先，民族分割的国家往往有较低的信任水平——这是政府治理质量的一个重要决定因素，这可能是因为不同民族成员之间的相对有限的接触可能会影响到政治家的利益，从而导致他们对"其他"民族产生负面的影响（Glaeser，2005）。其次，民族的地理集中可能会造成在政治家选举投票时是基于他们的种族而不是能力，从而不利于治理。最后，与我们在这篇文章中民族的地理隔离还可能造成分裂威胁，导致中央政府使用财政倾斜政策安抚分裂主义地区，从而既改变资源的地域分配，又使政府偏离提供公共产品和区域治理这一目标。[2]

为了解释民族地理分离问题，我们采用了 Alesina 和 Zhuravskaya（2011）的分离指标。这一指标是从 0 到 1 之间连续的，如果一个国家的某一地区居住着相同的民族，那么指标数值为 0；如果一个国家的某一地区居住着不同的民族，则指标数值为 1（假设每个地区都是完全相同的）。实际上，这个指标是一个平方变异系数，与人口稀疏的地方相比，它赋予民族组成偏离全国平均水平的人口稠密地区以更大的权重。表示为：

$$\text{Segregation}^i = \frac{1}{M^i - 1} \sum_{m=1}^{M^i} \sum_{j=1}^{J^i} \frac{t_j^i}{T^i} \frac{(\pi_{jm}^i - \pi_m^i)^2}{\pi_{i_h}}$$

其中，i 指的是国家，j 指的是地区，m 指的是民族，T^i 是国家 i 的总人口，t_j^i 是 i 国家 j 地区的人口，J^i 是 i 国家的地区总数，M^i 是国家 i 中民族总数，π_m^i 是 m 民族在 i 国家所占的比例，π_{jm}^i 是 i 国家 j 区域中 m 民族所占的比例。

---

[1] 公务员地方选举其实是由中央政府任命的，这在 Schneider 的分析中表现为政治集权。

[2] 关于利用分裂威胁从中央政府获得更多资金这一观点在苏联的经验研究中能够得到支持（Treisman，1996，1998）。Lecours 和 Béland（2010）解释了加拿大联邦政府如何在战略上采用转移的方式解除魁北克分裂主义政党的支持。

在这个阶段，我们需要解决存在的反向因果关系，这会影响区域差距对政府治理质量的估计。考虑到这里测量的治理问题可能会影响地方和中央政府对区域差距的反应（在第二部分中描述的再分配政治类型的背景下），我们应用了基于两阶段 FGLS 的工具变量法。通常情况下，学者在使用面板数据时使用内生变量的滞后值作为工具（Barro，2000；Rodríguez – Pose & Ezcurra，2010）。我们将区域差距数据作为工具变量，在取其滞后值时，在检验中受到时期相对稳定性的影响。①

同样的稳定性使我们将国家面积（对数形式）用作衡量区域差距的工具。国家面积满足 Murray（2006）提出的选择工具变量的三个条件。首先，它与我们估计的范围内的残差项不相关，这意味着国家面积本身不应受到政府治理质量的影响：我们选取的政府治理质量指标是在 1996～2005 年，我们认为这段时间太短以至于政府治理行为很难对我们的样本产生影响。其次，国家面积应该与区域差距相关：这种相关性——我们所选择的工具的强度——在我们第一部分中关于国家面积区域差距衡量和所有的控制变量回归的 F 统计量中得到证实［通常远高于 10，这是 Staiger 和 Stock（1997）推荐的临界值］。最后，有必要说明国家面积有可能通过其他因素影响政府治理质量（排除限制）。一是权力分散的程度，这就解释了为什么一些学者将国家面积作为财政分权的一个工具变量（Enikolopov 和 Zhuravskaya，2007）。我们通过控制财政和政治权力下放的回归来最小化这个问题。Olsson 和 Hansson（2011）提出了另外两个因素，通过这些因素，农村可以影响政府治理质量，因此可能违反排除限制。第一个被他们称为"广播效应"，它认为政府治理质量是一种从首都扩散到全国其他地区的公共产品，因此在较大的国家的外围地区可能会较低。二是所谓的"寻租/开放效应"，认为较大的国家往往拥有更多的自然资源，较少依赖国际贸易，从而增加了租金的可得性，减少了政府的竞争压力，损害了政府治理的质量。然而，正如这些作者所解释的那样，这两种影响可能与欠发达国家或专制国家相关，事实上符合这一特征的国家在之前大多都是殖民地。因此，我们不希望这些因素在我们的国家样本中产生很大影响。②

5　实证结果

表 2 给出了模型 1 的 FGLS 估计值。结果清楚地表明，区域差距与政府治理质量之间存在负相关关系，这在控制变量的包含与政府治理质量的不同衡量方法以及上文提到的区域差

---

① 这可能是为什么当使用滞后值作为工具时，我们的结果不会改变。

② 尽管如此，我们还在工具变量回归中包含这些因素的代理变量作为额外的稳健性检验。请注意，"寻租/开放效应"已经部分地通过将开放纳入控制变量说明了。为了解释自然资源的影响，我们列入了衡量燃料出口占 GDP 比例的变量。考虑到扩散效应我们使用了两个变量：第一个是海拔的标准差（以对数形式表示），由于"山的存在自然阻碍了广播的能力"（Olsson & Hansson，2011）；第二个是该国不间断民主的总年份，因为民主经历时间越长，民主规范和实践越有可能在全国扎根（Sandholtz & Koetzle，2000）。本文中报告的工具变量估计值中的区域差距的经济影响和统计显著性得到保持（可根据要求提供结果）。

距指标上都是稳健的。根据表2中报告的所有回归的平均影响，区域差距规模增加一个标准差将导致政府治理质量降低WGI指标标准差的28%左右。这一发现与区域差距可能为资源地域分配的再分配冲突创造了条件的结论是一致的，结果就降低了政府治理水平。

表2 区域差异和政府治理可行广义最小二乘法（FGLS）

政府质量变量	(1) WGI	(2) ICRG	(3) WGI	(4) ICRG	(5) WGI	(6) ICRG	(7) WGI	(8) ICRG	(9) WGI	(10) ICRG
区域差异（A）	−1.183 (0.188)***	−3.027 (0.450)***								
区域差异（B）			−1.544 (0.224)***	−2.992 (0.607)***						
区域差异（C）					−5.830 (0.772)***	−12.385 (2.005)***				
区域差异（D）							−0.687 (0.190)***	−1.163 (0.411)***		
区域差异（E）									−0.312 (0.141)**	−1.107 (0.235)***
人均GDP	0.642 (0.074)***	0.099 (0.163)	0.626 (0.073)***	0.203 (0.186)	0.509 (0.080)***	−0.097 (0.194)	0.730 (0.074)***	0.428 (0.157)***	0.553 (0.220)**	0.134 (0.336)
政府规模	0.869 (0.147)***	1.759 (0.312)***	0.876 (0.145)***	1.629 (0.361)***	0.657 (0.155)***	1.284 (0.357)***	1.016 (0.159)***	1.866 (0.359)***	−0.035 (0.347)	−0.221 (0.514)
财政分权	0.677 (0.162)***	0.982 (0.280)***	0.763 (0.160)***	1.189 (0.308)***	0.737 (0.165)***	1.378 (0.287)***	0.817 (0.164)***	1.591 (0.312)***	1.346 (0.310)***	1.549 (0.458)***
政治分权	−0.343 (0.183)*	−0.377 (0.185)**	−0.308 (0.169)*	−0.616 (0.219)***	−0.326 (0.170)**	−0.590 (0.202)***	−0.461 (0.195)**	−0.847 (0.232)***	−0.531 (0.180)***	−0.718 (0.271)***
开放性	0.085 (0.060)	0.026 (0.120)	0.069 (0.059)	0.095 (0.130)	0.082 (0.058)	−0.048 (0.123)	0.240 (0.059)***	0.005 (0.124)	−0.062 (0.123)	0.194 (0.181)
转型经济	−0.280 (0.131)**	0.030 (0.148)	−0.302 (0.121)**	−0.155 (0.175)	−0.383 (0.120)***	−0.285 (0.170)*	−0.283 (0.139)**	0.022 (0.179)	−0.406 (0.196)**	−0.763 (0.297)**
民族分割	−0.849 (0.572)	−1.062 (0.611)*	−0.816 (0.528)	−1.400 (0.682)**	−0.560 (0.528)	−1.318 (0.636)**	−0.734 (0.570)	−1.494 (0.752)**	−0.560 (0.555)	−2.457 (0.811)***
调整的 R^2	0.61	0.58	0.63	0.5	0.59	0.54	0.53	0.46	0.74	0.59
国家数量	22	22	22	22	22	22	22	22	16	16
观察值	212	212	212	212	212	212	211	211	107	107

注：①括号中数据表示标准差。***表示1%的显著性，**表示5%的显著性，*表示1%的显著性。②（A），PW−CV；（B），PW−LOG；（C），THEIL；（D），CV；（E），PW−CV−UNEMP。

令人欣慰的是，控制变量的估计效果与理论先验和之前的实证研究都是一致的。政府治理质量与人均GDP呈正相关关系，自La Porta（1999）以来，许多学者已经证实了这一点。① 我们的研究结果清晰地支持了我们的观点：被赋予更优质资源的政府（或者说更大的公共部门）会比资源相对匮乏的政府（更小规模的公共部门）表现更好（Montinola 和 Jackman，2002）。一方面，财政分权有利于提高政府治理质量，这一发现在以前的研究中都可以找到支持的依据（Fisman 和 Gatti，2002；Fan 等，2009）。另一方面，我们发现政治分权有利于降低政府治理质量，现实中有证据就很好地支持了这个观点，某些地方选举就增加了因被特殊利益集团操纵而导致政府效率受损的风险（Kyriacou & Roca – Sagalés，2011b）。在一些属于苏联的国家，政府的治理质量比较低，它们继承了一个专断而低效的国有部门的遗产。与 Alesina 和 Zhuravskaya（2011）的结果一致，我们也发现民族分割对政府治理质量会产生负面影响，尽管我们的研究结果不如他们的结果稳健。②

政府治理质量与区域差距之间的负相关关系对增加可能混淆的解释变量是稳健的，这一事实有助于支持我们的基本观点。但是由于反向因果关系的存在，它并没有解决可能导致的内生性偏误问题。基于这一目标，表3是我们使用两阶段FGLS方法来度量与国家面积间区域差距的结果。结果在很大程度上证实了区域差距对政府治理质量产生不利影响的观点。区域差距对政府治理质量的估计影响的显著增加意味着FGLS估计值是向下偏的。这反过来又证明了政府治理质量对区域差距存在负面反馈效应（更多的是政府治理质量降低了区域差距）。现在，基于表3回归的平均影响，增加区域差距大小一单位标准差会使政府治理能力降低一个相应治理指标的一单位标准差。

表3　区域差异和政府治理两阶段可行广义最小二乘法（TS – FGLS）

政府质量变量	(1) WGI	(2) ICRG	(3) WGI	(4) ICRG	(5) WGI	(6) ICRG	(7) WGI	(8) ICRG	(9) WGI	(10) ICRG
区域差异（A）	– 4.695 (1.763) ***	– 7.318 (3.169) **								
区域差异（B）			– 8.135 (3.883) **	– 13.022 (4.648) ***						
区域差异（C）					– 19.180 (6.347) ***	– 20.132 (10.288) *				

① 人均GDP的影响应该谨慎解释，因为政府的质量也可能会对一个国家的发展水平产生积极影响。这种反向因果关系的存在往往会使人均GDP对政府治理质量的估计影响上升。

② 一种解释可能是因为选取的样本量不同（他们有77个民主国家）。另一种解释可能是他们没有控制区域差距。当我们将区域差距的度量从表2中的回归中删除时，我们发现民族隔离与政府治理质量之间有强烈的负相关关系，它的经济影响增加了两倍。我们认为，他们的结果可能部分是由于区域不平等指标的缺失而导致的。换句话说，种族隔离可能会以我们所提议的方式，在不同地区的政府质量上产生显著的收入差异。Kyriacou（2012）证实了在 Alesina 和 Zhuravskaya（2011）中存在的遗漏变量偏差，这是由于区域差异的缺失造成的。

续表

政府质量变量	(1) WGI	(2) ICRG	(3) WGI	(4) ICRG	(5) WGI	(6) ICRG	(7) WGI	(8) ICRG	(9) WGI	(10) ICRG
区域差异（D）							−3.368 (0.754)***	−3.066 (1.277)**		
区域差异（E）									3.017 (6.736)	−2.820 (2.903)
人均GDP	0.170 (0.285)	−0.431 (0.547)	−0.124 (0.531)	−0.954 (0.668)	−0.122 (0.291)	−0.437 (0.508)	0.609 (0.084)***	0.224 (0.188)	1.181 (1.429)	−0.202 (0.662)
政府规模	0.641 (0.305)**	1.580 (0.463)***	0.528 (0.443)	1.268 (0.710)*	0.189 (0.341)	1.183 (0.539)**	1.203 (0.180)***	1.886 (0.375)***	−0.474 (1.027)	−0.386 (0.601)
财政分权	−0.218 (0.427)	−0.416 (0.757)	−0.634 (0.692)	−1.111 (0.859)	0.423 (0.264)	0.992 (0.528)*	0.244 (0.270)	1.269 (0.420)***	1.690 (0.484)***	1.410 (0.530)***
政治分权	0.258 (0.373)	0.313 (0.509)	0.622 (0.624)	0.766 (0.788)	0.128 (0.267)	−0.280 (0.408)	0.382 (0.306)	−0.379 (0.376)	−1.386 (1.761)	−0.220 (0.884)
开放性	0.292 (0.153)*	0.272 (0.367)	0.348 (0.241)	0.289 (0.421)	0.231 (0.099)**	0.031 (0.247)	0.448 (0.089)***	0.214 (0.194)	−0.306 (0.571)	0.261 (0.212)
转型经济	−0.167 (0.203)	0.082 (0.239)	−0.288 (0.297)	−0.346 (0.420)	−0.429 (0.137)***	−0.361 (0.255)	0.138 (0.187)	0.213 (0.204)	0.126 (1.135)	−0.986 (0.482)**
民族分割	1.454 (1.160)	0.421 (1.500)	1.933 (1.818)	0.832 (2.163)	0.631 (0.630)	−0.973 (0.932)	1.373 (0.806)	−0.329 (0.971)	−0.796 (0.564)	−2.546 (0.819)***
调整的 R^2	0.2	0.4	0.4	0.1	0.46	0.48	0.29	0.47	0.63	0.35
国家数量	22	22	22	22	22	22	22	22	16	16
观察值	212	212	212	212	212	212	211	211	107	107

注：①括号中数据表示标准差。***表示1%的显著性，**表示5%的显著性，*表示1%的显著性。②（A），PW−CV；（B），PW−LOG；（C），THEIL；（D），CV；（E），PW−CV−UNEMP。

6 结论

以前的学者已经探讨了地理因素对制度质量的影响，重点讨论了气候条件、人口密度、热带疾病造成的死亡率、自然资源丰富或运输成本的重要性。区域差距是与上面列出的变量不同的地理或空间的变量，它可能是体制安排的内生因素。在本文中，我们探讨了区域差距与治理之间的联系。我们假设较高的区域差距增加了地域再分配的显著性，结果

使政治活动偏离了旨在提高政府治理质量的政策。换句话说，区域差距可能会导致再分配冲突，降低政府治理水平。我们使用 OECD 22 个国家 1996～2005 年的相关数据得到的实证结果支持了我们的基本观点，即使在考虑到政府治理质量本身可能影响不同国家间区域差距水平之后上述观点仍然成立。

四、区域经济研究方法

题目： 空间方法

来源：《区域和城市经济学手册》2015年第5卷，第115－168页

作者： 史蒂夫·吉本斯，亨利·G.奥弗曼，埃莱诺拉·帕塔奇尼

原文摘要： This chapter is concerned with methods for analyzing spatial data. After initial discussion of the nature of spatial data, including the concept of randomness, we focus most of our attention on linear regression models that involve interactions between agents across space. The introduction of spatial variables into standard linear regression provides a flexible way of characterizing these interactions, but complicates both interpretation and estimation of parameters of interest. The estimation of these models leads to three fundamental challenges: the "reflection problem," the presence of omitted variables, and problems caused by sorting. We consider possible solutions to these problems, with a particular focus on restrictions on the nature of interactions. We show that similar assumptions are implicit in the empirical strategies—fixed effects or spatial differencing—used to address these problems in reduced form estimation. These general lessons carry over to the policy evaluation literature.

关键词： Spatial Analysis; Spatial Econometrics; Neighborhood Effects; Agglomeration; Weights Matrix

原文译文：

摘要： 本文涉及空间数据分析方法。在初步讨论了空间数据的性质和随机性概念后，将大部分注意力集中在线性变量如何纳入交互作用的标准线性回归模型，这种模型包括交互项，交互项的加入可以更灵活地反映出交互作用，却使得参数估计和模型解释更复杂。对这些模型进行估计面临三个基本挑战：反向因果问题、遗漏变量的存在和排序效应引起的问题。本文考虑了这些问题可能的解决方案，并特别关注交互项加入的条件。研究表明，在经验研究中隐含着类似的假设，即固定效应或空间差分被用来解决简化模型估计中存在的这些问题。政策评估相关文献采用了这些一般性的做法。

关键词： 空间分析；空间计量；邻近效应；聚集；权重矩阵

1 简介

本文提出区位非随机性相关的问题，包括：为什么个人和企业在地理上集中于密集（城市）地区？集聚如何影响结果，这又如何解释为什么一些城市比其他城市表现更好？

特定工业部门的企业在多大程度上地理集中？为什么这种聚类会发生，这又如何影响企业产出？城市内的贫困空间集中是个体结果的表现还是决定因素？位置是否决定个人、公司和其他组织，包括政府之间的相互作用，如果是，这对了解社会经济有什么帮助？

原则上可以区分非随机产生的不同原因以及做到这一点在实际中所需要的信息。重要的是区分两大类相互作用的结构类型。一个类型是一群个人或公司可能会共同影响的场景，但这里有两个问题：第一，当评价企业或个人作为其组的平均行为的函数做决定的倾向时，一个内生性的独特类型出现了。即使在全部决定行为的外部特征都不可得的情况下，组平均正相关性也经常被错误地解释为内生的社会互动。即使在组赋值随机的情况下，这个问题仍然是普遍存在的。第二，在做决定时，个人可能只受到一些（而不是全部）邻居的影响。如果可以详细说明这个不完整的相互作用体系的细节，就避免了反射问题。实际上，这就是识别困难的解决办法。在空间计量经济学文献中习惯性地（隐含地和人为地）变为施加标准的、专设的空间权重矩阵（例如，骗子/赌棍或者女王的邻近性）。在实践中，拥有的关于互动的真实结构的详细信息有限——特别是在可能感兴趣的共同空间相互作用方面。不同原因下的区分困难更加明显，在作者不知道解释结果的所有相关个体因素或相互影响，不了解相互作用的结构，以及相互作用是否是内生决定的（即个别作用者决定了谁受影响，而不仅仅是他们怎么被影响）情况下，Gibbons 和 Overman（2012）提出了一个简化类型，关注找到引起变动的可靠的外部根源，以便使因果过程的识别起作用。

本章的组织结构如下：作者在第二部分中提出了有关空间数据建模的一些基本直觉，并在第三部分进行了更多的讨论，集中关注具有空间效应的线性回归模型，这一部分还考虑了空间和社会互动之间的区别。在第四部分中，作者考虑了可观测数据识别和估计的有关问题，特别关注空间相互作用的存在如何可能使简化型识别方法复杂化。另外一种准实验情境下的替代方法是采用一种实验的方法，其中，研究者使用随机化来提供外生的变化来源。这种方法与处理效应的估计特别相关。第五部分将考虑空间相互作用下的处理效应的估计。第六部分为总结。

2　空间数据中的非随机性

这一部分主要提出了有关空间数据建模的一些基本直觉。

利用图 1，作者显示了一组典型的空间数据，引入基本的识别问题。其画出了两个观察组的位置示意图。组成员通过使用不同的符号来识别——空心点表示组 1 的成员，实心点表示组 2 的成员。在左侧面板中，所有观察的位置是随机决定的，而在右侧面板是非随意决定的（固定点代表南、西，空心点代表北、东）。

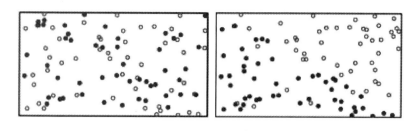

图1　随机性与非随机性

　　考虑非随机位置的可能原因以及非随机位置的后果反馈到位置决策的方式，让作者思考到摆在面前的困难的一些想法。例如，假设图1中的点代表公司或工人，而颜色代表不同类型的经济活动。图1右侧面板中的非随机模式可以表现为几种形式。第一，企业可能被随机分配到空间里，但是一些位置的特征会随着空间变化并影响结果。作者可能会想到在空间随机分布的农民，他们生产的作物种类是由以基础土壤类型和生育力为基础的位置差异所驱动的。[1]　第二，位置可能对结果没有因果影响，但结果可能跟空间相关，因为异质个人或公司在空间非随机分配。作者可能认为受过高等教育的研发者在一个区域，而受教育程度较低的工人聚集在另一个地区组装已制成的产品[2]。第三，个人或公司可能被随机分配到空间，但是它们相互作用，因此一个作用者的决定会影响其他作用者。作者可以考虑学生选择不同的大学专业，每个学生的选择都会影响他们同学的选择[3]。同样地，在R&D方面，知识可能会在邻近的科学家之间溢出，所以决定在某个领域进行研究或发明人的专利注册在空间中成体系地变化（如点的颜色所示）。第四，个人或者公司可能在空间中被非随机地分配，附近人的特征直接影响到个人的结局。例如，在受过教育的、就业的和成功的邻居中成长可能有益于提高儿童对生活机会的期望，这可能直接影响他们自己的教育结果，并通过教育结果影响就业结果[4]。

　　理解非随机的起因要求作者辨别一个或多个非随机偏离的非随机性的四个起因。在实证的情况下，情况进一步复杂，因为作者可能不会观察到决定结果的所有个别因素。这使得区分非随机性的不同起因更加困难。这为非随机性增加了一个潜在的解释——个体似乎是随机性地定位、可见的，但实际上是不可观察的特征非随机地确定结果。

---

　　① Holmes 和 Lee（2012）试图区分土壤特性还是经济密度解释了北达科他州的作物选择。

　　② 例如 Ellison 和 Glaeser（1997）考虑"自然优势"解释工业活动地理集中的作用。他们对自然优势的广泛定义允许资源（例如煤）、要素禀赋（例如有技术的工人）和密度的作用影响地理集中。也就是说，他们评估第一、第二和第四个因素（在作者的目录中）在确定经济活动部门方面的作用。

　　③ 参见 Sacerdote（2001）和 DeGiorgi 等（2010）。

　　④ 关于童年邻里效应的大量文献考虑到这种可能性：例如，Aaronson（1998）、Patacchini 和 Zenou（2012）以及 Gibbons 等（2013）。

3 空间模型

这一部分考虑了需要什么信息才能够区分非随机性的不同起因，构建了一个标准线性回归模型。

$$y_i = x'_i \gamma + \varepsilon_i \tag{1}$$

其中，y_i 是结果，如（企业）产出或（个人）收入，x_i 是特征向量，如（企业的）资本、劳动和物质投入或（个人的）教育、年龄、性别等，它确定结果并可在可得数据中观察到。影响结果的不可观察特征由 ε_i 表示。

通过添加新的项来修改方程（1），它反映个体选择或结果 y_i 不仅可以受到个体 i 特征的影响，而且还受其他个体的选择、结果和特征的影响，而其他个体与个体 i 及其位置 s_i 的其他特征相互作用。作者认为空间格局主要通过两个渠道产生：①区域特征对个体的影响发生在确定个体习得的特征和通过对跨越空间的已经异质的个体进行分类方面；②相邻个体之间的相互作用。基于一般等式（1），本文构建了下面一个几乎涵盖了所有研究人员试图用线性回归做的事情的框架：

$$y_i = x'_i \gamma + m_y (y, s)_i \beta + m_x (x, s)'_i \theta + m_z (z, s)'_i \delta + m_v (v, s)_i \lambda + \varepsilon_i \tag{2}$$

对于在位置 s_i 处变量的一组观察，"空间"变量 $m. (\cdot s)_i$ 通常是相邻位置中观测值的线性组合，与标量空间或组权重序列 $g_{ij} (s_i, s_j)$，其取决于在相应位置 s_i 和 s_j 处的观察之间的距离（或互连程度的某种其他度量）。定义：

$$m_x(x, s_i) = \sum_{j=1}^{M} g_{ij}(s_i, s_j) \cdot x_j = G_{xi} x \tag{3}$$

其中，G_{xi} 是与位置 s_i 相关的权重集合的 $1 \times M$ 行向量，并且向量 x 是位置 s_1，s_2，…，s_M 的 $M \times 1$ 列向量。有时，对于所有观察 i，使用矩阵符号是更方便的，其中 G 是 $N \times M$ 矩阵，所以

$$m_x (x, s) = G_x x \tag{4}$$

对于 z，y 和 v 情况类似。注意，在空间变量是通过对要估计式（2）的 N 个体进行聚合而创建的情况下，$N = M$。使用式（4）和类似 y、x 和 v 的表达式，式（2）变为：

$$y = X\gamma + G_y y\beta + G_x X\theta + G_z Z\delta + G_v v\lambda + \varepsilon \tag{5}$$

这种符号在空间计量经济学文献中是受欢迎的，其中权重矩阵通常使用 W 而不是 G 来指定，假设在变量之间是共同的（所以 $W_y = W_x = W_z = W_v$），W_y、W_x、W_z 和 W_v 被称为"空间滞后"。

在社会互动文献中的结构模型类似于方程（2）

$$y_i = x'_i \gamma + E (y | G_i) \beta + E (x | G_i)' \theta + E (z | G_i)' \delta + E (v | G_i)' \lambda + \varepsilon_i \tag{6}$$

作者构建了一个块状分组结构的 G，针对这个 G 最基本的结构，提出了其三个不同的模型，提供了一种相当灵活的构造空间加权变量的方法。其他常见结构，包括 G 结构的非详尽列表基础有：

- 基于相互作用发生的固定距离阈值选择的"缓冲区"。
- 最优接触还是中军接触（对于具有两个及以上维度的地理区域），两者之间的区别在于是否把顶点接触区域视为邻近区域，或者仅仅将共享边界的区域视为邻近的。
- 逆距离权重。
- 沿某些网络的连接方法。

为了产生平均值，G 矩阵必须像上述示例中那样进行行归一化，使得任何行中的权重总和为 1。也就是说，对应于位置 s 的观察的空间权重，加权向量是：

$$G_i = 1/\sum_{j=1}^{M} g_{ij}(s_i, s_j) \times [g_{i1}(s_i, s_1) g_{i2}(s_i, s_2) \cdots g_{iN}(s_i, s_N)]$$

而对于聚合，权重向量是简单的：

$$G_i = [g_{i1}(s_i, s_1) g_{i2}(s_i, s_2) \cdots g_{iN}(s_i, s_N)]$$

4 识别

处理空间数据的所有研究人员必须面对方程（2）的识别和检验挑战。这些挑战是：（a）所谓的反射问题；（b）存在相关的不可观察物或常见的冲击；（c）排序——也就是存在与位置决定和结果相关的遗漏变量。问题（a）发生在目标是估计 β（即群体结果或个体结果行为的影响）与 θ 不同（即群体特征的影响）时，问题（b）和（c）可能无论作者估计的模型是否有内生相互作用都会出现。

作者考虑了反射问题的三种可能的解决方案——使用函数形式、施加排除限制，以及使用不完整的相互作用矩阵，如 GG ≠ G。特别是最后的这个，在最近的社会互动文献——焦点是网络数据的同侪效应的识别和估计中受到相当大的关注。

作者将这些不可观察值定义为 u = G_v vλ + ε。假设这些与可观察特征 x 和 z 不相关，也就是说，没有排序和没有遗漏空间变量（下文回答该问题）。使用 u 的这个定义，将等式（5）写为

$$y = X\gamma + G_y y\beta + G_x X\theta + G_z Z\delta + \mu \tag{7}$$

左乘 G_y 得到

$$G_y y = G_y X\gamma + G_y G_y y\beta + G_y G_x X\theta + G_y G_z Z\delta + G_y \mu \tag{8}$$

在大多数情况下，将"排序"理解为组成员关系是内生的情况更好。也就是说，由于 $G_x x$、$G_z z$ 和 $G_v v$ 是内生的，所以产生 $G_x x$ 或 $G_z z$ 与 $G_v v$ 之间的相关性。作者拨出这种可能性来考察组成员资格是外生性的（尽管不一定随着时间的推移是固定的）情况，且由于空间上与同一组中的个体相联系的遗漏变量而产生相关性。

假设目的是估计没有内生相互作用的一个技术参数，无论是因为内生相互作用被排除在外，还是因为这被看做具有内生参数模型的简化形式。作者的注意力限定在空间相互作用上，其可由一组空间权重矩阵来表示：

$$y = X\gamma + G_x X\theta + G_z Z\delta + G_v v\lambda + \varepsilon \tag{9}$$

用标准非实验方法估计方程（9）是在某些程度上涉及用一种"排除"$G_v v$ 出的方式转换估计方程，使其不再进入估计方程来讨论解决。

如果$G_y = G_x = G_z = G_v = G$ 已知且网络不完整，则G^2X、G^3X、G^2Z、G^3Z……继续为G_y 提供有效的工具变量。作者指出，若愿意假设在这些不可观察维度上的个体之间的互连最好由对称和幂等的互连矩阵G_v 来描述，那么这些不可观察量可以使用标准差分/固定效应方法排除。如果作者希望估计空间解释变量$G_x X$、$G_z Z$ 的系数，作者必须进一步假设形成解释变量（即G_x 和G_z）空间均值或组层面的个体之间的相互作用必须与G_v 不同。如果这个假设成立，空间差异/固定效应设计消除了空间相关的不可观测量，但并没有消除空间解释变量。这些假设都不足以允许估计$G_y y$。如果想估计$G_y y$ 的系数，那么必须假设一个已知的不完全相互作用矩阵。这解决了反射问题，并且允许估计$G_y y$ 而不是$G_x X$ 或$G_z Z$（以结构或简化形式）的系数。尽管如此，在不考虑空间关系作用的情况下，通过可能不会立即显著的渠道，不可观测变量和可观测变量的相互关系出现。

下文允许组成员关系是内生的，以便$G_x X$ 和带有$u = G_v v\lambda + \varepsilon$ 的$G_z Z$ 之间的相关性起源于组成员关系相关的个体层面决策。作者介绍了城市经济学文献、网络文献计量经济学的一些计算方法。城市经济学文献的一种方法是在跨位置随机分配不存在的情况下达到目的，另一种方法是对位置问题施加更多的结构。网络文献计量经济学采用三种估计技术的方法论：第一种方法是采用参数建模假设和贝叶斯推理方法，是一种计算型密集方法，其网络形成和结果方程是预计连带的（Goldsmith – Pinkham 和 Imbens，2013；Hsieh 和 Lee，2013；Mele，2013；DelBello 等，2014；Patacchini 和 Rainone，2014）。第二种方法是最常用的方法，其中，基于个体决策的选择方程作为模拟结果决策之前的第一步被添加，然后在结果方程式中加入个体层面的选择校正项。估计量的属性是分析派生的。第三种方法是通过使用组级选择校正项来处理可能的网络内生性。组级选择校正项可以被视为组固定效应或可以直接估计。

作者指出，处理空间数据的所有研究人员都面临着基本的识别和评估挑战。空间方法可以提供解决这些挑战的部分方案。对函数形式的限制、对直接决定结果的外生变量的限制以及对相互作用本质的限制可以解决反射问题，并且允许识别相互作用影响。但如果这些限制无效，则识别失败。如果存在与可观测量相关的遗漏变量，则会出现进一步的识别挑战。有或没有内生相互作用，在估计模型时都会出现这些挑战。这些问题（如固定效应、空间差异）的标准解决方案意味着对空间相互作用性质的限制。在空间计量经济学框架内重新制定这些方法使得这些限制明确。如果由于跨越空间的分类（即位置是内生的）而出现了遗漏变量问题，则进一步引起识别问题。在空间计量经济学框架内再分类，特别如产生一个内生相互作用矩阵，有助于澄清这些问题。网络文献和空间计量经济学文献提出了分类问题的一些解决方案，尽管所有这些都需要对决定位置的模型进行进一步的假设和限制。在研究人员不愿施加这些限制的情况下，通常建议使用标准的空间方法（例如，固定效应或空间差异）提供在没有随机分配位置的情况下作者希望的最佳估计。不幸的是，最近的文献怀疑随机分配可以提供的帮助程度。作者现在正式转向这个问题讨论。

5 个人结果（空间）依赖时的处理效应

在这一部分中，作者重新讨论了政策评估文献中使用的框架，其目的是估计一些政策干预的处理（因果）效应[①]。作者考虑明确实验——例如，随机对照试验（RCT）——可被用于克服上述基本识别问题的范围程度。通过考虑不同概念框架内的问题来加强上述直觉。

群簇中，作者考虑了随机化不解决反射问题。假定一个实验，考虑一个实验的设计。该实验可以从标准线性（空间）相互作用模型中识别参数，其中结果 y 由个体特征和结果及观察到的和不可观察的某些参考组的特征（为简单起见，忽略 Z 或假定它归属 X，并且作者抑制常数）确定：

$$y = X\gamma + G_y y\beta + G_x x\theta + u \tag{10}$$

如果每个人是至多一个参考组的成员（即 G 是块对角模型），则 RCT 可以使用现有参考组（由 G 总结）作为处理的随机分配偏差。也就是说，小组而不是个人可以随机地处理。虽然 G 可能是内源性确定的，但组随机化实验可确保 u 与处理状态（至少当有大量可用组时）无关。对实验组的所有成员，在保持一切不变的情况下，作者可以将处理模型化为改变 x_i 的一些元素。假设每个组内都有完整的相互作用（假设 G 是行归一化的），则 $G_y y$ 和 $G_x x$ 在每组内部形成样本平均值。因此，处理直接通过 x_i，间接通过 $G_y y$ 和 $G_x x$ 影响个体。如 Manski（2013）所强调的，并将在下面进一步讨论，这些假设意味着处理响应函数的限制（其表征处理结果如何变化的方式）不是微不足道的。

假设作者只有两组，0 组和 1 组，对组 1 的所有成员进行随机分配，而不是组 0 的成员。作者有

实验组　$E(y\mid 1) = E(x\mid 1)(\gamma + \theta)/(1 - \beta) + E(u\mid 1)/(1 - \beta) \tag{11}$

控制组　$E(y\mid 0) = E(x\mid 0)(\gamma + \theta)/(1 - \beta) + E(u\mid 0)/(1 - \beta) \tag{12}$

其中，给定 $E(x\mid 1) - E(x\mid 0) = 0$，$E(u\mid 1) - E(u\mid 0) = 0$，随机分配意味着 $E(y\mid 1) - E(y\mid 0) = 0$。现在作者将实验组的所有成员暴露于一些已知的处理，通过改变实验组（组 1）的所有成员的 x_i 的一些元素，同时保持其他一切不变，给出 $E(x\mid 1) - E(x\mid 0) = x^*$。这给出了简化型，因果效应模型：

$$E(y\mid 1) - E(y\mid 0) = (E(x\mid 1) - E(x\mid 0))(\gamma + \theta)/(1 - \beta)$$
$$= x^*(\gamma + \theta)/(1 - \beta) \tag{13}$$

一旦放宽了作者迄今施加的处理响应函数的假设，情况将进一步复杂化（即该处理通过 x_i 直接与通过 $G_y y$ 和 $G_x x$ 间接影响个体）。考虑这类问题的文献还处于起步阶段。

---

①　近期出版的著作考虑了处理效应分析对经济问题的应用。早期的调查包括 Angrist 和 Krueger（1999）、Heckman 等（1999），而 Lee（2005）提供了更高级层面的处理。Angrist 和 Pischke（2011）等一大批人提供了进一步的讨论。

作者考虑了随机化和识别问题。作者指出，应用城市经济学文献已经越来越普遍地显示，在没有明确随机化的情况下，空间方法的应用（例如固定效应、空间差异）代表"作者能做得最好"。尽管这可能是正确的，但这一部分表明随机化本身可能不足以解决基本的识别问题，特别是在确定空间计量经济学中内源性邻近效应或 SAR 类别的溢出效应的情况下。即使在研究人员控制组织结构和处理的情况下，与 θ（邻近特征的影响）分离的 β（邻近结果或行为对个体结果的影响）的识别也不是直接的。关于处理响应（即适当的函数形式）的不确定性或团体成员（特别是处理）资格的内生性进一步使问题复杂化，也为对确定简化型处理效应感兴趣的研究人员提出了另外一组挑战。考虑后一问题的新生文献在应用处理效应文献中尚未得到广泛使用。然而，这种新兴文献表明，许多应用工作依赖于处理响应函数的限制，特别是个体的处理响应假设，而这在实践中可能无法保留，也是对于希望在空间环境中开发和应用处理效应方法的人所面临的一个主要挑战。

6 总结

这一章关注空间数据分析方法。在初步讨论了空间数据的性质以及随机性的偏差测量和测试之后，作者将大部分注意力集中在涉及空间作者之间相互作用的线性回归模型。引入空间变量——产生（通常是线性）利用所有位置的信息与一个特定位置相联系的变量的聚集函数——进入标准线性回归提供了表征这些相互作用的灵活方式。引入这些空间变量会使感兴趣的模型参数的解释和估计复杂化。这提出了一个可以忽略这些空间变量并仍然正确地确定某些特定变量对某些结果 y 的影响的问题？然而，通常情况下，模型错误假定——在这种情况下忽略个体相互关联时的相互作用——意味着 OLS 结果可能会产生误导。在某些情况下——例如，当作者对某些政策干预对某些结果的影响感兴趣时，OLS 偏差可能不成问题。在其他情况下，这种偏差将是一个问题。这是考虑如何估计允许空间相互作用模型的一个原因。另一个更实质的原因是，空间相互作用本身可能是感兴趣的对象。

一旦将焦点转移到包含空间变量在内的模型的估计中，研究者面临三个基本挑战，这些挑战在空间情景中特别重要：所谓的反射问题，隐含相互影响（或常见冲击）的遗漏变量的存在，以及分类造成的问题。

在使用观测数据的大多数情景中，反射问题很可能发生，除非作者能够施加进一步的限制。作者考虑三种可能的解决方案，包括对函数形式的限制、（排除）直接决定结果的外生变量的限制，以及对相互作用性质的限制。最后一个解决方案已被广泛应用于空间计量经济学文献中，通过使用保证相互作用不完整的专设空间权重矩阵，作者得到 $GG \neq G$。这种策略最近被应用于社会互动文献中，利用网络联系的架构来构建有效的工具变量，用于内生效应。然而，作者认为，这些限制要求在制度、政策或理论的基础上有周密的理由（或者施加在需要根据识别相关联系的数据偏差上）。这些问题已经在网络和理论空间计量经济学文献中得到认真考虑，但是很多应用工作仍然依赖于通过选择流行的空间权重矩阵施加的专设限制。不幸的是，如果这些限制（无论是仔细证明还是专门施加的）都无效，身份查验就失败了。

对于一些人，特别是在实验主义范式中工作的人，与这些技术相关的信息要求足够深刻，它们可能倾向于简化形式的估计，其中特别侧重于解决排序和遗漏空间变量所产生的问题。然而，正如作者已经看到的，关于G结构的类似假设在经常使用的经验策略——固定效应或空间差异中是隐含的，用于解决这些问题。本章详细讨论了这些假设，结果表明在构造应用微观测量研究时对一般空间形式有更多的使用是有论据的。不幸的是，当遗漏变量的来源是内生排序时，如果不对确定位置的过程施加进一步的假设，就很难取得进展。这一章展示了由政策评估文献反映的这些一般经验教训，这些文献目的是估计一些政策干预的因果影响。特别地，在一般空间模型中确定单独因果参数的成功随机对照试验的要求是严格的。设计假设实验所固有的困难足够强调使用观测数据的研究面临的挑战，并指出随机对照试验解决这些问题的局限性。

尽管利用空间统计学和计量经济学技术回答城市经济学中的相关问题的确是一个有前景的研究途径，但是使用这些技术并不是机械性的。正如本章所讨论的，存在各种各样的挑战和各种可能的解决方案。最终，最合适的模型、识别和估计策略的选择取决于存在空间效应的机制，而不能仅仅基于统计学的考虑。

五、区域经济史与案例分析

题目： 21 世纪的工业复兴：来自美国城市的证据

来源：《区域研究》，2015 年第 51 卷第 3 期，第 404-413 页

作者： 托尔·伯格，卡尔·本尼迪·弗雷

原文摘要： Industrial renewal in the 21st century：Evidence from US cities. Regional Studies. Where and why do new industries emerge? Using revisions of official industrial classifications, this paper documents the appearance of new industries in the US economy between 2000 and 2010 stemming directly from technological advances. Examining differences in new industry creation across cities, this paper shows that new industries mainly emerge in human capital abundant places and cities that specialize in industries that demand similar skills. Instrumental variables estimates that exploit the location of 19th - century land - grant colleges as an instrument for contemporary differences in human capital assigns a causal interpretation to these results.

关键词： Cities；New Industries；Human Capita；Technological Change

原文译文：

摘要： 新兴产业会在哪里兴起，以及为什么会兴起？本文运用修订后的官方产业分类，对 2000 年到 2010 年美国经济中直接源于技术进步的新兴产业进行了研究。通过考察不同城市产生新兴产业的差异，本文研究表明，新兴产业主要出现在人力资本丰富的地区以及专门从事技能需求类似的行业的城市。研究利用 19 世纪赠地学院的位置作为当代人力资本差异的工具变量，并对这些结果进行因果解释。

关键词： 城市；新兴产业；人力资本；技术转变

1　引言

近几十年来，美国经济的技术活力指标有所下降，随着老工业的成熟和衰退，人们越来越关注美国经济创造新工作的能力（Decker 等，2014；Haltiwanger 等，2014）。尤其是职位重新划分和新公司成立的下降趋势引发了关于熊彼特增长是否结束的争论（Gordon，2012）。尽管这些指标能够提供一些信息，但它们往往模糊了由于技术创新而创造新的就业机会和公司的程度。

本文提出了一种新的方法来识别与技术变革相关的新兴产业的创造，它能够捕捉到"创造性破坏"这一由约瑟夫·熊彼特（Schumpeter，1939）提出的关于经济增长的基本事实。通过使用美国人口普查局修订的行业字母索引（包括用于分类受访者行业的约 2.2

万个行业名称），本文系统地识别出了 2000～2010 年首次出现的行业。这样做可以促进关于城市和地区产业分支的研究，这些文献往往将新产业定义为以前在当地并未出现的产业的进入（Boschma 等，2012；Boschma 等，2013；Essletzbichler 等，2013；Frenken 等，2007；Muneepeerakul 等，2013；Neffke 等，2011a），这可能仅仅反映了产业差异化的生命周期模式（Duranton，2007；Duranton 等，2001；Neffke 等，2011b），或长期的工业活动集中趋势（Kim，1995）。本文提出的方法可以被用于考察为什么一些城市能够成功利用 21 世纪的数字化革命重塑自己，而另一些则没能创造新的产业。其基础观点在于新的生产方式和组织方式的改变越来越有助于技术工人，新的产业集聚受益于知识外溢（Desmet & Rossi-Hansberg，2009；Duranton & Puga，2001；Jacobs，1969），本文检验的假设是，新兴产业更可能出现在技术型城市。

使用美国社区调查（ACS）提供的 2010 年 120 万工人的数据显示，新兴产业倾向于雇用比现有产业更多的技术工人，并主要位于受过大学教育的工人供应量高于平均水平的城市。总的来说，新兴产业创造就业机会的幅度惊人地低：2010 年，美国约有 0.5% 的劳动力从事了十年前不存在的行业，尽管各地之间存在较大差异。在像圣何塞（拥有硅谷）这样的高技术城市，约有 1.8% 的员工从事新兴产业，而大急流城则只有 0.2%。图 1 进一步表明了技术充裕对产业复兴的重要性，即 2000 年接受大学教育的工人比例与 2000～2010 年美国各城市新兴产业中的工人比例之间存在显著正相关。

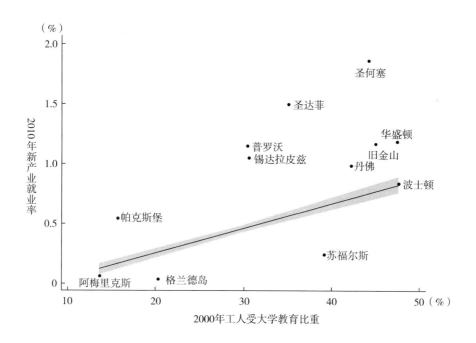

图 1 美国城市的新兴产业和人力资本

注：本图显示 2000～2010 年被创造的新兴产业和被雇用工人的比重与 2000 年各城市用工中本科及以上学历比重（美国 321 个城市），请见正文。

回归结果表明，在使用技术和新兴产业创造等国家内部变量（within – state variation）和替代样本控制一系列城市特征后，这种关系依然存在。此外，考察技术与非技术产业出现之间关系的反事实检验估计值接近于零，并没有统计学显著性，表明这些估计值涵盖了技术与新技术产业创造之间的关系。

虽然人力资本与新产业创造之间的联系机制可能反映出技术型城市能够更好地适应新技术重塑自己（Glaeser & Saiz，2004），但这也可能是因为技术型城市更有创新精神。为了说明"再造"和"创新"假说的相对重要性，本文还考察了新产业由于地方创新而产生的程度，而不是实施在别处发明的新技术。至关重要的是，控制地方创新水平（以专利率来衡量），使人力资本和新产业创造之间的关系保持不变。因此，虽然地方创新与产业更新之间存在着正向联系，但技术与新兴产业之间持续稳健的关系表明，产业复兴主要源自技术工人更能适应技术变革。

为了进一步考察人力资本丰富度与产业复兴之间的因果关系，我们使用了替代的识别策略（Alternative Identification Strategies）。研究表明，在拥有技术工人的城市，在新产业更容易看到具有个体特征的工人。虽然这排除了这种联系仅仅反映了技术型城市和其他地方工人之间可观察性差异的情况，但是它确实排除了由被忽略的城市特征驱动技能禀赋与产业复兴之间关系的可能性。为了解决这个问题，本文采用工具变量（IV）方法，利用1862年联邦莫里尔（Morrill）法案建立的州立学院的地理位置作为控制人力资本暂时性差异的工具（Moretti，2004）。由于这些学院大约是在150年前建立的，并且由联邦拨款支持，而这些拨款主要不是基于经济考虑而分配的，所以州立学院在2000年除了提高当地人力资本水平，不太可能影响新产业的创造。尽管IV估计值小于普通最小二乘法（OLS）估计值，表明图1所示的相关性存在向上倾向，但回归结果反映了本地技能禀赋与工业复兴空间差异之间的因果关系。

本文涉及多篇文献。首先，它和一系列论文共同揭示了教育是城市增长的关键预测因子（Glaeser & Saiz，2004；Glaeser等，1995；Rauch，1993；Shapiro，2006；Simon & Nardinelli，2002），本文的一部分也记录了战后美国各城市人力资本水平差异。例如，在Berry和Glaeser（2005）的模型中，这种差异源自技术型企业家为更多技术工人创造就业机会的创新倾向。本文的研究结果为这一预测提供了相应的经验性结果，表明新兴产业主要在技能型城市出现，在新工作中更容易看到技术型工人。

其次，研究结果与大量关于技术偏向型技术变革的文献有关，表明几乎所有的产业在20世纪七八十年代都曾经雇用受过更多教育的工人（Autor等，1998；Berman等，1994；Machin等，1998）。尽管如此，Beaudry等（2013）记录了过去十年中现有职业和行业对技能需求的下降，这意味着技术变革的方向发生逆转。相比之下，在考察新兴产业的工人时，直接源于新技术的到来，本文发现在整个21世纪的技术变革中，存在技术偏向型技术变革的证据：新兴行业的工人受教育程度大大提高，并且其收入超过美国工资中位数的两倍。但是，由于只有一小部分工人在新兴产业中工作，所以新工作对总体技能需求的影响可能微乎其微。

2　21世纪的新兴产业

2.1　数据来源及其测量方式

数据：行业的字母索引

为系统地把握新兴产业的出现，本文使用美国人口普查局构建和使用的2000年版和2010年版"行业的字母索引"对人口普查报告中的被访者行业进行分类。至关重要的是，每个索引都报告了21000多个细致的行业名称，其在许多情况下直接与产品或服务相对应。通过对普查结果的检查，索引随着时间的推移而不断更新，这使得跟踪新技术如何导致新兴产业的出现成为可能。根据美国人口普查局（http：//www. census. gov/people/io/about/industry. html）数据，这些变化需要识别新职业和行业的"诞生"、其他行业的"死亡"，现有类别的增长和下降以及分析师和其他用户对数据呈现更多细节的期望。

首先，2010年索引中的每个单独名称与2000年版之间进行了字符串匹配，产生了283个2000年首次出现的、独特的行业名称。然而，一些新的名称只是重新分类或现有工业分工的结果。为了分离出由于新技术的出现而出现的产业，我们对283种名称进行了人工审查，并根据其产生的根本原因对其进行了分类。通过人工筛选每个新的名称，将它们与相应的细分行业中的所有标题进行比较，挑出由于重新分类或者旧行业细分而产生的名称并将其排除。类似地，由于进口替代或消费者偏好变化而产生的新名称也被排除。例如，山药生产几十年来一直是尼日利亚的核心产业，而到了2010年它才成为在美国足够重要的产业并建立了名称。最后，从样本中排除公共行业（例如国土安全部）、所有残余名称（Residual Title）（例如汽车或其他）和具有特殊名称的个别公司（例如eBay）。

这样，212个新的行业名称被淘汰，剩下71个与技术进步直接相关的名称。例如，如果没有若干种技术的同步发展，影音串流技术的出现将是不可能的。到了21世纪初，消费者带宽的增加、计算机功能的增强以及互联网的普及，解决了在线播放的主要技术问题。1999年，苹果公司在QuickTime中引入了媒体数据流式传输；而在2002年，Adobe开发了Flash，这种流媒体格式现在依然是YouTube的支柱。以类似的方式，互联网新闻出版商、社交网络服务和互联网视频广播网站与20世纪90年代伴随万维网出现产生的新产业相对应：识别出的新行业中有70%以上与数字技术有关。其他新行业，如风电场和生物技术食品研究，同样反映了技术进步。

2.2　微观层面的数据

为了分析新兴行业工人的特点，将2010年版索引中的行业名称与2010年ACS微观数据样本报告的具体行业进行匹配（Ruggles等，2010）。对于每个行业名称，2010年版索引中还报告了2010年人口普查的行业代码，这使得将行业名称与相应的具体行业进行匹配变得简单。样本仅限于年龄在18~65岁、阿拉斯加和夏威夷以外的个人，他们不住在集体宿舍，并且其行业可以与索引中的数据相匹配。

但是，由于微观数据样本只报告了具体行业代码（例如，行业5591，电子拍卖），并无法观察到新兴行业的真实雇用情况（例如，相应的行业互联网拍卖网站）。相反，根据 Lin（2011）的研究，本文估计了工人在新行业中的雇用概率 n_m，其中 $n_m = v_m/t_m$，即每个细分行业 m 中的新兴行业名称数量（v）除以行业名称总量（t）。虽然这种方法依赖于工人在各个行业中平均分布，违反这一假设会在跨城市的新行业创造比较中产生轻微偏差。

为了检验新产业就业中的空间变化，工人通过 Autor 和 Dorn（2013）的"人行横道"（Crosswalks）被分配到通勤区（Commuting Zones，CZs）。CZs 边界反映了根据县级通勤模式确定的当地劳动力市场（Tolbert & Sizer，1996）。本文的实证分析重点关注了 321 个城市 CZs，CZs 在本文中可以转换成"城市"这一概念。

2.3　新产业创造的决定性因素

2.3.1　实证检验

为了检验美国城市新兴产业创造与技能之间的联系，本文估计了以下形式的 OLS 回归方程：

$$n_{cs} = \alpha + \zeta_s + \delta C_s + Z_{cs}\theta + \varepsilon_{cs} \tag{1}$$

其中，n 表示 2000～2010 年首次出现的工业中的就业人口在城市 c 中的比例；α 是常数；ζ 是一组状态固定效应；C 是 2000 年至少有学士学位的劳动力比例；Z 是控制变量的向量；ε 是一个误差项。

值得关注的是，技能集中反映了一些其他的潜在因素，导致在回归中忽略了变量偏差，在这种情况下，本地技能与新产业创造之间的相关性可能是虚假的。这种担忧有几种表现方式：首先，Z 中包含了许多城市特征来控制可能的遗漏变量：2000 年每个城市人口的对数（log）、2000 年的平均家庭收入、2000～2010 年的收入增长，以及黑人和在国外出生的人口分别所占的比例。此外，为了解决对制造业的历史依赖可能导致一些城市失去彻底改造能力的问题（Glaeser & Saiz，2004），模型对 2000 年从事制造业的 16 岁以上从业工人比例以及 20 世纪 90 年代中国进口产品数量进行了控制（Autor 等，2013）。以下部分更详细地探讨了地方创新的作用、相关产业的集中和大学的存在。

继 Lin（2011）之后，有一种方法是将结果变量替换为在一个新行业中被雇用的概率的个人层次回归的残差，以调整不同城市之间的结构差异（Compositional Differences）。实际上，这需要估计：

$$n_{ics} = \alpha + X'_{ics}\theta + v_{ics} \tag{2}$$

其中，n_{ics} 代表工人 i 在城市 c 中在新行业就业的可能性；X'_{ics} 包括年龄及其平方项、种族、性别、婚姻状况的虚拟变量，一系列主要行业和国家的固定效应以及受教育程度。估计向量 θ 被用来预测在新增行业中工作的工人的残差概率（Residual Probability），相当于剔除了可观察的个人特征后一个工人在一个新行业中就业的可能性。然后使用工人的人口普查权重对每个城市的这些残差进行平均。对于每个城市来说，这样就可以考察剔除了人口统计学、工业专业化或城市间工人的空间排序等结构差异后的新增行业的增加情况。

如果忽略了一些与新兴产业相关的技术工人的选址因素，那么 OLS 估计可能仍然存在偏差。特别是如果技术工人被城市所吸引，比如更有利的当地商业环境，这也可能为创造新的产业做出积极的贡献，OLS 的估计可能会出现向上的偏差。因此，第三种方法利用了数字革命前 150 年美国各城市人力资本变化的历史根源。

2.3.2　工具变量方法：1862 年的赠地大学

城市间教育差异的一个重要预测性因素是大学的存在。但是，正如 Moretti（2004）强调的那样，大学的地理位置是非随机的，不适合作为人力资本差异的工具。因此，工具变量方法利用了 19 世纪初建立的赠地大学的地理位置，将其作为衡量美国城市人力资本水平的一个外生变量。这些学院是根据 1862 年联邦莫里尔法案建立的——这是美国第一个支持高等教育的联邦计划，即向各州捐赠公共土地，旨在筹集建立大学的资金。

虽然一系列复杂的因素决定了每个赠地大学的位置，但很少有证据表明它们的位置是由经济因素决定的，有许多大学是在农村建立的（Edmond，1978；Nevins，1962；Williams，2010）。此外，由于赠地项目是一个多世纪前由联邦政府推出的，并主要集中在农业和机械技术领域，所以除了较高的当代人力资本水平，它们的地理位置也影响到了当今新兴工业的发展。但是，如果赠地大学的存在通过教育以外的其他渠道（如当地公司和大学教职人员之间的互动）或研究溢出效应影响了新兴产业的发展，则可能会违背外生性限制。为了减轻这种担忧，保证外生性成立，对大学的现代衡量标准的规范控制只要求赠地大学的位置与这些控制条件的任何遗漏变量不相关。

2.3.3　主要结论

表 1 给出了从估计方程（1）得到的主要结果，表明在 2000~2010 年，新兴产业就业人数在大学教育程度较高的城市中有所增加。第（1）列显示了 2000 年至少有一个学士学位的劳动力比例与每个城市到 2010 年新工业就业工人的比例之间的双变量相关性（见图 1），这意味着城市大学学历工人比例每上升 1 个标准差（标准偏差），新工业就业人员比例就会增加 0.67 个标准差。加上城市控制变量和一整套国家固定效应后，这一幅度会有所降低〔第（2）列和第（3）列〕，但是在工业复兴中显示出相当大的本地技能效应。

表 1　2000~2010 年美国城市新产业创造与人力资源

	产出：2010 年新产业城市雇用比重					
	（1）	（2）	（3）	（1）	（2）	（3）
2000 年大学学历比重	0.023 ***	0.017 ***	0.019 ***	0.012 ***	0.014 ***	0.018 ***
	(0.002)	(0.003)	(0.004)	(0.003)	(0.004)	(0.003)
2000 年计算机行业比重				0.064 ***		
				(0.018)		

	产出：2010 年新产业城市雇用比重					
	(1)	(2)	(3)	(1)	(2)	(3)
2000～2010 年人均专利					0.044 ** (0.017)	
2000 年人均大学数						2.010 *** (0.521)
城市异质性	No	Yes	Yes	Yes	Yes	Yes
州固定效应	No	No	Yes	Yes	Yes	Yes
观测值	321	321	321	321	320	317
R^2	0.41	0.48	0.61	0.67	0.63	0.63

最新文献显示相关技能的存在对于工业分支（Industrial Branching）至关重要（Klepper, 2002；Neffke & Henning, 2013；Boschma 等，2012），并进一步考察了相关产业的影响。由于大多数新行业都与数字技术相关，因此重点放在与信息技术（IT）行业相关的技能上。当控制 2000 年 IT 行业的劳动力份额［第（4）列］时，人力资本系数略有下降，表明一般人力资本效应部分反映了相关技能的丰富程度。2000 年 IT 行业相关技能的丰富性也是新产业创造的统计显著的预测因素，这意味着这些技能对城市创造新产业的能力非常重要。但是，即使在控制 IT 专业化的情况下，受过大学教育的工人所占的比例对工业复兴也有很大的统计上的显著影响。

从原则上讲，有两种可能的机制可以解释人力资本丰裕度与新产业创造之间的联系。正如杜兰顿（Duranton, 2007）所说的那样，产业可能会因为新的突破性创新而摇身一变，导致产业创新的出现。换句话说，"创新假说"意味着新兴产业的出现反映了技能型城市具备更高比例的本地创新（Carlino 等，2005；Doms 等，2010）。第二种机制与 Glaeser 和 Saiz（2004）的"再造假说"类似，认为技术型城市更容易适应技术进步和自我改造，而不必具备更高的本地创新速度。在过去的一个世纪里，拥有更多人力资本的城市相对于技能水平较低的城市的确增长更快，这为技术充裕能够帮助城市通过适应新技术改造自己的想法提供了支持（例如，Beaudry 等，2010；Glaeser 等，1995, 2012；Henderson & Black, 1999；Simon & Nardinelli, 1996, 2002）。

为了说明"创新"和"再造"假说的相对重要性，第（5）列控制了美国专利和商标局（USPTO）在 2000～2010 年授予每个城市的人均实用专利数量。虽然由于一些创新并未获得专利或者专利有时被用于战略原因，专利可能是创新的一个嘈杂的指标，但 Lin（2011）发现，专利与各个城市的新型产业创造之间存在正相关关系。如果城市人力资本和新兴产业创造之间的关系完全反映了更高层次的地方创新，那么对创新率的控制将把整体效应投射到创新指标上，使人力资本效应接近于零。虽然具有较高专利申请率的、更具创新性的城市更能在新兴产业中创造就业机会，但人力资本和新兴产业创造之间的关系依然存在，尽管幅度略有减少。虽然这不能被看做确凿的证据，但这些结果支持了新兴产业创造主要是由技术工人采用新技术来驱动的解释，而不一定要发明它们，尽管事实上本地专利申请率和新产业创造率之间的正相关为"创新"假说提供了经验支持。

然而，城市之间人力资本水平的差异可能部分反映了大学的存在（2011 年的冬季），这本身可能会影响新兴产业创造的差异，例如研究的溢出效应（Andersson 等，2004，2009）。为了解决这个问题，第（6）列增加了对人均高校数量的控制。虽然大学的存在与新兴产业创造有着正相关关系，但是当地人力资本和新兴产业创造之间的关系在很大程度上不受影响。这些结果与 Fallah、Partridge 和 Rickman（2014）的研究结果形成了鲜明的对比：考察美国各地高科技就业增长的差异，他们发现没有证据表明与靠近包括赠地大学在内的大学能够促进增长。因此，这些研究结果表明，决定现有高科技岗位就业增长的因素不一定是决定新兴工作岗位出现的因素。

接下来的分析将进一步考察生活在一个技术型城市的工人进入新行业的概率是否高于生活在一个技术水平较低的城市的类似工人。表 2 显示了方程（2）的估计结果，其中左侧变量被来自个体层次的回归残差的城市平均值代替，体现了剔除工人特征及一系列产业和国家虚拟变量后工人进入新行业的概率。即使在第一阶段控制了一系列可观察到的工人特征，城市技能水平和新产业创造之间仍然存在正向的统计关系。因此，主要结果不仅仅反映出技术型城市的工人与技术水平较低城市的工人存在可观察的差异。

表 2　处理工人选择

	产出：2010 年新产业居民就业率	
	（1）	（2）
2000 年本科学历比重	0.008 ***	0.010 ***
	（0.002）	（0.003）
城市异质性	No	Yes
州固定效应	Yes	Yes
观测值	321	321
R^2	0.36	0.42

注：OLS 对方程的估计如上，这里是控制了人口、教育和产业而对应了个人水平的回归。统计显著性是误差水平分别在 0.01、0.05 和 0.10 的值上。

稳健性检验表明在加入农村通勤区，剔除异常值，控制历史上对制造业的依赖并使用行业名称的替代定义后回归结果仍然是稳健的。重要的是，一个安慰剂测试检查了技术和新的非技术行业之间的关系，产生一个接近于零的估计值，并没有统计学意义，这减轻了人们对于回归结果反映的只是人力资本和新的行业分类之间的机械联系的担忧。

3 工具变量回归结果

前一部分提出的 OLS 估计可能存在上倾的趋势，这种情况下推动新产业创造的遗漏变量也与城市技术水平相关。为此，表 3 报告了两阶段最小二乘（2SLS）估计，在第一阶段利用每个城市到最近的 1862 年赠地大学的距离来预测城市教育差异。面板 A 记录了第一阶段的关系，表明在更接近历史上赠地学院的城市中，有更多劳动力在 2000 年获得了大学学位。正如大量文献所强调的，弱的工具变量可能会导致有偏差的估计（Bound 等，1995；Staiger & Stock，1997；Stock 等，2002），但第一阶段的较大的 F - 统计量在很大程度上减少了这种担忧。

表 3 工具变量估计（2SLS）

	（1）	（2）	（3）
第一阶段（产出：2000 年本科学历）			
与 1862 年赠地大学的距离（ln）	- 2.936*** (0.628)	- 2.556*** (0.445)	- 2.560*** (0.445)
第二阶段（产出：2010 年新产业城市用工比重）			
2000 年本科学历比重	0.014*** (0.005)	0.013** (0.006)	0.018* (0.01)
城市异质性	No	Yes	Yes
州固定效应	Yes	Yes	Yes
控制大学变量	No	No	Yes
观测值	321	321	317
K - P F 统计量	21.9	32.9	16.6

注：第一阶段记录了两个城市到最近的 1862 年土地授予机构的距离（ln）与 2000 年拥有大学学位的劳动力比例之间的负相关关系。第二阶段利用当今城市技能组合变化的这一来源预测 2000～2010 年新产业的创建。统计显著性是误差水平分别在 0.01、0.05 和 0.10 的值上。

面板 B 报告了第二阶段的结果，其中由赠地大学所在位置带来的人力资本变化被用来检验技术对新产业创造的影响。通过比较表 3［第（2）列］中报告的 IV 估计值和相应的 OLS 估计值［表 1 第（3）列］，显然 IV 估计值较小。关于这一差异的一个解释是有一些遗漏变量影响了技术工人的区位选择以及新产业的最新创造，从而导致了 OLS 估计值存在上偏。利用受赠地大学位置影响的人力资本变化变量，可以修正近几十年来变化的这些因素。通过引入人均大学数量，第（3）列直接控制了这样一个事实，即位于历史悠久的赠地大学附近的城市如今也可能更接近大学，这使得第二阶段的估计值略有上升，而不是下降。

总而言之，这一分析表明了技术充裕度对新兴产业创造的因果效应，但同时也表明技术与新产业创造之间的简单相关性可能夸大了这种关系的强度。还有一个经验问题是，赠地大学与当今其他大学在新产业创造中发挥的积极作用可能有所不同。然而，在引入到最近的赠地大学的距离的新兴产业创造回归中，这个变量接近于零，并且在引入城市的大学学历劳动力份额后，这一变量也不具有统计显著性。尽管我们不能完全排除所有与赠地大学的位置相关并且会影响新产业创造的不可观测因素，但 IV 估计表明，历史上具有更多技术型劳动力的城市也是 21 世纪工业复兴更快的城市。

4 结论：城市与新产业创造

本文的核心贡献在于证明了 2000～2010 年首次出现的新产业创造的就业机会与新技术的到来相关。这些数据被用来检验新产业创造的决定因素，表明新兴产业更有可能出现在人力资本丰富的地方和专门从事需求类似技能的行业的城市。

然而，工人转移到新兴行业的规模却非常小：2010 年，美国劳动力中只有 0.5% 的人从事 2000 年不存在的行业。重要的是，本文发现许多 21 世纪初出现的新兴产业源于数字革命，包括在线拍卖、互联网新闻出版商、社交网络服务以及视频和音频流媒体行业。与早期计算机革命的大公司相比，领导数字革命的公司创造的就业机会很少：IBM 和戴尔仍然分别雇用了 431212 人和 108800 人，而 2013 年 Facebook 的雇用人数仅达到 7185 人。因为数字业务只需要有限的资本投资，随着美国经济日益数字化，技术变革带来的就业机会可能会继续停滞。企业和个人如何应对数字技术，是一个值得进一步探索的问题。

第三章　区域经济学学科 2017 年出版图书精选

第一节

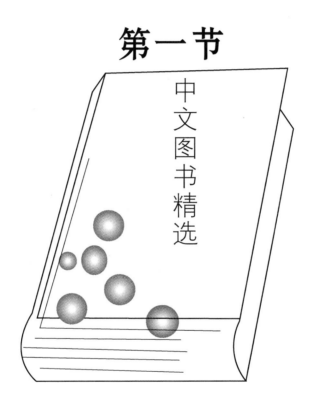

中文图书精选

一、专业教材类

1. 《区域经济学》

作者： 安虎森，孙久文，吴殿廷等

出版社： 高等教育出版社

编者的话：

（1）马工程教材基本代表了中国当前相关学科的先进性和科学性，应该推广使用。教育部长陈宝生曾经说过，马工程重点教材建设是为民族立魂、为人民立命、为万世树绝学、为国家开太平的大事，要以高度的使命感、责任感做好教材的编写、修订工作，为培养担当民族复兴大任的时代新人做出更大贡献。为此，马工程各教材大都聘请了三位或三位以上首席科学家，成立专门的编写委员会，花费数年甚至 10 年时间才编制出版。比如，《区域经济学》教材编委会成员都是来自国内"985"院校的一线教师，特别是三个首席科学家（安虎森、孙久文、吴殿廷），他们原先都编写过区域经济学教材，甚至是国家"十五""十一五"规划教材，目前各高校使用的教材或考研参考书大多是这几位首席科学家主编的。即便如此，这次编写马工程《区域经济学》教材，也花费了七年多的时间，前后召开过全国性的研讨、审查会议就达 10 多次。可以说，这本《区域经济学》凝聚了当前众多国内一流区域经济学家的心血，也包括马工程其他编委的智慧，一定程度上代表了当前区域经济学教学研究的最高水准，其科学性和先进性是有保障的。有鉴于此，无论从文化建设的国家战略高度上讲，还是从区域经济学人才培养的具体任务方面说，马工程《区域经济学》教材都应该得到尊重和使用。

（2）区域经济学是实践性很强的学科，必须紧密结合中国具体实践讲好、学好区域经济学。《区域经济学》的教学目的（目标），是使学生学会用马克思主义基本原理认识区域经济发展规律，掌握区域经济研究方法，为其将来从事相关工作打下一定的经济学基础。经济学本身就是经世致用的科学，包括理论经济学和应用经济学两大门类。区域经济学属于应用经济学，更强调实践性。所以说，区域经济学是一门实践性很强的科学，是从经济学角度研究区域经济发展与区域关系协调的科学，而区域是经济结构基本完整、在国民经济体系中发挥特定作用的地域单元，或者说，区域是地球表层具有社会经济意义（有人类活动）的空间系统。不同位置的区域，处在不同发展阶段的区域，差异明显。就像世界上没有两个完全一样的人一样，地球表层上没有完全一样的区域。所以说，区域运动规律千差万别，区域发展形式多种多样，区域协调发展的途径各有千秋。这就要求区域经济学必须注重个性差别，必须强调实证研究，区域经济学教学必须结合实践。

中国地域广阔，人口众多，区域经济发展实践丰富，为区域经济研究和区域经济学教

学提供了丰富的素材。可以说，世界上还没有哪个国家有如此丰富、复杂的区域经济案例积累，也没有哪个国家有这么多的区域经济研究学者，更没有哪个国家有如此众多的选学区域经济学课程的学生。中国特色的区域经济学，必须结合中国的实践，也只有紧密结合中国实践，才称得上是中国特色的区域经济学。

（3）区域经济学是一门交叉性、综合性的科学，区域经济学教学过程中要注意与相关学科的衔接、协调。研究区域经济发展的不仅只有区域经济学一门学科，地理学中的经济地理学、管理学中的国民经济管理、规划学中的区域规划概论等，也都从不同角度研究区域经济。比如，经济地理学以人类经济活动的地域系统为中心内容，主要研究经济活动的区位、空间组合类型和发展过程。再如产业经济学，以产业为研究对象，主要包括产业结构、产业组织、产业发展、产业布局和产业政策等，探讨以工业化为中心的经济发展中产业之间的关系结构、产业内的企业组织结构变化的规律、经济发展中内在的各种均衡问题等，通过研究为国家制定国民经济发展战略，为制定的产业政策提供经济理论依据。还有发展经济学（Development Economics）——研究经济发展规律、经济发展与社会发展相互关系规律、以经济发展为基础的社会发展规律的经济学，重点研究贫困落后的农业国家或地区如何实现工业化、现代化以摆脱贫困、走向富裕。工业化和城镇化是现代化的车之两轮、鸟之双翼。因此可以说，对于中国广大地区来说，发展经济学与区域经济学都是区域经济发展所必需的科学。所以，很多院校在开设区域经济学的同时，还开设了发展经济学、产业经济学、政府管理学等课程。区域经济学教学过程中，有必要也必须处理好与这些课程的衔接和配合，坚决避免相关内容的简单重复。

（4）区域经济学是关于区域发展的中观科学，既要把握宏观政策，也要注意结合当地实践。经济研究既可以单个经济单位（单个的生产者、单个的消费者、单个市场的经济活动）作为研究对象，分析单个生产者如何将有限的资源分配到各种商品的生产上以取得最大的利润，单个消费者如何将有限的收入分配到各种商品的消费上以获得最大的满足，此乃微观经济学；也可以从整个国民经济的角度来研究一国经济总量的形成、总需求与总供给关系、国民收入总量及构成、货币与财政、人口与就业、要素与禀赋、经济周期与经济增长、经济预期与经济政策、国际贸易与国际经济等宏观经济规律，此乃宏观经济学。区域经济不同于个体经济，而是包括众多个体的行业经济、产业经济，因此与产业经济学有着千丝万缕的联系，甚至可以说，产业经济学的大部分成果，诸如产业结构、产业布局、产业政策等，都可以纳入区域经济学范畴。区域经济也不像国民经济那样完全独立、自成体系，而是有一定的独立性和系统性的空间经济。用系统科学的语言说，区域经济是国民经济宏观巨系统的子系统；同时又是特定地域范围内众多微观个体经济所组成的系统，区域经济属于中观经济。因此可以说，区域经济学是连接宏观经济和微观经济之间的桥梁和纽带。我国改革开放取得如此巨大的经济成就，很大程度上得益于区域经济的异常活跃和各地比较优势的很好发挥。教师要讲好区域经济学、学生要学好区域经济学，就必须做深入的调查研究，就必须结合当地的实践开门办学，甚至可以与当地的发改部门、规划部门联合上好这门课。也要积极创造条件，组织学生参与到当地的区域研

究当中。北京师范大学在开设相关课程的过程中，主讲教师就曾带着学生骑自行车考察北京的西北方向城市圈层结构与景观变化，中关村电子高新技术产业园区的结构变化，以及北京朝阳区酒仙桥街道大山子地区从电子产业集聚区演变为 798 艺术区的历史过程，效果很好。

2. 《经济地理学》（第三版）

作者： 李小建，李国平，曾刚，覃成林，张文忠

出版社： 高等教育出版社

内容简介： 本书追溯 20 世纪以来的经济地理学发展轨迹，提出特点鲜明的逻辑框架，从经济活动的基本单元（企业）入手，研究单企业（单部门、多部门、跨国及全球企业）区位、区域内企业关联及发展区域间经济联系，以及经济全球化，并简要介绍经济地理学研究方法及近年来的经济地理学新进展，突出基本理论并注重与中国实际相结合，是体现国际经济地理学前沿理论和中国特色经济地理学的教材。本书既可作为高等学校地理科学类和经济学类专业本科生教材，也可供有关决策和研究人员参考。

3.《空间经济学》

作者：曾道智，［日］高塚创

出版社：北京大学出版社

内容简介：空间经济学是一门既古老又年轻的学科。早在1826年，冯·杜能（von Thunnen）在《孤立国》一书中描绘了土地利用的圈层结构，指出到集市的距离和运输成本及其引起的级差地租是形成土地利用空间分化的原因。可以说，这是空间经济分析的最早尝试。遗憾的是，杜能的空间经济分析在当时没有引起足够的重视。与杜能同时代的李嘉图在1817年出版的《政治经济学及赋税原理》中提出了级差地租的概念，但级差地租是由土地肥沃度差异引起的，而不是由空间区位的差异引起的，从而把经济学带入了一个没有空间的世界。之后建立起来的经济学理论体系是不承认空间的存在。空间不可能定理（Starrett，1978）也使得空间经济学在相当长的时期内被主流经济学所忽视。空间不可能定理指出，在一个均质空间里，不存在包含运输成本和区域间贸易的竞争均衡。也就是说，完全竞争市场下价格机制无法解释均质空间中集聚的发生。根据空间不可能定理，只有以下几种情形下，才能使得空间"不可能"成为"可能"。一是空间是非均质的，二是不完全竞争市场，三是空间外部性的存在。因此，直到以克鲁格曼（Krugman）、藤田昌久（Masahisa Fujita）等人为代表的新经济地理学者发表了一系列基于规模报酬递增的关于空间的经济学研究成果，才突破了空间不可能定理的束缚，使空间"不可能"成为"可能"，也使得经济学理论回归到含有空间色彩的世界，而克鲁格曼获得诺贝尔经济学奖，标志着空间经济学获得了主流经济学的认可。

空间经济学的标志性研究成果主要有：藤田昌久、克鲁格曼、维纳布尔斯（Venables）合著的《空间经济学》，藤田昌久和雅克—弗朗斯瓦·蒂斯（Jacques – François Thisse）合著的《集聚经济学》。这两本书均已出版了中文版，但这两本书主要是研究性著作，并非真正意义上的教材。荷兰学者布雷克曼、盖瑞森、马瑞维等合著的《地理经济学》（第一版）接近于教材性质，但内容为空间经济学早期研究成果，这几位荷兰作者的《地理经济学》（第二版）尚未出版中文版。部分国内空间经济学者也编著过介绍空间经济学的教材，但主要是相关文献的介绍，原创性和系统性不强，也缺乏空间经济学最新研究成果的介绍。可以说，目前国内尚无一本系统的、全面的空间经济学中文教材。本书有以下几个特点：

第一，原创性。本书作者曾道智和高塚创均为从事空间经济学理论模型研究的著名学者，他们发表了许多空间经济学理论模型的原创性研究成果，这些高水平的原创性研究成果收录在本书中，使得本书的内容具有原创性。

第二，系统性。本书面向空间经济学的入门读者和有一定基础的读者，系统全面地介绍了空间经济学理论的基本知识。全书共分14章，第1章到第12章介绍了空间经济学的基本理论，第13章介绍了空间经济学理论模型的应用，第14章则是空间经济学理论的延伸。在空间经济学基本理论部分，在介绍了新贸易理论诞生的背景、D – S垄断竞争模型的基础上，分别介绍了单要素模型、双要素模型以及中心—外围模型（C – P模型）和准线性模型（OTT 模型）等空间经济学的基本理论模型，然后进一步讨论了劳动力成本变化对分散的影响、城市成本对分散的影响，以及多产业的空间经济和企业间关联的作用等空间经济学理论的扩展。在空间经济学理论模型的应用部分，分别讨论了税收竞争、环境管制、国际贸易与国内区域间差异等相关政策分析的内容。在空间经济学理论的延伸部分，重点介绍了 Melitz 的企业异质性理论等新进展。

第三，前沿性。本书涉及大量空间经济学理论的前沿研究内容，可以把读者带到空间经济学理论的前沿。本书在叙述方式上，既兼顾了空间经济学的思想和思路，同时也没有回避数学公式推导。因为正如作者所言，空间经济学理论基本上运用一般均衡分析，数学公式的使用难以避免。这样就有助于对空间经济学真正感兴趣的读者更加深刻地了解和理解空间经济学的基本理论。

二、论著和报告

1.《谁决定荣衰——产业结构演进与经济增长》

作者：赵儒煜

出版社：经济管理出版社

内容简介：本书探讨了产业结构理论，是对以克拉克法则为代表的传统产业结构理论的证伪尝试。本书总结了美国和中国的产业结构与经济增长关系，以数量分析证伪了克拉克法则的错误，强调了工业部门的主导性和服务部门片面发展的危害性。

从哲学思辨性来看，作者首先以历史唯物主义和辩证唯物主义为指导，借助从第一次工业革命以来的大量反原理案例从科学主义哲学出发，进行理论批判，具有鲜明的方法论特征。其次，作者剖析了传统理论主流倡导者的时代局限性，以及由此导致的长期数据的割裂和选择性处理。批判了克拉克法则在前提上将经济增长默认为"时间函数"的虚设性、在理论逻辑上以劳动力指标分析 GDP 增长的自相矛盾以及对开放经济忽视带来的视野狭隘。最后，鉴于这些逻辑错误被现实中发达国家服务部门比重的上升现实所掩盖——简单而片面的事实成了简单而片面的理论的遮羞布，作者进一步探讨了关于产业结构演进问题中一直困扰人们的陈旧观念：其一，关于"服务业比重高是社会发达标志"的习惯性认识，作者指出这是发达国家静态优势的误导结果，从动态上看，这恰恰是其经济严重衰退时期的基本特征；其二，关于"服务业比重增加的现实证明其自身的正确性"，作者指出这是经济学异化的产物，经济学要研究"应该"如何实现更好的发展问题而不是简单地归纳过去"是"什么并追求现实重复过去。

从理论的严谨性来看，作者不仅完成了批判的使命，也提出了全新的理论框架和假说。在理论前提上，以经济增长率为尺度、以国际产业结构为前提。在指标选择上，产业结构考察从劳动力指标变为 GDP 指标。新的结论则与传统理论迥异：首先，产业结构的长期趋势不是三次产业迭次主导的一次性演进过程，而是在第一产业比重长期下降的同时，第二产业比重则呈现由低到高再低的多次循环发展过程，第三产业也呈现出由高到低再高的多次循环发展过程。其次，在产业结构与经济增长的关系上，一个经济体进入工业化之后，第二产业逐步成为经济增长的主要动力，其比重上升和保持较高水平的时期往往就是经济增长加速或保持较高增长速度的时期；第三产业则恰恰相反。最后，当前仍然处于工业社会之中，而非后工业社会。在此基础上，作者进行了多个国家的实际案例分析及关于中美产业结构与经济增长关系的数量分析，使得其理论体系更具科学性。

2.《大国大城》

作者：陆铭

出版社：上海人民出版社

内容简介：经济学家陆铭教授的《大国大城》关注的是中国当前城乡经济发展中切实存在的现实问题。房价陡升、雾霾遮天、交通拥堵；空巢老人、留守儿童、农民工的窘境……中国的城市化进程刚刚过半，但大城市的病状和乡村的隐痛已经成为人们关注的焦点。限制大城市人口流入，让农民工返乡，问题就能解决吗？不！去往城市，来谈乡愁。作者比较了全球经验，立足本土现状，基于实证，力倡中国发展大城市的重要性。社会问题宜疏不宜堵，只有让市场本身充分发挥对包括劳动力在内的生产要素的调节作用，才能从根本上解决当下棘手的社会问题。政府的功能不是与市场博弈，而是在市场失语的地方，以长远眼光，布局科学的基础设施、提供公共服务供给。《大国大城》将告诉你，只有在聚集中经济发展才能走向均衡，只有以追求人均 GDP 的均衡取代追求区域 GDP 的均衡，才能充分发挥出大国的国家竞争力，并提升全体人民的公共利益。

3.《中国地理国情蓝皮书（2017）》

作者：程鹏飞，刘纪平，董春

出版社：测绘出版社

内容简介：蓝皮书围绕资源、生态、公共服务、区域经济、城市发展等重大国计民生主题，以第一次全国地理国情普查数据为基础，融合社会经济数据，建立科学、可靠的地理国情统计分析方法，形成反映中国地理国情总体状况的指标体系。从地理空间的视角，系统地描述了中国地表自然资源禀赋与利用、地表生态格局、基本公共服务均等化、区域经济发展和城市建设的空间分布整体状况；对比了地域之间差异，在宏观尺度上反映了生态环境与经济发展的关系，以及自然要素与人文要素的耦合程度。

依据地理国情普查数据，蓝皮书的基本公共服务均等化主题选择了基础教育、基本医疗、福利机构服务三类基本公共服务开展研究，着重从公共服务的基础设施与居民居住地空间关系角度分析公共服务设施分布特征、设施配置空间均等性和公平性，对比反映区域、城乡之间公共服务设施均等化差异，了解全国及 31 个省域的基本公共服务基础设施均等化发展水平。

蓝皮书以第一次全国地理国情普查获得的一、二、三级 10 个医院数据（不包括基层医疗卫生机构、专业公共卫生机构、其他医疗卫生机构）为基础，分析从居民居住地到医院的交通距离远近程度，反映城乡居民居住地的就医可达性。

蓝皮书指出，在全国范围内，城乡居民地到最近医院的平均交通距离为 11.49 千米，城镇居住小区到最近医院的平均交通距离为 4.47 千米，行政村到最近医院的平均交通距离为 17.93 千米。从城乡整体看，北京、天津就近医院就医的平均交通距离较小，西藏最大。从城镇角度看，北京的城镇居住小区就近医院就医的平均交通距离最小，湖南最大，是北京平均值的 6 倍多。从乡村角度看，天津的行政村就近医院就医的平均交通距离最小，西藏最大，是天津平均值的 13 倍。

4.《北极区域经济：走向北极的机遇与挑战》

作者： 石敏俊

出版社： 中国人民大学出版社

内容简介： 本书介绍了北极地区经济发展态势和存在问题，以及中国企业参与北极开发的机遇和挑战。全书共分九章。第一章为绪论；第二章至第四章分别介绍了北欧国家北极地区、俄罗斯北极地区、北美国家北极地区经济发展态势、产业结构及人口发展趋势；第五章探讨了北极地区油气资源开发及其对北极区域经济、全球油气市场、中国能源安全的影响和作用；第六章至第八章探讨了北极开发的若干关键问题，主要是空间经济效率、原住民社会发展以及原住民社区的生态和环境影响等；第九章探讨了中国企业参与北极开发的机遇、潜力及注意事项。

5.《中国扶贫开发的战略与政策研究》

作者： 孙久文，林万龙

出版社： 科学出版社

内容简介： 贫困问题是困扰人类的世界性难题，中国在世界范围内消除贫困的长期实践中做出了卓越的贡献。本书梳理了我国扶贫开发的战略与政策，探讨扶贫开发的政策评估与未来政策设计，探究经济增长、收入分配、人口动态变化对扶贫开发的影响机理。本书既涉及中心城镇培育角度，又涉及农村特色农业扶持角度，政策研究既以全国层面为对象，又以甘肃、青海、新疆、西藏、武陵山片区等贫困地区为样本。本书综合了经济学、管理学、社会学等多学科的研究方法与研究成果。

第二节

外文图书精选

一、学科手册

1.《区域与城市经济学手册（第5卷）》

作者：吉尔斯·杜兰顿，约翰·弗农·亨德森，威廉·C. 斯特兰奇（Gilles Duranton, J. Vernon Henderson, William C. Strange）

出版社：北荷兰出版社（North Holland）

内容简介：在方法、集聚以及其他一系列应用问题方面的发展是区域和城市研究的最新前沿。《区域与城市经济学手册（第5卷）》既包括这些前沿，同时也处理传统问题，比如住房、城市的成本和收益以及超越地区不平等的政策。每一章的作者更倾向在本章内将理论与经验相结合，这样做的目的在于将应用经济学的研究引向结构和准实验方法。与第4卷的新经济地理学不同的是，这些文章大多采用了以经济学和社会学科交叉视角来分析前沿问题的一些国际通用方法。其主要贡献有三点：其一，将应用经济学以往模糊处理的"城市内"和"城市间"问题区别开来；其二，大多数章节都是理论与实证研究相结合；其三，进一步推进了对住房问题的研究，尤其是考虑了国内外金融背景。

作者简介：

吉尔斯·杜兰顿作为诺兰达经济和国际贸易主席团主席，曾在巴黎经济学院、普林斯顿大学、哥伦比亚北大学院、里尔大学等任教。他是 CD 豪威研究所、世界银行和经合组织的顾问，同时是北美区域科学理事会主席，并获得了菲利普·勒沃胡姆奖、欧洲投资银行奖和许多研究基金。他担任《城市经济学》杂志的联合主编、经济政策研究中心研究员、空间经济学研究中心研究员、里米尼经济分析中心城市经济协会成员以及宾夕法尼亚城市研究所院士。

约翰·弗农·亨德森是世界知名的城市经济学家之一，曾担任布朗大学城市研究项目主席，并在德里大学、伦敦经济学院、尼泊尔特里布万大学和加拿大女王大学任教。他荣获过古根海姆基金会奖，并当选为国际区域科学协会院士，他与雅克—弗朗索瓦·蒂斯共同编辑了《区域与城市经济学手册（第4卷）》。

威廉·C. 斯特兰奇是《城市经济学》杂志的联合编辑，也是美国房地产和城市经济协会的主席。他曾获得沃尔特·伊萨德区域科学杰出学术成就奖，论文主题涉及很多方面。

2.《SAGE 经济地理学手册》

作者：安德鲁·莱申，罗杰·李，琳达·麦克道尔，彼得·森利

出版社：赛奇出版公司

内容简介：《SAGE 经济地理学手册》是该领域已有大量手册文献的最新成员。毫无疑问，本手册汇集了领域前沿且经验丰富的经济地理学家的一系列观点。本手册共有二十五章，分为八个部分。重心是政治经济学和经济地理学的交叉点，同时也涉及了广泛的主题。从这个角度来看，许多章节（第二至第四部分）涉及全球化进程引起的变革压力，从量化视角组织经济活动。除了政治经济学领域中的这些经典主题外，还有三章（第五部分）涉及自然世界与经济地理学之间的关系。这些章节提到急需增加对环境方面和经济地理关系的研究。通常，这些章节也在很大程度上接近政治经济学方法。随后，考虑到衰退和增长的地理，用三章（第六部分）总结了不均衡的发展。此外，还有一组或多或少的独立章节（第七部分）涉及消费、零售和经济表现、文化产业、性别和工作等各种主题。剩下的两个部分在性质上有些不同，因为它们对特定主题的处理较少，但扩展了本书的广度，以便在经济地理学中使用定量方法和模型进行历史反思和背景化（第一部分）以及批判性审讯，而且对经济地理学中的"经济"进行了重新定义（第八部分）。总而言之，本手册是一个高质量的个人学术观点的集合，是经济地理学领域关键、有说服力且发人深省的著作。

作者简介：

安德鲁·莱申是诺丁汉大学经济地理学教授。他的研究重点是货币和金融地理，特别是金融排斥和包容的地理位置以及金融生态的形成，以及数字技术对音乐经济的影响。出版物主题包括货币/空间：《货币转型的地理》（与 Nigel Thrift 合作，1997），《音乐之地》（与 Dave Matless 和 George Revill 合作，1998），《另类经济空间》（与 Roger Lee 和 Colin Williams 合作，SAGE，2003），《新经济地理》（与 Peter Daniels，Jon Beaverstock 和 Mike Bradshaw 合作，Routledge，2007）。他于 2007 年当选为美国社会科学院院士。

罗杰·李是伦敦玛丽女王大学地理学院地理荣誉教授。他的经济地理研究方向是经济地理学的社会物质建构，特别是关于替代价值体系以及经济地理学中货币的含义和影响。出版物包括《经济地理区域》（与简·威尔斯合作，1997），《替代经济空间》（与安德鲁·雷森和科林·威廉姆斯合作，2003）和《审讯变更：替代经济和政治空间》（与邓肯·富勒和安德鲁·乔纳斯合作，2010）。自 2001 年以来一直担任社会科学院院士。

琳达·麦克道尔目前是牛津大学人文地理学教授和圣约翰学院院士。她的主要研究兴趣是经济结构调整、劳动力市场和家庭中新形式的工作与当代英国性别关系的转变之间的相互联系。她的著作包括《资本文化：城市工作中的性别》（Blackwell，1997），《多余的男子气概？》（Blackwell，2003），《努力工作：拉脱维亚移民"志愿者"工作者的失落之声》（UCL 出版社，2005）和《工作机构》（Wiley‑Blackwell，2009）。她目前正在开展一个关于最近加入大伦敦的欧盟移民的项目，以及一项关于南亚女性参与英国工作场所纠纷的研究。

彼得·森利是南安普顿大学人文地理学教授。他发表了大量关于经济地理学和劳动力空间维度的文章。他的研究重点是劳动组织和福利政策的地理、区域发展、创新和风险投资、设计和创意产业，以及进化经济地理的连续性和变化问题。他经常与罗恩·马丁联合出版一些著作，包括《将工作投入到位》（与 Corinne Nativel 合作，牛津，2003）和《经济地理学中的关键概念》（Routledge，2009）。他最近与 Steven Pinch 和 Suzanne Reimer 一起完成了英国设计机构的地理工作，他目前正在进行一个考察社会企业方面的项目。

3.《经济地理学中的关键概念》

作者：［日］大岛优子·青山，［美］詹姆斯·T.墨菲，［美］苏珊·汉森

出版社：赛奇出版公司

内容简介：该书以23个关键概念为出发点，介绍了经济地理的领域，探讨经济地理如何理解地方的经济过程，包括劳动力、企业、国家、创新、企业家精神、无障碍性、产业区位、产业集群、区域差异、后福特主义、核心外围、全球化、资本循环、全球价值链、文化、性别、机构、嵌入性、网络、知识经济、金融化、消费和可持续发展。这些关键概念贯穿全文，强调历史的连续性和在该领域的演变，以证明当代的主题与早期，甚至是经典作品之间的联系。它还强调了关键的当代问题，以证明经验问题和理论之间的联系。

作者简介：

大岛优子·青山教授获得了加州大学伯克利分校的博士学位。她是一位经济/产业地理学家，研究方向是全球化、产业组织、技术创新和文化经济等。她的研究思路是从制度和比较的角度延伸对全球资本主义的地理理解。其学术贡献在于探索各产业部门和企业如何在美全球化下保持经济独特性（以美、日、西、印度为研究对象）。最近，她的研究转向了经济治理领域，重点是促进社会创新的营利性组织和非营利组织之间的跨领域合作。

大岛优子·青山教授获得了社会科学研究理事会的安倍奖学金、洛克菲勒基金会的贝拉吉奥学术学生奖，以及国家科学基金会、国家地理学会和亚洲研究协会的研究资助。她就职于乔治帕金斯沼泽研究所。

詹姆斯·T.墨菲的研究方向是塑造当代经济地理的结构、影响因素和辨析，并研究了南半球（特别是非洲）的可持续发展和韧性发展。这项工作借鉴了各个领域的概念、理论和认识论，包括经济地理学、发展经济学、社会学、科学技术研究（STS）、城市地理学和可持续发展研究。学界广泛认为，他的研究有助于三个领域的学术研究：第一，工业变革与社会经济发展的关系经济地理学；第二，社会技术系统和可持续性转型的地理位置；第三，创新概念框架、概念的发展和认识论，促进了对社会空间和社会经济现象的理解。此外，自2014年起作为《经济地理》的主编，他参与各种研究，并在发展、促进、扩大和加强该领域方面发挥了重要作用。

苏珊·汉森生于1943年，是美国地理学家。她是克拉克大学地理研究生院的终身教授。她的研究重点是性别和工作、迁徙模式以及女权主义研究方法。汉森于1989年被授予古根海姆奖学金，1991年加入资深美国科学促进会，并于1999年获得了梵克雅纪念奖章（由美国地理学会授予城市地理学领域的学者）。2000年，她成为第一位当选为美国国家科学院和美国艺术与科学院院士的女地理学家。她被美国地理学家协会授予2015年斯坦利·布鲁恩地理创意奖，并于2003年获得终身成就奖。

二、城市经济学

1. 《城市的新科学》

作者：迈克尔·巴蒂（Michael Batty）

出版社：麻省理工学院出版社

内容简介：本书提出了一种新的方法来理解城市，作者迈克尔·巴蒂建议将城市视为由流和网络组成的系统，而不是仅仅视作空间中的地点。同样，作者认为要理解空间，我们必须了解流动，要理解流动，我们必须了解网络，理解构成城市系统的物体之间的关系。借助复杂性科学、社会物理学、城市经济学、交通理论、区域科学和城市地理学，巴蒂在他自己以前的工作基础上介绍了揭示城市运作方式的深层结构的理论和方法。

巴蒂提出了新的城市科学的基础，定义了流量及其网络，并引入了可用于理解城市结构不同方面的工具。他研究了城市的大小、内部顺序、运输路线以及网络位置，介绍了模拟方法，这些模拟的方法既包括简单的随机模型，也包括自下而上的演化模型，还包括加总的土地利用运输模型；然后，他还提出了可以用来预测未来城市的相互作用和流动的模型。这些内容强调了未来研究和规划的理念：城市设计是个集体的行动。

作者简介：

迈克尔·巴蒂是英国的城市规划师和地理学家。他曾担任高级空间分析中心主任，现任主席，1995 年被任命为伦敦大学学院院长。他的研究和 CASA 的工作重点是城市的计算机模型系统。他被授予地区科学协会的 William Alonso 奖。他于 2011 年出版的著作《城市与复杂》一书，第二次获得 2017～2018 年"城市新科学"奖励，2012 年大学联盟地理信息系统研究奖，以及劳瑞特国际歌剧院 Vautrin Lud 奖。2013 年，他被称为"诺贝尔地理学"。2015 年，他被授予皇家地理学会创始人奖章，并于 2016 年获得皇家城市规划研究所（RTPI）金奖。他还于 2016 年 9 月获得了复杂系统学会的高级学者奖。

2. 《新城市危机：城市不平等程度提高、种族隔离深化、中产阶级衰落形成的原因及相应举措》

作者：理查德·佛罗里达（Richard Florida）

出版社：基础图书出版公司

内容简介：20 世纪 60 年代后期以来，城市不再是工业发展、经济增长和文化创新的中心，中产阶级人群以及工作机会开始逃离城市转向郊区，城市逐渐空心化，此为旧的城市危机。近年来，随着受过教育的年轻人以及富有人群涌入城市，城市空心化趋势得以扭转，但新的城市危机逐渐凸显：不平衡程度提高、种族隔离深化、中产阶级衰落等问题出现。本书的目的有三：首先，阐明新危机的关键因素；其次，剖析产生问题的根本原因；最后，概述实现全新的、更具包容性的城市化所需的举措。

作者简介：

理查德·佛罗里达是多伦多大学教授，多伦多大学罗特曼管理学院城市研究所主任，纽约大学夏克房地产研究所杰出研究员。他是《大西洋》的高级编辑、《大西洋城市实验室》的联合创始人和编辑，以及"创意班级小组"的创始人。他曾在俄亥俄州立大学卡内基梅隆分校和乔治梅森大学任教，曾任哈佛、麻省理工学院客座教授，布鲁金斯学会客座研究员。他还获得了罗格斯大学的学士学位和哥伦比亚大学的博士学位。

三、区域政策

1.《经济地理与公共政策》

作者：理查德·巴尔德温，里卡德·弗斯里德，菲利普·马丁，吉安马若科·I. P.
奥塔维阿诺，弗雷德里克·罗伯特—尼科德

出版社：普林斯顿大学出版社

内容简介：本书探讨了新经济地理学对经济政策理论的影响。本书的独创之处在于作者对政策的潜在重要性的讨论，这一点在已有的新经济地理学的著作和研究中是很少出现的。作者认为，已有的新经济地理学模型存在缺陷，一方面，已有的新经济地理模型不能通过解析求解，所以，当国家初始无差别时，需要借助于数值方法来确定它们的性质，更无法探讨政策问题。另一方面，无论是对企业还是对个人，新经济地理模型的核心外部性都意味着集聚是绝对有益的。根据新经济地理学的标准模型，生活用品价格和生产成本在集聚的地方会更低。因此会诱导鼓励移动生产要素迁移的政策，进而形成集聚，降低成本，但是在很多国家以进口替代为导向的工业化进程中，成效并不显著。

本书旨在破解将新经济地理学应用于政策问题的这两个障碍。第一部分通过在统一框架中介绍克鲁格曼和维纳布尔斯的原始新经济地理模型以及作者最近开发的一些更易处理的替代方案来处理理论上的反对意见，并通过探讨模型对整个福利经济学的影响以及一系列应用问题来处理实际情况的反对意见。本书第二部分转向政策和福利的一般性问题。例如，它突出了经济地理模型对阈值效应和滞后的影响。外生参数（包括政策参数）的边际变化最初对均衡没有影响。但是，一旦它们超过了一个阈值水平，就会出现从一个均衡到另一个均衡的不连续或灾难性的转变。这部分还给出了福利效应的一般类型，并探讨了公平与效率之间的权衡。

书中涉及了大量的模型，但最主要的是 FC（Footloose Capital）和 FE（Footloose Entrepreneur）模型，这两个模型极大地简化了核心—外围（CP）模型的复杂性。同时，作者还在最开始对克鲁格曼最初的 CP 模型进行全面而深远的阐述及其 FC 和 FE 扩展。为了探讨商品之间可替代程度变化的影响，作者使用了用二次效用代替 Dixit – Stiglitz CES 偏好的线性模型，用来表明需求函数是线性的而不是等弹性的。此外，详细探讨了具有资本积累而非重新分配以及由知识溢出引起的内生增长的模型。

作者简介：

理查德·巴尔德温，日内瓦国际发展研究所国际经济学教授，主要研究领域：全球化与国际贸易。他也是经济政策研究中心（CEPR）的前任主席，曾两次当选欧洲经济协会理事会成员。其著作《大融合：信息技术和新全球化》于 2016 年 11 月出版，并被《金融时报》和《经济学人》杂志评为 2016 年最佳书籍。他为许多政府和包括欧盟在内的国际组织提供咨询，比如：经合组织、世界银行、欧洲自由贸易区和美国国际开发署。

2.《创业、创新与区域发展：导论》

作者：杰伊·密特拉（Jay Mitra）

出版社：劳特利奇

内容简介：创业、创新和区域发展等领域有着不可分割的联系。这本教材利用这些领域的不同方法，结合学术研究和行业资料，作者将理论与实践结合起来。本书强调技术的重要性，以证明新技术为基础的企业的价值。对于创业的社会背景也有一章专门的论述。从广泛的学科领域，如商业、社会学、经济学和地理学中获得见解，这本独特的教材向读者介绍了不同背景的创业。借助一系列新的案例研究和新兴主题，如智慧城市、女性创业和人力资本，这本书从专业的角度提供了一个复杂的创业帝国的概貌。

作者简介：

杰伊·密特拉（Jay Mitra）是艾塞克斯大学（University of Esex）企业与创新教授，也是埃塞克斯商学院风险学院院长。他曾担任经济合作与发展组织（OECD）的科学顾问，担任OECD创业中心和巴黎特伦托中心地方经济和就业（LEED）方案创业问题科学委员会的负责人。他是德国卢恩堡大学的访问学者、哥伦比亚外事大学的客座教授。他曾在印度管理技术学院、中国复旦大学管理学院和吉林大学公共政策学院，意大利博洛尼亚大学和法国EDHEC商学院担任过类似职务。他是英国皇家艺术学会会员。杰伊·密特拉还发起国际创业论坛（IEF），这是一个独特的网络和论坛，供从事创业、创新和区域发展问题的研究人员、决策者和企业从业人员使用。迄今为止，国际经济论坛已在世界各地组织了15次国际评议会议，会集了学术研究人员、反思性的实践者和动态的决策者。他们一起创造性地探索创意产生、机会开发、资源调动、能力开发、设计指向的实践和可持续性的许多方面，这些方面通过单体或网络的形式支撑着创业和创新活动。

密特拉教授曾在加尔各答大学、贾达夫普尔大学和英国斯特林大学接受教育，在UK的私营部门接受过培训，在UK也担任地方政府的特等干事，专攻经济和商业发展，并在进入埃塞克斯大学之前在其他三所大学任教。

在埃塞克斯大学，他于2005年建立了一所独特的、成功的创业和商业学院（SEB），制定了一套独特的关于创业和创新及对私营、公共和社会部门有重要意义的研究生课程，并在该大学开设了第一个创业博士课程。这一成就是在他2008年为创建埃塞克斯商学院做出贡献之前取得的。他还创建了自2006年成立以来领导该中心的第一个国际创业研究中心（ICER），该中心现已演变为风险学院，研究范围涉及创业和创新，以创造新的学习形式，促进经济发展，所有这些都涉及学生、学术人员和利益相关方机构。在2014～2015年，他重新建立了MBA课程，并使之成为一个成功而可行的项目，使学生人数增加了六倍，同时对课程进行了修订和重新认证。这些成就是在英国另外两所大学建立创业中心之后取得的。他与世界各地的大学、商业组织和公共机构合作，以首席调查员和合作者的身份参与了许多国际研发和知识交流项目。

他是Sage出版社的《新兴经济体企业家精神和创新》杂志的编辑，也是多个国际性期刊编辑委员会的成员。

他就创业、创新和经济发展这一主题撰写并发表了大量文章，通过书籍、前沿性研究专著的章节，以及参加国际会议、研讨会、专题讨论会和讲习班等，为国际评审期刊做出了重大贡献。他的作品在英国和美国都获得了最佳研究论文奖。他最近出版了《创业精神和知识交流》（2015）和《创业、创新和经济发展》（2012），这两本书都由 Routledge 出版。

四、区域经济增长与案例分析

《区域经济增长与国际资本流动——以乌克兰为例》

作者： 奥兰纳·波格丹

出版社： 兰德出版公司

内容简介： 在许多国家，较贫困地区的增长速度快于富裕地区，各省正在逐渐趋同。然而，在其他国家，区域经济差异持续多年，收入差距正在扩大。重要的是要理解为什么各国内部存在持久的区域社会经济差异，驱动它们的因素是什么，以及如何协调这些差异。最近，欧洲、亚洲和美国的政策界更关注于寻找这些复杂问题的答案。

该研究调查了几个国家地区之间不同的经济路径。根据中国、意大利和美国的案例研究，本书发现区域经济差异很普遍，即使国家与历史、文化和社会经济系统不同。区域差异主要归因于当地的地理、人力和社会资本、制度质量、基础设施、公共政策和经济活动的集群。在所有案例研究中，最繁荣的地区也是那些拥有最大国际资本流入的地区。

由于繁荣的地区集聚了繁荣的企业，接下来本书将重点关注外国资本在区域经济中的作用。以乌克兰为例，本书分析了 2001～2013 年当地社会经济指标和各类国际资本流入的数据，不仅发现了实质性的区域差异，还发现了区域经济增长与国际资本流动之间的系统、同步和积极的关系。对于乌克兰西部来说，这种联系尤其明显，如果与其他地区相比，国际资本的任何小幅增长，无论是公共资本还是私人资本，都将对当地经济发展产生两倍以上的积极影响。本书建议乌克兰区域和整体经济政策采取具体步骤。

作者简介：

奥兰纳·波格丹，应用经济学家，研究领域：经济增长、健康经济学。现在兰德公司担任政策研究员，已有《旅游业对加州经济的影响：以劳动力市场为重点的分析》《开发基层医疗公民报告卡：塔吉克斯坦农村地区定性研究的证据》《监测加州人的心理健康：人口监测揭示了性别、种族、年龄和地区差异》等研究。

第四章 2017 年中国区域经济发展大事记

一、国家发展改革委印发《中原城市群发展规划》——2017 年 1 月 5 日

《中原城市群发展规划》（以下简称《规划》）在全面总结中原城市群发展现状、系统分析面临机遇挑战的基础上，研究提出了推进中原城市群发展的指导思想与发展路径，明确了战略定位和主要目标。《规划》遵循城市群发展规律，创造性地提出了中原城市群发展的五条基本路径：一是核心带动，推进大都市区国际化发展。二是轴带导向，推进交通网络现代化发展。三是生态宜居，推进生产生活绿色化发展。四是创新驱动，推进产业集群高端化发展。五是共建共享，推进城市群一体化协同发展。《规划》着眼于中原城市群自身发展和国家现代化建设全局，明确了五大战略定位：一是经济发展新增长极。二是重要的先进制造业和现代服务业基地。三是中西部地区创新创业先行区。四是内陆地区双向开放新高地。五是绿色生态发展示范区。《规划》明确了六个方面的重点任务。在强化区域创新体系支撑方面，从优化区域创新格局、完善创新创业环境、提升开放创新水平等方面明确了提升城市群创新能力的任务措施。在深化产业分工协作方面，提出要打造优势产业集群、高水平承接产业转移、完善产业协同机制，共同构建现代产业体系。在推动基础设施互联互通方面，明确了建设现代综合交通系统、构建高效泛在的信息网络系统、完善现代能源支撑系统、强化水利支撑能力、健全城市基础设施系统等任务。在推进生态环境共保共治方面，强调要共筑生态屏障、推进环境共治、建设绿色城市。在促进公共服务共建共享方面，明确了推动文化繁荣发展、联手打造健康中原、共建人力资源高地、推动社会保障联动等重点工作。在全面提升对内对外开放水平方面，从积极参与"一带一路"建设、建设对外开放合作平台、深化区域交流合作方面提出了开放合作的主要任务。

二、国务院批复《西部大开发"十三五"规划》——2017 年 1 月 5 日

2017 年 1 月 5 日，国务院正式批复了发改委编制的《西部大开发"十三五"规划》。总体思路是小康牵引、绿色筑基，创新驱动、开放引领、基础支撑、措施保障。基本原则是：坚持创新驱动，加快动力转换；坚持协调协同，促进有序开发；坚持绿色永续，建设美丽西部；坚持开放引领，促进互利共赢；坚持民生为本，实现成果共享。发展目标是：紧紧围绕到 2020 年如期实现全面建成小康社会的总要求，努力实现经济持续健康发展、

175

创新驱动发展能力显著增强、转型升级取得实质性进展、基础设施进一步完善、生态环境实质性改善、公共服务能力显著增强。在总结以往经验基础上，《西部大开发"十三五"规划》进行了新的探索，体现了"两遵循三结合"的特点。两遵循就是以新发展理念为遵循，以《国家"十三五"规划纲要》确定的全面建成小康社会目标为遵循。三结合就是继承与创新相结合，目标导向与问题导向相结合，外部环境与内部需求相结合。重点任务是构建区域发展新格局，筑牢国家生态安全屏障，增加公共服务供给，打赢脱贫攻坚战，促进创新驱动发展，坚持开放引领发展，完善基础设施网络，培育现代产业体系，大力发展特色优势农业，促进新型城市化。还提出了具体的保障措施，介绍了十二个专栏与一个清单。

三、国家发展改革委发布《关于加强分类引导培育资源型城市转型发展新动能的指导意见》——2017 年 1 月 6 日

2017 年 1 月 6 日，发改委发布《关于加强分类引导培育资源型城市转型发展新动能的指导意见》，提出的总体思路是：全面贯彻落实党的十八大和党的十八届三中、四中、五中、六中全会精神，深入学习贯彻习近平总书记系列重要讲话精神，坚持统筹推进"五位一体"总体布局和协调推进"四个全面"战略布局，牢固树立并切实贯彻创新、协调、绿色、开放、共享的新发展理念，着力优化发展环境，夯实转型基础，着力加快新旧动能转换，增强可持续发展活力，着力深化改革创新，健全可持续发展长效机制，坚持分类指导、特色发展，努力推动资源型城市在经济发展新常态下发展新经济、培育新动能，加快实现转型升级。指导意见提出要探索新模式，促进成长型城市有序发展，要强化绿色高效的资源开发方式、发展高水平的资源精深加工产业、促进资源开发和城市发展相协调。要激发新活力，推动成熟型城市跨越发展，要深化供给侧结构性改革，构建多元化产业体系，构建新型营商环境。要拓展新路径，支持衰退型城市转型发展，促进资源枯竭城市全面转型，大力实施独立工矿区改造搬迁，推动采煤沉陷区综合治理。要聚集新要素，引导再生型城市创新发展，推动经济提质增效，鼓励创业创新，塑造良好人居环境。要建立健全新机制，强化开发秩序约束机制，健全资源性产品价格形成机制，健全资源开发补偿机制和利益分配共享机制，进一步落实接续替代产业扶持机制。

到 2020 年，成长型城市资源开发模式更加科学，城市发展和资源开发的协调机制初步建立；成熟型城市多元产业体系更加健全，内生发展动力显著增强；衰退型城市历史遗留问题得到基本解决，转型发展基础更加牢固；再生型城市新旧动能转换取得明显进展，经济社会发展步入良性轨道。

四、国家发展改革委、国家海洋局发布《促进海洋经济发展示范区建设发展的指导意见》——2017 年 1 月 17 日

指导思想：全面贯彻党的十八大和十八届三中、四中、五中、六中全会精神，深入贯彻习近平总书记系列重要讲话精神，统筹推进"五位一体"总体布局和协调推进"四个

全面"战略布局，牢固树立创新、协调、绿色、开放、共享的新发展理念，贯彻实施海洋强国战略，主动引领经济发展新常态，以海洋领域供给侧结构性改革为主线，以创新体制与先行先试促改革、以产业集聚与转型升级促发展、以资源节约和环境保护促生态，突出示范区的试验示范作用，将示范区建设成为全国海洋经济发展的重要增长极。基本原则是：统筹规划、合理布局；因地制宜、分类指导；创新引领，先行先试；绿色发展，生态优先。主要目标是"十三五"时期，拟在全国设立 10～20 个示范区。到 2020 年，示范区基本形成布局合理的海洋经济开发格局、引领性强的海洋开发综合创新体系、具有较强竞争力的海洋产业体系、支撑有力的海洋基础设施保障体系、相对完善的海洋公共服务体系、环境优美的蓝色生态屏障、精简高效的海洋综合管理体制机制，示范区海洋经济增长速度高于所在地区经济发展水平，成为我国实施海洋强国战略、促进海洋经济发展的重要支撑。

五、《全国国土规划纲要（2016－2030 年）》印发实施——2017 年 2 月 20 日

《全国国土规划纲要（2016－2030 年）》贯彻落实区域发展总体战略和主体功能区战略，推动"一带一路"建设、京津冀协同发展、长江经济带发展战略，对国土空间开发、资源环境保护、国土综合整治和保障体系建设等作出总体部署与统筹安排，是战略性、综合性、基础性规划。明确了国土开发、保护、整治的指导思想、基本原则和主要目标，提出了国土集聚开发、分类保护与综合整治"三位一体"总体格局，设置了"生存线""生态线""保障线"和耕地保有量、用水总量、国土开发强度、重点流域水质优良比例等 11 个约束性或预期性指标，突出强调要加快转变国土开发利用方式，全面提高国土开发质量和效率，加强国土空间用途管制和建立国土空间开发保护制度，还部署了联动发展、支撑保障等方面的重点任务。

六、《全国土地整治规划（2016—2020 年）》印发实施——2017 年 2 月 20 日

《全国土地整治规划（2016—2020 年）》分析了"十三五"时期土地整治面临的形势，明确了未来五年土地整治工作的指导原则，从高标准农田建设、数量质量保护、城乡建设用地整理、土地复垦和土地生态整治、土地整治制度和能力建设等方面提出了规划期土地整治的主要目标，确定了九项控制指标，明确了实施藏粮于地战略，大力推进农用地整理；围绕美丽乡村建设，规范开展农村建设用地整理；落实节约优先战略，有序推进城镇工矿建设用地整理；贯彻保护环境基本国策，积极推进土地复垦和土地生态整治；突出区域特色，分区分类开展土地整治五方面重点任务，并对资金和实施保障提出了要求。

七、国家发展改革委、国家海洋局发布《全国海洋经济发展"十三五"规划》——2017 年 5 月 12 日

规划中指出，基本原则一是改革创新、提质增效；二是陆海统筹、协调发展；三是绿色发展、生态优先；四是开放拓展、合作共享。发展目标是到 2020 年，我国海洋经济发

展空间不断拓展，综合实力和质量效益进一步提高，海洋产业结构和布局更趋合理，海洋科技支撑和保障能力进一步增强，海洋生态文明建设取得显著成效，海洋经济国际合作取得重大成果，海洋经济调控与公共服务能力进一步提升，形成陆海统筹、人海和谐的海洋发展新格局。规划强调要优化海洋经济发展布局，进一步优化我国北部、东部和南部三个海洋经济圈布局，加大海岛及邻近海域保护力度，合理开发重要海岛，推进深远海区域布局，加快拓展蓝色经济空间，形成海洋经济全球布局的新格局。规划要求推进海洋产业优化升级，推进海洋传统产业转型升级，促进海洋新兴产业加快发展，提高海洋服务业规模和水平，促进海洋产业集群发展，提升海洋产业标准化水平，增强海洋产业国际竞争力。规划还指出要加快海洋经济合作发展、深化海洋经济体制改革。

八、国家发展改革委联合国土资源部、环境保护部等部委发布《关于支持"飞地经济"发展的指导意见》——2017 年 6 月 2 日

明确了"飞地经济"发展的总体要求及四条基本原则：一是政府引导、市场运作；二是优势互补、合作共赢；三是平等协商、权责一致；四是改革创新、先行探索。提出要完善"飞地经济"合作机制，要强化资源高效集约节约利用，要规范指标统计口径和方法，要加快统一市场建设，要支持在各类对口支援、帮扶、协作中开展"飞地经济"合作。

九、粤港澳三地政府共同签署《深化粤港澳合作　推进大湾区建设框架协议》——2017 年 7 月 1 日

协议指出，推进大湾区建设的合作目标是努力将粤港澳大湾区建设成为更具活力的经济区、宜居宜业宜游的优质生活圈和内地与港澳深度合作的示范区，携手打造国际一流湾区和世界级城市群。合作原则是：开放引领，创新驱动；优势互补，合作共赢；市场主导，政府推动；先行先试，重点突破；生态优先，绿色发展。明确了合作的重点领域，提出要推进基础设施互联互通，要进一步提升市场一体化水平，要打造国际科技创新中心，要构建协同发展现代产业体系，要共建宜居宜业宜游的优质生活圈，要培育国际合作新优势，要支持重大合作平台建设。提出要完善协调机制、健全实施机制、扩大公众参与。

十、国务院正式批复《呼包鄂榆城市群发展规划》——2018 年 2 月 5 日

2018 年 2 月 5 日，国务院批复《呼包鄂榆城市群发展规划》，指出要将呼包鄂榆城市群培育发展成为中西部地区具有重要影响力的城市群。规划中给出了呼包鄂榆城市群的战略定位：全国高端能源化工基地、向北向西开放战略支点、西北地区生态文明合作共建区、民族地区城乡融合发展先行区。主要目标是到 2035 年，城市群协同发展达到较高水平，整体竞争力和影响力显著增强。产业分工协作更加合理，迈向中高端水平；基础设施网络全面建成，能源、通信、水利设施保障能力明显提升，互联互通的交通运输网络基本建成；基本公共服务均等化基本实现，社会文明程度达到新的高度；生态环境质量总体改

善，共建共保取得明显成效；对外对内开放水平全面提升，向北向西开放战略支点基本形成；以城市群为主体的大中小城市和小城镇协调发展的城镇格局基本形成，常住人口城镇化率稳步提升，协同发展体制机制基本建立，基本实现社会主义现代化。在空间布局上：要构建城市群发展空间格局，构建"一轴一带多区"的空间格局。一轴是呼包鄂榆发展轴，一带是沿黄生态文化经济带，多区是指多个生态综合治理区。要优化城市群城镇体系，发展区域中心城市、壮大重要节点城市（包头市、鄂尔多斯市、榆林市）、培育一批中小城市（托克托县、土默特左旗、武川县、土默特右旗等）、有序推进特色小镇建设、推进城乡融合发展。推动人口向城镇集聚。规划提出要引导产业协同发展，要强化产业分工协作、联手打造优势产业集群、共同促进现代服务业发展、合力提升创新能力。要加快基础设施互联互通，构筑城市群内外综合交通运输网，推进能源通道建设，强化水利支撑能力，构建信息共享网络系统。要推进生态环境共建共保，共筑生态屏障，共治环境污染，共促绿色发展。规划提出要构建开放合作新格局，要推进区域对外开放，强化国内区域协作，深化内部交流合作；要创新协同发展体制机制，推进公共服务一体化，大力推进统一市场建设，创新利益协调机制。

十一、国家发展改革委发布《中国的易地扶贫搬迁政策》白皮书——2018 年 4 月 4 日

白皮书介绍了新时期易地扶贫搬迁政策出台的历史背景，重点阐述了新时期易地扶贫搬迁的重要意义、坚持以脱贫目标统领搬迁安置全过程、瞄准"一方水土养不起一方人"地区贫困群众、科学合理选择安置方式、建设安全适用的住房、因户因人施策帮助搬迁群众稳定脱贫、实施迁出区生态修复与宅基地复垦、帮助搬迁群众融入新社区、关注深度贫困地区和特定贫困群体的搬迁、创新资金筹措渠道与加强资金监管等。结束语在分析新时期易地扶贫搬迁面临的挑战基础上，对今后一个时期易地扶贫搬迁工作进行了展望。

十二、国务院批复同意设立中国（海南）自由贸易试验区（以下简称海南自贸试验区）并印发《中国（海南）自由贸易试验区总体方案》——2018 年 10 月 16 日

总体方案共有七部分内容：第一部分是总体要求，明确了指导思想、战略定位和发展目标。第二部分是在海南全岛建设自贸试验区，包括实施范围和功能划分。第三至第五部分分别从加快构建开放型经济新体制、加快服务业创新发展、加快政府职能转变等方面，明确了改革试点任务。第六部分是加强重大风险防控体系和机制建设。第七部分是坚持和加强党对自贸试验区建设的全面领导。总体方案强调了"全域性"，突出了海南特色，将生态文明的理念贯穿自贸试验区建设的全过程。具体来说，总体方案提出，海南岛的发展定位是要发挥海南岛全岛试点的整体优势，紧紧围绕建设全面深化改革开放试验区、国家生态文明试验区、国际旅游消费中心和国家重大战略服务保障区，实行更加积极主动的开放战略，加快构建开放型经济新体制，推动形成全面开放新格局，把海南打造成为我国面

向太平洋和印度洋的重要对外开放门户。发展目标是对标国际先进规则，持续深化改革探索，以高水平开放推动高质量发展，加快建立开放型生态型服务型产业体系。到2020年，自贸试验区建设取得重要进展。在功能划分上，按照海南省总体规划的要求，以发展旅游业、现代服务业、高新技术产业为主导，科学安排海南岛产业布局。按发展需要增设海关特殊监管区域，在海关特殊监管区域开展以投资贸易自由化便利化为主要内容的制度创新，主要开展国际投资贸易、保税物流、保税维修等业务。在三亚选址增设海关监管隔离区域，开展全球动植物种质资源引进和中转等业务。

十三、港珠澳大桥正式开通——2018年10月23日

2018年10月23日，港珠澳大桥开通仪式在广东珠海举行，习近平主席出席仪式并宣布大桥正式开通；大桥于同年10月24日上午9时正式通车。项目2004年启动前期协调，2009年动工，设计到完工历时14年，总投资超过1200亿元人民币。大桥为人员、货物往来港珠澳三地带来便利，大桥开通后，从香港大屿山到珠海、澳门的车程只需约30分钟；从香港国际机场到珠海的车程从4小时缩短至45分钟；由葵青货柜码头到珠海的车程，从三个半小时缩短至75分钟。港珠澳大桥将促进三地人员与经贸往来，由此加强该地区的综合竞争力，并推进粤港澳大湾区的建设。有关专家指出，湾区东西两岸之前没有陆上交通，海上交通有诸多不便、运输效率低，这座大桥让东西两岸、港珠澳三地的陆上交通形成闭环，推进粤港澳一体化进程。港珠澳大桥不仅将连接粤港澳大湾区东西两岸，甚至将成为广西、云南、贵州等中国西南地区通往香港的交通枢纽。

十四、长三角一体化上升为国家战略——2018年11月5日

2018年11月5日上午，习近平主席出席首届中国国际进口博览会开幕式并发表主旨演讲。习近平主席在讲话中指出，上海作为中国最大经济中心和改革开放前沿将继续扩大开放，将支持长江三角洲区域一体化发展并上升为国家战略，着力落实新发展理念，构建现代化经济体系，推进更高起点的深化改革和更高层次的对外开放，同"一带一路"建设、京津冀协同发展、长江经济带发展、粤港澳大湾区建设相互配合，完善中国改革开放空间布局。

新时期中央明确将长江三角洲区域一体化上升为国家战略，在长江三角洲推进更高起点的深化改革和更高层次的对外开放，有利于进一步推动长江三角洲城市群更高质量一体化，进一步加快长江三角洲的高质量发展，形成可复制、可推广、可辐射的经验做法，会更好地发挥长江三角洲在中国新一轮改革开放中的龙头带动作用，同时也有利于长江三角洲参与全球竞争，加快长三角世界级城市群建设。

首届中国国际进口博览会在上海召开，是在于上海长期引领中国开放风气之先，开放、创新、包容是上海最鲜明的品格。历史表明，上海的核心地位越突出，上海服务越好，整个长三角发展就越好。突出上海的龙头带动作用，加快上海大都市圈建设，有利于上海建设长三角世界级城市群核心城市的目标实现，同时，促进上海大都市圈一体化发

展，更有利于长江三角洲一体化国家战略的实现，二者相辅相成。

十五、国家发展和改革委印发《淮河生态经济带发展规划》——2018 年 11 月 7 日

确立了指导思想，明确了基本原则，提出了清晰的战略定位、空间布局、发展目标。提出要打造绿色生态长廊，具体来说就是：建设沿淮生态屏障；节约保护水资源；推进生态保护修复；加强环境污染综合治理。提出要完善基础设施网络，也即打造畅通高效淮河水道、健全立体交通网络、完善水利设施建设、构建现代信息网络。提出要推进产业转型升级，也即协同发展优势特色产业、增强协同创新能力、提升农业发展质量、培育壮大现代服务业、引导产业有序转移与承接。还提出要统筹城乡发展、促进基本公共服务共建共享、构建全方位开放新格局。

十六、国家发展改革委印发《汉江生态经济带发展规划》——2018 年 11 月 12 日

《汉江生态经济带发展规划》确立了指导思想，明确了汉江生态经济带的战略定位，也即国家战略水资源保障区、内河流域保护开发示范区、中西部联动发展试验区、长江流域绿色发展先行区。指出，汉江生态经济带的空间布局是两区四轴，两区为丹江口库区及上游地区、汉江中下游地区，四轴为沿汉江发展轴、沿武西高铁发展轴、沿沪陕高速发展轴、沿二广高速发展轴。提出了清晰的发展目标。提出，要想打造"美丽汉江"，就必须构筑生态安全格局、推进生态保护与修复、严格保护一江清水、有效保护和利用水资源、加强大气污染防治和污染土壤修复、加快清洁能源开发利用。提出要构建"畅通汉江"，要提升汉江水运功能、加快铁路和公路建设、提升民用航空运输和服务能力。提出要培育"创新汉江"，要培育壮大战略性新兴产业，打造先进制造业基地，发展高效生态农业，大力发展旅游和文化产业，提升现代服务业发展水平。提出要创建"幸福汉江"，推进农业转移人口市民化，优化城镇化空间格局，提升城市品质，统筹城乡一体化发展，打赢精准脱贫攻坚战。提出要发展"开放汉江"，提高开放型经济水平，拓展国际交流合作，深化国内区域合作。提出要建设"活力汉江"，加快生态文明体制改革，创新产业协调发展机制，建立公共服务资源共享机制，深化投融资体制改革。

十七、《中共中央、国务院关于建立更加有效的区域协调发展新机制的意见》——2018 年 11 月 29 日

实施区域协调发展战略是新时代国家重大战略之一，是贯彻新发展理念、建设现代化经济体系的重要组成部分。党的十八大以来，各地区各部门围绕促进区域协调发展与正确处理政府和市场关系，在建立健全区域合作机制、区域互助机制、区际利益补偿机制等方面进行积极探索并取得一定成效。同时要看到，我国区域发展差距依然较大，区域分化现象逐渐显现，无序开发与恶性竞争仍然存在，区域发展不平衡不充分问题依然比较突出，

区域发展机制还不完善，难以适应新时代实施区域协调发展战略需要。意见共分为十个部分：总体要求、建立区域战略统筹机制、健全市场一体化发展机制、深化区域合作机制、优化区域互助机制、健全区际利益补偿机制、完善基本公共服务均等化机制、创新区域政策调控机制、健全区域发展保障机制和切实加强组织实施。

其中，建立区域战略统筹机制包括推动国家重大区域战略融合发展、统筹发达地区和欠发达地区发展、推动陆海统筹发展三个部分；健全市场一体化发展机制包括促进城乡区域间要素自由流动、推动区域市场一体化建设、完善区域交易平台和制度三项措施；深化区域合作机制包括推动区域合作互动、促进流域上下游合作发展、加强省际交界地区合作和积极开展国际区域合作四个方面；优化区域互助机制包括深入实施东西部扶贫协作、深入开展对口支援和创新开展对口协作（合作）三个部分；健全区际利益补偿机制包括完善多元化横向生态补偿机制、建立粮食主产区与主销区之间利益补偿机制和健全资源输出地与输入地之间利益补偿机制三个方面；完善基本公共服务均等化机制包括提升基本公共服务保障能力、提高基本公共服务统筹层次和推动城乡区域间基本公共服务衔接三项措施；创新区域政策调控机制包括实行差别化的区域政策、建立区域均衡的财政转移支付制度和建立健全区域政策与其他宏观调控政策联动机制三个部分；健全区域发展保障机制包括规范区域规划编制管理、建立区域发展监测评估预警体系和建立健全区域协调发展法律法规体系三项措施；切实加强组织实施包括加强组织领导和强化协调领导两个方面。

总体目标分为三个时间点：①到2020年，建立与全面建成小康社会相适应的区域协调发展新机制，在建立区域战略统筹机制、基本公共服务均等化机制、区域政策调控机制、区域发展保障机制等方面取得突破，在完善市场一体化发展机制、深化区域合作机制、优化区域互助机制、健全区际利益补偿机制等方面取得新进展，区域协调发展新机制在有效遏制区域分化、规范区域开发秩序、推动区域一体化发展中发挥积极作用。②到2035年，建立与基本实现现代化相适应的区域协调发展新机制，实现区域政策与财政、货币等政策有效协调配合，区域协调发展新机制在显著缩小区域发展差距和实现基本公共服务均等化、基础设施通达程度比较均衡、人民基本生活保障水平大体相当中发挥重要作用，为建设现代化经济体系和满足人民日益增长的美好生活需要提供重要支撑。③到21世纪中叶，建立与全面建成社会主义现代化强国相适应的区域协调发展新机制，区域协调发展新机制在完善区域治理体系、提升区域治理能力、实现全体人民共同富裕等方面更加有效，为把我国建成社会主义现代化强国提供有力保障。

第五章 区域经济学学科
2017 年文献索引

一、外文文献（以 *Journal of Urban Economics*，*Urban Studies*，*Reginal Studies*，*Regional Science and Urban Economics*，*Journal of Economic Geography* 等为主要期刊范围）

[1] Acolin A, Vitiello D. Who owns Chinatown: Neighbourhood preservation and change in Boston and Philadelphia [J]. Urban Studies, 2018, 55 (8).

[2] Adam D, Atfield G, Green A E. What works? Policies for employability in cities [J]. Urban Studies, 2017, 54 (5).

[3] Agnew K, Lyons R C. The impact of employment on housing prices: Detailed evidence from FDI in Ireland [J]. Regional Science & Urban Economics, 2018 (70).

[4] Alamantila S, Heinonen J, Junnila S, et al. Spatial nature of urban well – being [J]. Regional Studies, 2018, 52 (7).

[5] Alawadi K. Place attachment as a motivation for community preservation: The demise of an old, bustling, Dubai community [J]. Urban Studies, 2017, 54 (13).

[6] Alm J, Enami A. Do government subsidies to low – income individuals affect interstate migration? Evidence from the Massachusetts Health Care Reform [J]. Regional Science & Urban Economics, 2017 (66).

[7] Ambroziak A A, Hartwell C A. The impact of investments in special economic zones on regional development: The case of Poland [J]. Regional Studies, 2018, 52 (10).

[8] Amedee – Manesme C O, Baroni M, Barthelemy F, et al. Market heterogeneity and the determinants of Paris apartment prices: A quantile regression approach [J]. Urban Studies, 2017, 54 (14).

[9] Amendolagine V, Giuliani E, Martinelli A, et al. Chinese and Indian MNEs' shopping spree in advanced countries. How good is it for their innovative output? [J]. Journal of Economic Geography, 2018, 18 (5).

[10] Amore M D. Peer firms and board appointments in family firms [J]. Regional Studies, 2018, 52 (9).

[11] Andreasen M H, Agergaard J, Møller – Jensen L. Suburbanisation, homeownership

aspirations and urban housing：Exploring urban expansion in Dar es Salaam ［J］. Urban Studies，2017，54（10）.

［12］Andreyeva E，Patrick C. Paying for priority in school choice：Capitalization effects of charter school admission zones ［J］. Journal of Urban Economics，2017（100）.

［13］Angelakis A，Gaianakis K. A science - based sector in the making：The formation of the biotechnology sector in two regions ［J］. Regional Studies，2017，51（10）.

［14］Angulo A，Burridge P，Mur J. Testing for breaks in the weighting matrix ［J］. Regional Science & Urban Economics，2018（68）.

［15］Antonelli C，Colombelli A. The locus of knowledge externalities and the cost of knowledge ［J］. Regional Studies，2017，51（8）.

［16］Antonelli C，Crespi F，Ospina C A M，et al. Knowledge composition，Jacobs externalities and innovation performance in European regions ［J］. Regional Studies，2017，51（11）.

［17］Apergis N，Georgellis Y. Regional unemployment and employee loyalty：Evidence from 12 UK regions ［J］. Regional Studies，2018，52（9）.

［18］Arampatzi A. The spatiality of counter - austerity politics in Athens，Greece：Emergent' urban solidarity spaces ［J］. Urban Studies，2017，54（9）.

［19］Arbia G，Bramante R，Facchinetti S，et al. Modeling inter - country spatial financial interactions with Graphical Lasso：An application to sovereign co - risk evaluation ［J］. Regional Science & Urban Economics，2018（70）.

［20］Arkaraprasertkul N. Gentrification and its contentment：An anthropological perspective on housing，heritage and urban social change in Shanghai ［J］. Urban Studies，2018，55（7）.

［21］Arthur O' Sullivan，William C Strange. The emergence of coagglomeration ［J］. Journal of Economic Geography，2018，18（2）.

［22］Asatryan Z，Baskaran T，Heinemann F. The effect of direct democracy on the level and structure of local taxes ［J］. Regional Science & Urban Economics，2017（65）.

［23］Åslund O，Blind I，Dahlberg M. All aboard？Commuter train access and labor market outcomes ［R］. Working Paper，2015.

［24］Atuesta L H，Olivo J E I，Lozano - Gracia N，et al. Access to employment and property values in Mexico ［J］. Regional Science & Urban Economics，2018（70）.

［25］Atuesta L H，Soares Y. Urban upgrading in Rio de Janeiro：Evidence from the Favela - Bairro programme ［J］. Urban Studies，2017，55（1）.

［26］Azorín J D B. Output growth thresholds for the creation of employment and the reduction of unemployment：A spatial analysis with panel data from the Spanish provinces，2000 - 2011 ［J］. Regional Science & Urban Economics，2017（67）.

［27］ Baba C, Kearns A, Mcintosh E, et al. Is empowerment a route to improving mental health and wellbeing in an urban regeneration （UR） context? ［J］. Urban Studies, 2017, 54 （7）.

［28］ Baglioni E. Labour control and the labour question in global production networks: Exploitation and disciplining in Senegalese export horticulture ［J］. Journal of Economic Geography, 2018, 18 （1）.

［29］ Bain A. Neighbourhood artistic disaffiliation in Hamilton, Ontario, Canada ［J］. Urban Studies, 2017, 54 （13）.

［30］ Baldi S, Vannoni D. The impact of centralization on pharmaceutical procurement prices: The role of institutional quality and corruption ［J］. Regional Studies, 2017, 51 （3）.

［31］ Ballas D, Dorling D, Hennig B. Analysing the regional geography of poverty, austerity and inequality in Europe: A human cartographic perspective ［J］. Regional Studies, 2017, 51 （1）.

［32］ Barbehön M, Münch S. Interrogating the city: Comparing locally distinct crisis discourses ［J］. Urban Studies, 2017, 54 （9）.

［33］ Barbero J, Behrens K, Zofío J L. Industry location and wages: The role of market size and accessibility in trading networks ［J］. Regional Science & Urban Economics, 2018 （71）.

［34］ Barbieri S, Edwards J H Y. Middle – class flight from post – Katrina New Orleans: A theoretical analysis of inequality and schooling ［J］. Regional Science & Urban Economics, 2017 （64）.

［35］ Barr J, Smith F, Kulkarni S J. What's Manhattan worth? A land values index from 1950 to 2014 ［J］. Regional Science & Urban Economics, 2018 （70）.

［36］ Bartels K. The double bind of social innovation: Relational dynamics of change and resistance in neighbourhood governance ［J］. Urban Studies, 2017, 54 （16）.

［37］ Barton M S, Gibbons J. A stop too far: How does public transportation concentration influence neighbourhood median household income? ［J］. Urban Studies, 2017, 54 （2）.

［38］ Baruffaldi S, Raffo J. The geography of duplicated inventions: Evidence from patent citations ［J］. Regional Studies, 2017, 51 （8）.

［39］ Barzin S, D'Costa S, Graham D J. A pseudo – panel approach to estimating dynamic effects of road infrastructure on firm performance in a developing country context ［J］. Regional Science & Urban Economics, 2018 （70）.

［40］ Basile R, Ciccarelli C. The location of the Italian manufacturing industry, 1871 – 1911: A sectoral analysis ［J］. Journal of Economic Geography, 2018, 18 （3）.

［41］ Basile R, Pittiglio R, Reganati F. Do agglomeration externalities affect firm survival? ［J］. Regional Studies, 2017, 51 （4）.

［42］ Baskaran T, Feld L P, Necker S. Depressing dependence? Transfers and economic growth in the German states, 1975 – 2005 [J]. Regional Studies, 2017, 51 (12).

[43] Bassett S T. Towards a unified economic revitalisation model: Leadership, amenities, and the bargaining model [J]. Urban Studies, 2017, 54 (4).

[44] Bauer T K, Braun S T, Kvasnicka M. Nuclear power plant closures and local housing values: Evidence from Fukushima and the German housing markettn [J]. Journal of Urban Economics, 2017 (99).

[45] Bayer P, Casey M, Ferreira F, et al. Racial and ethnic price differentials in the housing market [J]. Journal of Urban Economics, 2017 (102).

[46] Bayirbag M, Davies J S, Munch S. Interrogating urban crisis: Cities in the governance and contestation of austerity [J]. Urban Studies, 2017, 54 (9).

[47] Bayirbag M K, Penpecioğlu M. Urban crisis: Limits to governance of alienation [J]. Urban Studies, 2017, 54 (9).

[48] Becchetti L, Corrado L, Fiaschetti M. The regional heterogeneity of wellbeing "expenditure" preferences: Evidence from a simulated allocation choice on the BES indicators [J]. Journal of Economic Geography, 2017, 17 (4).

[49] Behrens K, Mion G, Murata Y, et al. Spatial frictions [J]. Journal of Urban Economics, 2017 (98).

[50] Bennett K, Cochrane A, Mohan G, et al. Negotiating the educational spaces of urban multiculture: Skills, competencies and college life [J]. Urban Studies, 2017, 54 (10).

[51] Benneworth P, Pinheiro R, Karlsen J. Strategic agency and institutional change: Investigating the role of universities in regional innovation systems (RISs) [J]. Regional Studies, 2017, 51 (2).

[52] Bentley G, Pugalis L, Shutt J. Leadership and systems of governance: The constraints on the scope for leadership of place – based development in sub – national territories [J]. Regional Studies, 2017, 51 (2).

[53] Bergé L R, Wanzenböck I, Scherngell T. Centrality of regions in R&D networks: A new measurement approach using the concept of bridging paths [J]. Regional Studies, 2017, 51 (8).

[54] Berge L, Carayol N, Roux P. How do inventor networks affect urban invention? [J]. Regional Science & Urban Economics, 2018 (71).

[55] Berger T, Frey C B. Industrial Renewal in the 21st Century: Evidence from US Cities [J]. Regional Studies, 2017, 51 (3).

[56] Bernini C, Brighi P. Bank branches expansion, efficiency and local economic growth [J]. Regional Studies, 2018, 52 (10).

[57] Bertamino F, Bronzini R, Maggio M D, et al. Regional policies for innovation: The case of technology districts in Italy [J]. Regional Studies, 2017, 51 (12).

［58］ Bertoli S, Ruyssen I. Networks and migrants' intended destination［J］. Journal of E-conomic Geography, 2018, 18（4）.

［59］ Betts J R, Hahn Y, Zau A C. Can testing improve student learning? An evaluation of the mathematics diagnostic testing project［J］. Journal of Urban Economics, 2017（100）.

［60］ Bezin E, Moizeau F. Cultural dynamics, social mobility and urban segregation［J］. Journal of Urban Economics, 2017（99）.

［61］ Biderman C, Hermann B, Cotelo F. Economic impacts of São Paulo downtown rehabil-itation: A simplified approach with micro – foundations［J］. Regional Studies, 2017, 51（9）.

［62］ Billings S B, Phillips D C. Why do kids get into trouble on school days? ［J］. Re-gional Science & Urban Economics, 2017（65）.

［63］ Bishop P. Spatial variations in personal insolvency choices: The role of stigma and so-cial capital［J］. Urban Studies, 2017, 54（16）.

［64］ Blanco I, León M. Social innovation, reciprocity and contentious politics: Facing the socio – urban crisis in Ciutat Meridiana, Barcelona［J］. Urban Studies, 2017, 54（9）.

［65］ Blomquist J, Nordin M. Do the CAP subsidies increase employment in sweden? esti-mating the effects of government transfers using an exogenous change in the CAP［J］. Regional Science & Urban Economics, 2017（63）.

［66］ Boero R, Edwards B K, Rivera M K. Regional input – output tables and trade flows: An integrated and interregional non – survey approach［J］. Regional Studies, 2018, 52（2）.

［67］ Borger B D, Glazer A. Support and opposition to a Pigovian tax: Road pricing with reference – dependent preferences［J］. Journal of Urban Economics, 2017（99）.

［68］ Boschma R. Relatedness as driver of regional diversification: A research agenda［J］. Regional Studies, 2017, 51（3）.

［69］ Boschma R. Towards a theory of regional diversification［J］. Regional Studies, 2017, 51（1）.

［70］ Bosker M, Uwe U, Roberts M. Hukou and highways the impact of China's spatial development policies on urbanization and regional inequality［J］. Urban Studies, 2018.

［71］ Bosker M, Deichmann U, Roberts M. Hukou and highways the impact of China's spatial development policies on urbanization and regional inequality［J］. Regional Science & Ur-ban Economics, 2018（71）.

［72］ Bosquet C, Combes P P. Sorting and agglomeration economies in French economics departments［J］. Journal of Urban Economics, 2017（101）.

［73］ Bosworth G, Venhorst V. Economic linkages between urban and rural regions – what's in it for the rural? ［J］. Regional Studies, 2018, 52（8）.

［74］ Bottazzi G, Gragnolati U M, Vanni F. Non – linear externalities in firm localization［J］. Regional Studies, 2017, 51（8）.

［75］Bracke P，Hilber C A L，Silva O. Mortgage debt and entrepreneurship［J］. Journal of Urban Economics，2018（103）．

［76］Brail S，Kumar N. Community leadership and engagement after the mix：The transformation of Toronto's Regent Park［J］. Urban Studies，2017，54（16）．

［77］Brancati E，Brancati R，Maresca A. Global value chains，innovation，and performance：Firm－Level evidence from the Great Recession［J］. Journal of Economic Geography，2017，17（5）．

［78］Brandtner C，Höllerer M A，Meyer R E，et al. Enacting governance through strategy：A comparative study of governance configurations in Sydney and Vienna［J］. Urban Studies，2017，54（5）．

［79］Brasington D. M. School spending and new construction［J］. Regional Science & Urban Economics，2017（63）．

［80］Bratti M，Conti C. The effect of immigration on innovation in Italy［J］. Regional Studies，2018，52（7）．

［81］Brauer J，Montolio D，Trujillobaute E. How do US state firearms laws affect firearms manufacturing location? An empirical investigation，1986－2010［J］. Journal of Economic Geography，2017，17（4）．

［82］Brenner T，Capasso M，Duschl M，et al. Causal relations between knowledge－intensive business services and regional employment growth［J］. Regional Studies，2018，52（2）．

［83］Breschiã S，Lissoniã F，Ã，et al. Foreign－origin inventors in the USA：Testing for diaspora and brain gain effects［J］. Journal of Economic Geography，2017，17（5）．

［84］Brodzicki T，Uminski S. A gravity panel data analysis of foreign trade by regions：The role of metropolises and history［J］. Regional Studies，2018，52（2）．

［85］Brown A. Accountability of the financial reporting of Kenya's regional development authorities［J］. Regional Studies，2018，52（7）．

［86］Brown L，Greenbaum R T. The role of industrial diversity in economic resilience：An empirical examination across 35 years［J］. Urban Studies，2017，54（6）．

［87］Bryan J，Evans N，Jones C，et al. Regional electricity generation and employment in UK regions［J］. Regional Studies，2017，51（3）．

［88］Buciuni G，Pisano G. Knowledge integrators and the survival of manufacturing clusters［J］. Journal of Economic Geography，2018，18（5）．

［89］Buck N T，While A. Competitive urbanism and the limits to smart city innovation：The UK Future Cities initiative［J］. Urban Studies，2017，54（2）．

［90］Bunnell T，Padawangi R，Thompson E C. The politics of learning from a small city：Solo as translocal model and political launch pad［J］. Regional Studies，2018，52（8）．

［91］Buzard K，Carlino G A，Hunt R M，et al. The agglomeration of American R&D labs

［J］. Journal of Urban Economics, 2017（101）.

［92］Cainelli G, Ganau R. Distance – based agglomeration externalities and neighbouring firms' characteristics［J］. Regional Studies, 2018, 52（7）.

［93］Calnan R, Painter G. The response of Latino immigrants to the Great Recession: Occupational and residential（im）mobility［J］. Urban Studies, 2017, 54（11）.

［94］Canavirebacarreza G, Martinezvazquez J, Yedgenov B. Reexamining the determinants of fiscal decentralization: What is the role of geography?［J］. Journal of Economic Geography, 2017, 17（6）.

［95］Cao J, Ermagun A. Influences of LRT on travel behaviour: A retrospective study on movers in Minneapolis［J］. Urban Studies, 2017, 54（11）.

［96］Cao M, Hickman R. Car dependence and housing affordability: An emerging social deprivation issue in London?［J］. Urban Studies, 2018（10）.

［97］Capello R, Caragliu A, Fratesi U. Measuring border effects in European cross – border regions［J］. Regional Studies, 2018, 52（7）.

［98］Capello R, Lenzi C. Regional innovation patterns from an evolutionary perspective［J］. Regional Studies, 2018, 52（2）.

［99］Caponi V. Public employment policies and regional unemployment differences［J］. Regional Science & Urban Economics, 2017（63）.

［100］Carreira C, Lopes L. Regional knowledge spillovers: A firm – based analysis of non – linear effects［J］. Regional Studies, 2018, 52（7）.

［101］Cataldo M D, Rodríguezpose A. What drives employment growth and social inclusion in the regions of the European Union?［J］. Regional Studies, 2017, 51（12）.

［102］Cavanaugh A, Breau S. Locating geographies of inequality: Publication trends across OECD countries［J］. Regional Studies, 2018, 52（9）.

［103］Chabé – Ferret B, Machado J, Wahba J. Remigration intentions and migrants' behavior［J］. Regional Science & Urban Economics, 2018（68）.

［104］Chakrabarti R, Roy J. Effect of constraints on Tiebout competition: Evidence from a school finance reform［J］. Regional Studies, 2017, 51（5）.

［105］Chang T, Jacobson M. Going to pot? The impact of dispensary closures on crime ［J］. Journal of Urban Economics, 2017（100）.

［106］Chang W N, Bartholomae F, Schoenberg A. Urban Shrinkage and Resurgence in Germany［J］. Urban Studies, 2017, 54（12）.

［107］Chapuis A. Touring the immoral. Affective geographies of visitors to the Amsterdam Red – Light District［J］. Urban Studies, 2017（54）.

［108］Chasco C, Gallo J L, López F A. A scan test for spatial groupwise heteroscedasticity in cross – sectional models with an application on houses prices in Madrid［J］. Regional Science &

Urban Economics, 2018 (68).

[109] Chen J, Yang Z. What do young adults on the edges of homeownership look like in big cities in an emerging economy: Evidence from Shanghai [J]. Urban Studies, 2017, 54 (10).

[110] Chen Y, Irwin E G, Jayaprakash C, et al. Market Thinness, Income Sorting and Leapfrog Development Across the Urban – Rural Gradient [J]. Regional Science & Urban Economics, 2017 (66).

[111] Chen Y, Li Z, Liu Z. Agglomeration and actual tax rates: Firm – level evidence from China [J]. Regional Studies, 2018, 52 (1).

[112] Chen Y, Yan F, Zhang Y. Local name, global fame: The international visibility of Chinese cities in modern times [J]. Urban Studies, 2017, 54 (11).

[113] Chen Z, Schläpfer M, Arisona S M, et al. Revealing centrality in the spatial structure of cities from human activity patterns [J]. Urban Studies, 2017, 54 (2).

[114] Cheng B O. Tipping points in Dutch big city neighbourhoods [J]. Urban Studies, 2017 (54).

[115] Cheng W, Lee L F. Testing endogeneity of spatial and social networks [J]. Regional Science & Urban Economics, 2017 (64).

[116] Chicoine L E. Homicides in Mexico and the expiration of the U. S. federal assault weapons ban: A difference – in – discontinuities approach [J]. Journal of Economic Geography, 2017, 17 (4).

[117] Ching – mu Chen, Dao – Zhi Zeng. Mobile capital, variable elasticity of substitution, and trade liberalization [J]. Journal of Economic Geography, 2018, 18 (2).

[118] Christian Reynolds, Manju Agrawal, Ivan Lee, et al. A sub – national economic complexity analysis of Australia's states and territories [J]. Regional Studies, 2017, 51 (2).

[119] Christofzik D I, Kessing S G. Does fiscal oversight matter? [J]. Journal of Urban Economics, 2018.

[120] Chu E K. Urban climate adaptation and the reshaping of state – society relations: The politics of community knowledge and mobilisation in Indore, India [J]. Urban Studies, 2018, 55 (8).

[121] Chua M H. A Coasian perspective on informal rights assignment among waste pickers in the Philippines [J]. Urban Studies, 2017, 54 (13).

[122] Chung H. Rural migrants in villages – in – the – city in Guangzhou, China: Multi – positionality and negotiated living strategies [J]. Urban Studies, 2018 (10).

[123] Ciżkowicz P, Ciżkowiczpękała M, Pękała P, et al. The effects of special economic zones on employment and investment: A spatial panel modeling perspective [J]. Journal of Economic Geography, 2017, 17 (3).

［124］Cl Vincent, S Neal, H Iqbal. Encounters with diversity: Children's friendships and parental responses［J］. Urban Studies, 2017, 54 (8).

［125］Coffano M, Foray D, Pezzoni M. Does inventor centrality foster regional innovation? The case of the Swiss medical devices sector［J］. Regional Studies, 2017, 51 (8).

［126］Cohen J P, Brown M. Does a new rail rapid transit line affect various commercial property prices differently?［J］. Regional Science & Urban Economics, 2017 (66).

［127］Cohendet P, Grandadam D, Mehouachi C, et al. The local, the global and the industry common: The case of the video game industry［J］. Journal of Economic Geography, 2018, 18 (5).

［128］Colburn G, Allen R. Rent burden and the Great Recession in the USA［J］. Urban Studies, 2017, 55 (1).

［129］Collier P, Venables A J. Who gets the urban surplus?［J］. Journal of Economic Geography, 2018, 18 (3).

［130］Collins A, Drinkwater S. Fifty shades of gay: Social and technological change, urban deconcentration and niche enterprise［J］. Urban Studies, 2017 (54).

［131］Corcoran J, Zahnow R, Wickes R, et al. Neighbourhood land use features, collective efficacy and local civic actions［J］. Urban Studies, 2018, 55 (11).

［132］Cornwall G J, Parent O. Embracing heterogeneity: The spatial autoregressive mixture model［J］. Regional Science & Urban Economics, 2017 (64).

［133］Cortinovis N, Xiao J, Boschma R, et al. Quality of government and social capital as drivers of regional diversification in Europe［J］. Journal of Economic Geography, 2017, 17 (6).

［134］Coulter R. Local house prices, parental background and young adultsa? homeownership in England and Wales［J］. Urban Studies, 2017, 54 (14).

［135］Costafont J, Turati G. Regional healthcare decentralization in unitary states: Equal spending, equal satisfaction?［J］. Regional Studies, 2018, 52 (7).

［136］Crath R. Governing youth as an aesthetic and spatial practice［J］. Urban Studies, 2017, 54 (5).

［137］Crescenzi R, Iammarino S. Global investments and regional development trajectories: The missing links［J］. Regional Studies, 2017, 51 (1).

［138］Crisp R, Powell R. Young people and UK labour market policy: A critique of 'employability as a tool for understanding youth unemployment［J］. Urban Studies, 2017, 54 (8).

［139］Croce G, Porto E D, Ghignoni E, et al. Agglomeration and workplace training: Knowledge spillovers versus poaching［J］. Regional Studies, 2017, 51 (11).

［140］Cui C X, Hanley N, Mcgregor P, et al. Impacts of regional productivity growth, decoupling and pollution leakage [J]. Regional Studies, 2017, 51 (9).

[141] Curran W. â € Mexicans love redâ €™ and other gentrification myths: Displacements and contestations in the gentrification of Pilsen, Chicago, USA [J]. Urban Studies, 2018, 55 (8).

[142] Czaller L. Increasing social returns to human capital: Evidence from Hungarian regions [J]. Regional Studies, 2017, 51 (3).

[143] Dąbrowski M, Musiałkowska I, Polverari L. EU – China and EU – Brazil policy transfer in regional policy [J]. Regional Studies, 2018, 52 (9).

[144] Dąbrowski M, Musiałkowska I, Polverari L. Introduction: Drawing lessons from international policy – transfer initiatives in regional and urban development and spatial planning [J]. Regional Studies, 2018, 52 (9).

[145] Dall' Erba S, Fang F. Meta – Analysis of the Impact of European Union Structural Funds on Regional Growth [J]. Regional Studies, 2017, 51 (6).

[146] Dan S R, Wang H. Two tales of two U. S. States: Regional fiscal austerity and economic performance [J]. Regional Science & Urban Economics, 2018 (68).

[147] Daniel P. B, Andrew J. P. Town mouse and country mouse: Effects of urban growth controls on equilibrium sorting and land prices [J]. Regional Science & Urban Economics, 2017 (65).

[148] Darchen S. Regeneration and networks in the Arts District (Los Angeles): Rethinking governance models in the production of urbanity [J]. Urban Studies, 2017, 54 (15).

[149] Das S, Mitra A, Kumar R. Do neighbourhood facilities matter for slum housing? Evidence from Indian slum clusters [J]. Urban Studies, 2017, 54 (8).

[150] Davids M, Frenken K. Proximity, knowledge base and the innovation process: Towards an integrated framework [J]. Regional Studies, 2018, 52 (1).

[151] Davis M A, Oliner S D, Pinto E J, et al. Residential land values in the Washington, DC metro area: New insights from big data [J]. Regional Science & Urban Economics, 2017 (66).

[152] Dealy B C, Horn B P, Berrens R P. The impact of clandestine methamphetamine labs on property values: Discovery, decontamination and stigma [J]. Journal of Urban Economics, 2017 (99).

[153] Dean N, Pryce G. Is the housing market blind to religion? A perceived substitutability approach to homophily and social integration [J]. Urban Studies, 2017, 54 (13).

[154] Deka D. Benchmarking gentrification near commuter rail stations in New Jersey [J]. Urban Studies, 2017, 54 (13).

[155] Delgadogarcía J B, Quevedopuente E D, Blancomazagatos V. The impact of city reputation on city performance [J]. Regional Studies, 2018, 52 (8).

［156］Delgadomárquez B L，Hurtadotorres N E，Pedauga L E，et al. A network view of innovation performance for multinational corporation subsidiaries［J］. Regional Studies，2018，52（1）．

［157］Derudder B，Taylor P J. Central flow theory：Comparative connectivities in the world – city network［J］. Regional Studies，2018，52（8）．

［158］Desponds D，Auclair E. The new towns around Paris 40 years later：New dynamic centralities or suburbs facing risk of marginalisation?［J］. Urban Studies，2017，54（4）．

［159］Diao M，Leonard D，Sing T F. Spatial – difference – in – differences models for impact of new mass rapid transit line on private housing values［J］. Regional Science & Urban Economics，2017.

［160］Diao M，Zhu Y，Zhu J. Intra – city access to inter – city transport nodes：The implications of high – speed – rail station locations for the urban development of Chinese cities［J］. Urban Studies，2017，54（10）．

［161］Dijk J J V. Local employment multipliers in U. S. cities［J］. Journal of Economic Geography，2017，17（2）．

［162］Diodato D，Neffke F，O'Clery N. Why do industries coagglomerate? How Marshallian externalities differ by industry and have evolved over time［J］. Journal of Urban Economics，2018（106）．

［163］Divella M. Cooperation linkages and technological capabilities development across firms［J］. Regional Studies，2017，51（10）．

［164］Dong H. The impact of income inequality on rental affordability：An empirical study in large American metropolitan areas［J］. Urban Studies，2018（10）．

［165］Doren D V，Driessen P P J，Runhaar H，et al. Scaling – up low – carbon urban initiatives：Towards a better understanding［J］. Urban Studies，2017，55（1）．

［166］Dotti Sani G M，Acciai C. Two hearts and a loan? Mortgages，employment insecurity and earnings among young couples in six European countries［J］. Urban Studies，2018，55（11）．

［167］Doussard M，Schrock G，Lester T W. Did US regions with manufacturing design generate more production jobs in the 2000s? New evidence on innovation and regional development［J］. Urban Studies，2017，54（13）．

［168］Drejer I，Østergaard C R. Exploring determinants of firms' collaboration with specific universities：Employee – driven relations and geographical proximity［J］. Regional Studies，2017，51（8）．

［169］Drivas K，Economidou C，Tsionas E G. Production of output and ideas：Efficiency and growth patterns in the United States［J］. Regional Studies，2018，52（1）．

［170］Dronyk – Trosper T. Getting what we vote for：A regression discontinuity test of ballot initiative outcomes [J]. Regional Science & Urban Economics, 2017 (64).

[171] Dubois E, Leprince M. Do closeness and stake increase voter turnout? Evidence from election results in small french towns in Brittany [J]. Regional Studies, 2017, 51 (4).

[172] Dunford M, Liu W. Uneven and combined development [J]. Regional Studies, 2017, 51 (1).

[173] Duvivier C, Polèse M, Apparicio P. The location of information technology – led new economy jobs in cities: Office parks or cool neighbourhoods? [J]. Regional Studies, 2018, 52 (6).

[174] Easley J. Spatial mismatch beyond black and white: Levels and determinants of job access among Asian and Hispanic subpopulations [J]. Urban Studies, 2018, 55 (8).

[175] Easthope H, Stone W, Cheshire L. The decline of "advantageous disadvantage" in gateway suburbs in Australia: The challenge of private housing market settlement for newly arrived migrants [J]. Urban Studies, 2018, 55 (9).

[176] Economist S P, Author C, Author C. Clustered housing cycles [J]. Regional Science & Urban Economics, 2017 (66).

[177] Edwards G A S, Bulkeley H. Urban political ecologies of housing and climate change: The Coolest Block Contest in Philadelphia [J]. Urban Studies, 2017, 54 (5).

[178] Edwards R, Ortega F. The economic contribution of unauthorized workers: An Industry Analysis [J]. Regional Science & Urban Economics, 2017.

[179] Elfversson E, Hã¶Glund K. Home of last resort: Urban land conflict and the Nubians in Kibera, Kenya [J]. Urban Studies, 2018, 55 (8).

[180] Elster Y, Zussman A, Zussman N. Rockets: The housing market effects of a credible terrorist threat [J]. Journal of Urban Economics, 2017 (99).

[181] Elvekrok I, Veflen N, Nilsen E R, et al. Firm innovation benefits from regional triple – helix networks [J]. Regional Studies, 2018, 52 (9).

[182] Epifani I, Nicolini R. Modelling population density over time: How spatial distance matters [J]. Regional Studies, 2017, 51 (4).

[183] Eriksen M D. Difficult Development Areas and the supply of subsidized housin [J]. Regional Science & Urban Economics, 2017 (64).

[184] Ermini B, Santolini R. Urban sprawl and property tax of a city's core and suburbs: Evidence from Italy [J]. Regional Studies, 2017, 51 (9).

[185] Ertugal E. Learning and policy transfer in regional development policy in Turkey [J]. Regional Studies, 2018, 52 (9).

[186] Escribápérez J, Murguigarcía M J. Do market regulations reduce investment? Evidence from European regions [J]. Regional Studies, 2017, 51 (9).

[187] Estiri H, Krause A. A Cohort Location Model of household sorting in US metropoli-

tan regions [J]. Urban Studies, 2017.

[188] Evren Y, Ökten A N. Stickiness and slipperiness in Istanbul's old city jewellery cluster: A survival story [J]. Journal of Economic Geography, 2017, 17 (4).

[189] Ezcurra R, Rodríguezpose A. Does Ethnic Segregation Matter for Spatial Inequality? A Cross – Country Analysis [J]. Journal of Economic Geography, 2017, 17 (6).

[190] Facchini G, Mayda A M, Mendola M. South – South Migration and the Labor Market: Evidence from South Africa [J]. Journal of Economic Geography, 2018, 18 (4).

[191] Fafchamps M, Koelle M, Shilpi F. Gold mining and proto – urbanization: Recent evidence from Ghana [J]. Journal of Economic Geography, 2017, 17 (5).

[192] Faggian A, Rajbhandari I, Dotzel K R. The interregional migration of human capital and its regional consequences: A review [J]. Regional Studies, 2017, 51 (1).

[193] Fahmi F Z, Mccann P, Koster S. Creative economy policy in developing countries: The case of Indonesia [J]. Urban Studies, 2017, 54 (6).

[194] Falck O, Gold R, Heblich S. Lifting the iron curtain: School – age education and entrepreneurial intentions [J]. Journal of Economic Geography, 2017, 17 (5).

[195] Fang J T, Lin J J. School travel modes and childrens spatial cognition [J]. Urban Studies, 2017, 54 (7).

[196] Fang L, Li P, Song S. Chinas development policies and city size distribution: An analysis based on Zipfs law [J]. Urban Studies, 2017, 54 (12).

[197] Farias I, Flores P. A different state of exception: Governing urban reconstruction in post – 27F Chile [J]. Urban Studies, 2017, 54 (5).

[198] Fasani F. Immigrant crime and legal status: Evidence from repeated amnesty programs [J]. Journal of Economic Geography, 2018, 18 (4).

[199] Faye B, Channac F. A hedonic approach to burial plot value in French cemeteries [J]. Urban Studies, 2017, 54 (12).

[200] Feng D. A theoretical framework of the governance institutions of low – income housing in China [J]. Urban Studies, 2018, 55 (9).

[201] Feng J, Tang S, Chuai X. The impact of neighbourhood environments on quality of life of elderly people: Evidence from Nanjing, China [J]. Urban Studies, 2018, 55 (9).

[202] Feng L, Figlio D N, Sass T R. School accountability and teacher mobility [J]. Journal of Urban Economics, 2018 (103).

[203] Fesselmeyer E, Liu H. How much do users value a network expansion? Evidence from the public transit system in singapore [J]. Regional Science & Urban Economics, 2018 (71).

[204] Fesselmeyer E, Seah K Y, Kwok J C Y. The effect of localized density on housing prices in singapore [J]. Regional Science & Urban Economics, 2018 (68).

［205］Firth M，Fu S，Shan L. Do agglomeration economies affect the local comovement of stock returns? Evidence from China［J］. Urban Studies，2017，54（5）.

［206］Fleming D A，Grimes A，Lebreton L，et al. Valuing sunshine［J］. Regional Science & Urban Economics，2018（68）.

［207］Flögel F. Distance and Modern Banks' Lending to SMEs：Ethnographic Insights from a Comparison of Regional and Large Banks in Germany［J］. Journal of Economic Geography，2018，18（1）.

［208］Florida R，Adler P，Mellander C. The city as innovation machine［J］. Regional Studies，2017，51（1）.

［209］Forsberg G，Stenbacka S. How to improve regional and local planning by applying a gender – sensitive analysis：Examples from Sweden［J］. Regional Studies，2018，52（2）.

［210］Fosgerau M，Kim J，Ranjan A. Vickrey meets alonso：Commute scheduling and congestion in a monocentric city［J］. Social Science Electronic Publishing，2018.

［211］Fournier A J. Direct – selling farming and urban externalities：What impact on product quality and market size?［J］. Regional Science & Urban Economics，2018（70）.

［212］Foye C，Clapham D，Gabrieli T. Home – ownership as a social norm and positional good：Subjective wellbeing evidence from panel data［J］. Urban Studies，2018，55（6）.

［213］Fracasso A，Marzetti G V. Estimating dynamic localization economies：The inadvertent success of the specialization index and the location quotient［J］. Regional Studies，2018，52（1）.

［214］Franco S F，Macdonald J L. The effects of cultural heritage on residential property values：Evidence from Lisbon，Portugal［J］. Regional Science & Urban Economics，2018（70）.

［215］Freedman M. Persistence in Industrial Policy Impacts：Evidence from Depression – Era Mississippi［J］. Journal of Urban Economics，2017，102.

［216］Freund，Florian，Hawranek，et al. The Distributional Effect of Commuting Subsidies – Evidence from Ceo – Referenced Data and Large – Scale Policy Reform［J］. Regional Science & Urban Economics，2017（67）.

［217］Fritsch M，Kublina S. Related variety，unrelated variety and regional growth：The role of absorptive capacity and entrepreneurship［J］. Regional Studies，2018，52（10）：1360 – 1371.

［218］Fuller C，West K. The possibilities and limits of political contestation in times of urban austerity［J］. Urban Studies，2017，54（9）.

［219］Gabriel M Ahlfeldt，Arne Feddersen. From periphery to core：Measuring agglomeration effects using high – speed rail［J］. Journal of Economic Geography，2018，18（2）.

［220］Gagliardi L，Iammarino S. Innovation in risky markets：Ownership and location advantages in the UK regions [J]. Journal of Economic Geography, 2018, 18 (5).

[221] Gagliardi L, Percoco M. The impact of European Cohesion Policy in urban and rural regions [J]. Regional Studies, 2017, 51 (6).

[222] Gainza X. Culture – led neighbourhood transformations beyond the revitalisation/gentrification dichotomy [J]. Urban Studies, 2017, 54 (4).

[223] Galletta S. Law enforcement, municipal budgets and spillover effects: Evidence from a quasi – experiment in Italy [J]. Journal of Urban Economics, 2017 (101).

[224] Gallo J L, L' Horty Y, Petit P. Does Enhanced Mobility of Young People Improve Employment and Housing Outcomes? Evidence from a Large and Controlled Experiment in France [J]. Journal of Urban Economics, 2017 (98).

[225] Galster G, Santiago A. Neighbourhood ethnic composition and outcomes for low – income Latino and African American children [J]. Urban Studies, 2017, 54 (2).

[226] Ganong P, Shoag D. Why has regional income convergence in the U. S. declined? [J]. Journal of Urban Economics, 2017 (102).

[227] Gao J, Zhao J. Normative and image motivations for transportation policy compliance [J]. Urban Studies, 2017, 54 (14).

[228] Garcia B. "If everyone says so..." Press narratives and image change in major event host cities [J]. Urban Studies, 2017, 54 (14).

[229] Garcia – López MA, Moreno – Monroy A I. Income segregation in monocentric and polycentric cities: Does urban form really matter? [J]. Regional Science & Urban Economics, 2018 (71).

[230] Garmann S. Electoral cycles in public administration decisions: Evidence from German Municipalities [J]. Regional Studies, 2017, 51 (5).

[231] Garretsen H, Marlet G. Amenities and the attraction of Dutch cities [J]. Regional Studies, 2017, 51 (5).

[232] Gathergood J, Weber J. Financial literacy: A barrier to home ownership for the young? [J]. Journal of Urban Economics, 2017 (99).

[233] Gedal M, Ellen I G. Valuing urban land: Comparing the use of teardown and vacant land sales [J]. Regional Science & Urban Economics, 2018 (70).

[234] Gerritse M, Arribasbel D. Concrete agglomeration benefits: Do roads improve urban connections or just attract more people? [J]. Regional Studies, 2018, 52 (8).

[235] Geyer J. Housing Demand and Neighborhood Choice with Housing Vouchers [J]. Journal of Urban Economics, 2017 (99).

[236] Ghadban S, Albishawi M, Jørgensen K. Women' s behaviour in public spaces and the influence of privacy as a cultural value: The case of Nablus, Palestine [J]. Urban Studies, 2017, 54 (7).

［237］ Ghosh S, Mastromarco C. Exports, immigration and human capital in US states ［J］. Regional Studies, 2018, 52 (6).

［238］ Giacomelli S, Menon C. Does weak contract enforcement affect firm size? Evidence from the neighbour's court ［J］. Journal of Economic Geography, 2017, 17 (6).

［239］ Gibbs D, O'Neill K. Future green economies and regional development: A research agenda ［J］. Regional Studies, 2017, 51 (1).

［240］ Giuliano G, Kang S, Yuan Q, et al. Using proxies to describe the metropolitan freight landscape ［J］. Urban Studies, 2018, 55 (6).

［241］ Giusta M D, Tommaso M L D, Jewell S L. Men buying sex. Differences between urban and rural areas in the UK ［J］. Urban Studies, 2017 (54).

［242］ Glaeser E L, Steinberg B M. Transforming cities: Does urbanization promote democratic change? ［J］. Regional Studies, 2017, 51 (1).

［243］ Gonzalez A V, Mack E A, Flores M. Industrial complexes in Mexico: Implications for regional industrial policy based on related variety and smart specialization ［J］. Regional Studies, 2017, 51 (4).

［244］ Goodman A C, Smith B C. Location of health professionals: The supply side ［J］. Regional Science & Urban Economics, 2018 (68).

［245］ Gordon L Clark. Learning – by – doing and knowledge management in financial markets ［J］. Journal of Economic Geography, 2018, 18 (2).

［246］ Gorman – Murray A, Nash C J. Transformations in LGBT consumer landscapes and leisure spaces in the neoliberal city ［J］. Urban Studies, 2017 (54).

［247］ Gray D. An application of two non – parametric techniques to the prices of British dwellings: An examination of cyclicality ［J］. Urban Studies, 2018 (10).

［248］ Gray D. Convergence and divergence in British housing space ［J］. Regional Studies, 2018, 52 (7).

［249］ Green A E. Implications of technological change and austerity for employability in urban labour markets ［J］. Urban Studies, 2017, 54 (7).

［250］ Grillitsch M, Nilsson M. Firm performance in the periphery: On the relation between firm – internal knowledge and local knowledge spillovers ［J］. Regional Studies, 2017, 51 (8).

［251］ Gu Y, Deakin E, Long Y. The effects of driving restrictions on travel behavior evidence from Beijing ［J］. Journal of Urban Economics, 2017 (102).

［252］ Guettabi M, Munasib A. Stand Your Ground laws, homicides and gun deaths ［J］. Regional Studies, 2018, 52 (9).

［253］ Guisinger A, Hernandezmurillo R, Owyang M, et al. A State – Level Analysis of Okun's Law ［J］. Regional Science & Urban Economics, 2018 (68).

［254］Guo Y, Zhang C, Wang Y P, et al. （De－）Activating the growth machine for redevelopment：The case of Liede urban village in Guangzhou ［J］. Urban Studies, 2018, 55 （7）.

［255］Halás M, Klapka P. Functionality versus gerrymandering and nationalism in administrative geography：Lessons from Slovakia ［J］. Regional Studies, 2017, 51 （10）.

［256］Hall J. Does school district and municipality border congruence matter? ［J］. Urban Studies, 2017, 54 （7）.

［257］Hall S M, King J, Finlay R. Migrant infrastructure：Transaction economies in Birmingham and Leicester ［J］. Urban Studies, 2017, 54 （6）.

［258］Han S. Social Capital and Interlocal Service Collaboration in US Counties ［J］. Regional Studies, 2017, 51 （5）.

［259］Han X, Hsieh C S, Lee L F. Estimation and model selection of higher－order spatial autoregressive model：An efficient bayesian approach ［J］. Regional Science & Urban Economics, 2017 （63）.

［260］Haneweijman E, Eriksson R H, Henning M. Returning to work：Regional determinants of re－employment after major redundancies ［J］. Regional Studies, 2018, 52 （6）.

［261］Hang K H, Atkinson R G. Looking for big "fry"：The motives and methods of middle－class international property investors ［J］. Urban Studies, 2018, 55 （9）.

［262］Hanlon W W, Miscio A. Agglomeration：A long－run panel data approach ［J］. Journal of Urban Economics, 2017 （99）.

［263］Hansen T, Mattes J. Proximity and power in collaborative innovation projects ［J］. Regional Studies, 2018, 52 （1）.

［264］Harding J P, Rosenthal S S. Homeownership, housing capital gains and self－employment ［J］. Journal of Urban Economics, 2017 （99）.

［265］Harris R, Moffat J. The sources of the Scotland－Rest of the UK productivity gap：Implications for policy ［J］. Regional Studies, 2017, 51 （9）.

［266］Hartwell C A. Bringing the benefits of David to Goliath：Special economic zones and institutional improvement ［J］. Regional Studies, 2018, 52 （10）.

［267］Hatuka T, Toch E. Being visible in public space：The normalisation of asymmetrical visibility ［J］. Urban Studies, 2017, 54 （4）.

［268］Haussen T, Uebelmesser S. Job changes and interregional migration of graduates ［J］. Regional Studies, 2018, 52 （10）.

［269］He M, Chen Y, Schramm R. Technological spillovers in space and firm productivity：Evidence from China's electric apparatus industry ［J］. Urban Studies, 2018, 55 （11）.

［270］He S Y. A hierarchical estimation of school quality capitalisation in house prices in Orange County, California ［J］. Urban Studies, 2017, 54 （14）.

［271］He S，Qian J. From an emerging market to a multifaceted urban society：Urban China Studies［J］. Urban Studies，2017，54（4）.

［272］He Z，Shi X，Wang X，et al. Urbanisation and the geographic concentration of industrial SO$_2$ emissions in China［J］. Urban Studies，2017，54（15）.

［273］Henderson J，Mcwilliams C，Henderson J，et al. The UK community anchor model and its challenges for community sector theory and practice［J］. Urban Studies，2017，54（16）.

［274］Henley A. The post－crisis growth in the self－employed：Volunteers or reluctant recruits?［J］. Regional Studies，2017，51（9）.

［275］Herstad S J. Innovation strategy choices in the urban economy［J］. Urban Studies，2018，55（6）.

［276］Hervás－Oliver J L，Albors－Garrigos J，Estelles－Miguel S，et al. Radical innovation in Marshallian industrial districts［J］. Regional Studies，2018，52（10）.

［277］Higgins C，Kanaroglou P. Rapid transit，transit－oriented development，and the contextual sensitivity of land value uplift in Toronto［J］. Urban Studies，2018（10）.

［278］Hilber C A L，Lyytikäinen T. Transfer taxes and household mobility：Distortion on the housing or labor market?［J］. Journal of Urban Economics，2017（101）.

［279］Hincks S. Deprived neighbourhoods in transition：divergent pathways of change in the Greater Manchester City－Region［J］. Urban Studies，2017，54（4）.

［280］Hinkley S. Structurally adjusting：Narratives of fiscal crisis in four US cities［J］. Urban Studies，2017，54（9）.

［281］Hirota H，Yunoue H. Evaluation of the fiscal effect on municipal mergers：Quasi－experimental evidence from Japanese municipal data［J］. Regional Science & Urban Economics，2017（66）.

［282］Ho E. Smart subjects for a Smart Nation? Governing（smart）mentalities in Singapore［J］. Urban Studies，2017，54（13）.

［283］Hochstenbach C，Boterman W R. Intergenerational support shaping residential trajectories：Young people leaving home in a gentrifying city［J］. Urban Studies，2017，54（2）.

［284］Hodgetts D，Young－Hauser A，Chamberlain K，et al. Pharmaceuticalisation in the city［J］. Urban Studies，2017，54（15）.

［285］Hong K，Zimmer R，Engberg J. How does grade configuration impact student achievement in elementary and middle school grades?［J］. Journal of Urban Economics，2018.

［286］Hou Y. Traffic congestion，accessibility to employment，and housing prices：A study of single－family housing market in Los Angeles County［J］. Urban Studies，2017，54（15）.

［287］Houston D, Reuschke D. City economies and microbusiness growth［J］. Urban Studies, 2017, 54（14）.

［288］Hsieh C S, Xu L. Gender and racial peer effects with endogenous network formation［J］. Regional Science & Urban Economics, 2017.

［289］Hsu C Y, Chang S S, Yip P. Individual –, household – and neighbourhood – level characteristics associated with life satisfaction：A multilevel analysis of a population – based sample from Hong Kong［J］. Urban Studies, 2017, 54（16）.

［290］Hu R. The impact of rail transit on the distribution of new housing projects in Beijing［J］. Urban Studies, 2017, 54（8）.

［291］Hu X, Wu C, Wang J, et al. Identification of spatial variation in road network and its driving patterns：Economy and population［J］. Urban Studies, 2018.

［292］Hu X, Hassink R. Place leadership with Chinese characteristics? A case study of the Zaozhuang coal – mining region in transition［J］. Regional Studies, 2017, 51（2）.

［293］Hu X, Wu C, Wang J, et al. Identification of spatial variation in road network and its driving patterns：Economy and population［J］. Regional Science & Urban Economics, 2018（71）.

［294］Huallacháin BÓ, Douma J, Kane K. Globalizing manufacturing but not invention：Automotive transplants in the United States［J］. Regional Studies, 2018, 52（6）.

［295］Huang N, Li J, Ross A. The impact of the cost of car ownership on the house price gradient in Singapore［J］. Regional Science & Urban Economics, 2018（68）.

［296］Huang Z, Du X. Strategic interaction in local governments industrial land supply：Evidence from China［J］. Urban Studies, 2017, 54（6）.

［297］Hubbard P, Collins A, Gorman – Murray A. Introduction：Sex, consumption and commerce in the contemporary city［J］. Urban Studies, 2017（54）.

［298］Hudson C, Hudson J, Morley B. Differing house price linkages across UK regions：A multi – dimensional recursive ripple model［J］. Urban Studies, 2018, 55（8）.

［299］Huggins R, Prokop D. Network structure and regional innovation：A study of university – industry ties［J］. Urban Studies, 2017, 54（4）.

［300］Huggins R, Waite D, Munday M. New directions in regional innovation policy：A network model for generating entrepreneurship and economic development［J］. Regional Studies, 2018, 52（9）.

［301］Huh D, Park S O. Organizational routines and regional industrial paths：The IT service industry in the US national capital region［J］. Regional Studies, 2018, 52（6）.

［302］Hulse K, Reynolds M. Investification：Financialisation of housing markets and persistence of suburban socio – economic disadvantage［J］. Urban Studies, 2018, 55（8）.

［303］Humphreys B R, Nowak A. Professional sports facilities, teams and property values: Evidence from NBA team departures [J]. Regional Science & Urban Economics, 2017 (66).

[304] Hyun D, Milcheva S. Spatial dependence in apartment transaction prices during boom and bust [J]. Regional Science & Urban Economics, 2018 (68).

[305] Iacono M, Levinson D. Accessibility dynamics and location premia: Do land values follow accessibility changes? [J]. Urban Studies, 2017, 54 (2).

[306] Ihlanfeldt K R, Mayock T. School segregation and the foreclosure crisis [J]. Regional Science & Urban Economics, 2018 (68).

[307] Imeraj L, Willaert D, Finney N, et al. Cities' attraction and retention of graduates: A more – than – economic approach [J]. Regional Studies, 2018, 52 (8).

[308] Ina Drejer, Christian Richter Østergaard. Exploring determinants of firms' collaboration with specific universities: Employee – driven relations and geographical proximity [J]. Regional Studies, 2017, 51 (2).

[309] Inci E, Ommeren J N V, Kobus M. The external cruising costs of parking [J]. Journal of Economic Geography, 2017, 17 (6).

[310] Ioannides Y M, Zhang J. Walled cities in late imperial china [J]. Journal of Urban Economics, 2017 (98).

[311] Iwama N, Asakawa T, Tanaka K, et al. Analysis of the factors that disrupt dietary habits in the elderly: A case study of a Japanese food desert [J]. Urban Studies, 2017, 54 (15).

[312] J. Kunkel. Gentrification and the flexibilisation of spatial control: Policing sex work in Germany [J]. Urban Studies, 2017 (54).

[313] Jackson K. Regulation, land constraints, and california's boom and bust [J]. Regional Science & Urban Economics, 2018 (68).

[314] Jahn M. Extending the FLQ formula: A location quotient – based interregional input – output framework [J]. Regional Studies, 2017, 51 (10).

[315] Jansson T. Housing choices and labor income risk [J]. Journal of Urban Economics, 2017 (99).

[316] Jaroszynski M, Brown J, Bhattacharya T. An Examination of the relationship between urban decentralization and transit decentralization in a small – sized U. S. Metropolitan Area [J]. Urban Studies, 2017, 54 (6).

[317] Jensen C. The employment impact of Poland's special economic zones policy [J]. Regional Studies, 2018, 52 (7).

[318] Jigoria – Oprea L, Popa N. Industrial brownfields: An unsolved problem in post – socialist cities. A comparison between two mono industrial cities: Resita (Romania) and Pancevo (Serbia) [J]. Urban Studies, 2017, 54 (12).

［319］Jin J, Paulsen K. Does accessibility matter? Understanding the effect of job accessibility on labour market outcomes ［J］. Urban Studies, 2017, 55 （1）.

［320］Jin M, Zheng C. Polycentric development under public leasehold：A spatial analysis of commercial land use rights ［J］. Regional Science & Urban Economics, 2018 （71）.

［321］Jones K, Johnston R, Forrest J, et al. Ethnic and class residential segregation：Exploring their intersection – a multilevel analysis of ancestry and occupational class in Sydney ［J］. Urban Studies, 2018, 55 （6）.

［322］Jun M J, Choi S, Wen F, et al. Effects of urban spatial structure on level of excess commutes：A comparison between Seoul and Los Angeles ［J］. Urban Studies, 2017, 55 （1）.

［323］K Parizeau. Witnessing urban change：Insights from informal recyclers in Vancouver, BC ［J］. Urban Studies, 2017, 54 （8）.

［324］Kandt J, Chang S S, Yip P, et al. The spatial pattern of premature mortality in Hong Kong：How does it relate to public housing? ［J］. Urban Studies, 2017, 54 （5）.

［325］Kang L, Peng F. Wage flexibility in the Chinese labour market, 1989 – 2009 ［J］. Regional Studies, 2017, 51 （4）.

［326］Kashiha M, Depken C, Thill J C. Border effects in a free – trade zone：Evidence from European wine shipments ［J］. Journal of Economic Geography, 2017, 17 （2）.

［327］Kawaguchi D, Yukutake N. Estimating the residential land damage of the Fukushima nuclear accident ［J］. Journal of Urban Economics, 2017 （99）.

［328］Keating M. Contesting European regions ［J］. Regional Studies, 2017, 51 （1）.

［329］Kemney T, Cooke A. Spillovers from immigrant diversity in cities ［J］. Journal of Economic Geography, 2018, 18 （1）.

［330］Keskin B, Watkins C. Defining spatial housing submarkets：Exploring the case for expert delineated boundaries ［J］. Urban Studies, 2017, 54 （6）.

［331］Kholodilin K A, Michelsen C. The market value of energy efficiency in buildings and the mode of tenure ［J］. Urban Studies, 2017, 54 （14）.

［332］Kim D J, Park I K. The local distribution of endowments matters：Modelling tax competition with heterogeneous local residents ［J］. Urban Studies, 2017, 54 （14）.

［333］Kim J, Larsen K. Can new urbanism infill development contribute to social sustainability? The case of Orlando, Florida ［J］. Urban Studies, 2017, 54 （16）.

［334］Klein N. More than just a bus ride：The role of perceptions in travel behaviour ［J］. Urban Studies, 2017, 54 （11）.

［335］Knight E, Wójcik D. Geographical linkages in the financial services industry：A dialogue with organizational studies ［J］. Regional Studies, 2017, 51 （1）.

［336］Koblyakova A, White M. Supply driven mortgage choice ［J］. Urban Studies,

2017, 54 (5) .

［337］Kogler D F, Essletzbichler J, Rigby D L. The evolution of specialization in the EU15 knowledge space［J］. Journal of Economic Geography, 2017, 17 (2) .

［338］Kone Z L, Liu M Y, Mattoo A, et al. Internal borders and migration in India［J］. Journal of Economic Geography, 2018, 18 (4) .

［339］Kong T S. Sex and work on the move: Money boys in post – socialist China［J］. Urban Studies, 2017 (54) .

［340］Kono T, Joshi K K. Spatial Externalities and land use regulation: An integrated set of multiple density regulations［J］. Journal of Economic Geography, 2018, 18 (3) .

［341］Korosteleva J, Belitski M. Entrepreneurial dynamics and higher education institutions in the post – communist world［J］. Regional Studies, 2017, 51 (3) .

［342］Kouvo A, Haverinen R. Dealing with disturbances: Intervention and adaptation in Finnish neighbourhoods［J］. Urban Studies, 2017, 54 (16) .

［343］Kuang C. Does quality matter in local consumption amenities? An empirical investigation with Yelp［J］. Journal of Urban Economics, 2017 (100) .

［344］Kyriakopoulou E, Xepapadeas A. Atmospheric pollution in rapidly growing industrial cities: Spatial policies and land use patterns［J］. Journal of Economic Geography, 2017, 17 (3) .

［345］Kythreotis A P, Bristow G I. The "resilience trap": Exploring the practical utility of resilience for climate change adaptation in UK city – regions［J］. Regional Studies, 2017, 51 (10) .

［346］Lachapelle U, A Tanguay G, Neumark – Gaudet L. Telecommuting and sustainable travel: Reduction of overall travel time, increases in non – motorised travel and congestion relief?［J］. Urban Studies, 2018 (10) .

［347］Lafrombois M H. Blind spots and pop – up spots: A feminist exploration into the discourses of do – it – yourself (DIY) urbanism［J］. Urban Studies, 2017, 54 (2) .

［348］Lai Y, Chan E H W, Choy L. Village – led land development under state – led institutional arrangements in urbanising China: The case of Shenzhen［J］. Urban Studies, 2017, 54 (7) .

［349］Larsson J P. Non – routine activities and the within – city geography of jobs［J］. Urban Studies, 2017, 54 (8) .

［350］Lavertu S, Clair T S. Beyond spending levels: Revenue uncertainty and the performance of local governments［J］. Journal of Urban Economics, 2018 (106) .

［351］Lay J, Nolte K. Determinants of foreign land acquisitions in low – and middle – income countries［J］. Journal of Economic Geography, 2018, 18 (1) .

［352］Lee J W Y, Tang W S. The hegemony of the real estate industry: Redevelopment of government/institution or community （G/IC） land in Hong Kong ［J］. Urban Studies, 2017, 54 （15） .

［353］ Lee J, Vojnovic I, Grady S C. The "transportation disadvantaged": Urban form, gender and automobile versus non – automobile travel in the Detroit region ［J］. Urban Studies, 2018, 55 （11） .

［354］ Lee N. Powerhouse of cards? Understanding the Northern Powerhouse ［J］. Regional Studies, 2017, 51 （3） .

［355］ Legower M. Promise scholarship programs as place – Making policy: Evidence from school enrollment and housing prices ［J］. Journal of Urban Economics, 2017 （101） .

［356］ Lei Zhang, Yimin Yi. Quantile house price indices in Beijing ［J］. Regional Science & Urban Economics, 2017 （63） .

［357］ Leigh N G, Kraft B R. Emerging robotic regions in the United States: Insights for regional economic evolution ［J］. Regional Studies, 2018, 52 （6） .

［358］ Lemos S. Mind the Gap: A detailed picture of the immigrant – native earnings gap in the UK using longitudinal data between 1978 and 2006 ［J］. Regional Science & Urban Economics, 2017 （63） .

［359］ Lengyel B, Eriksson R H. Co – worker networks, labour mobility and productivity growth in regions ［J］. Journal of Economic Geography, 2017, 17 （3） .

［360］ Lens M C. Extremely low – income households, housing affordability and the Great Recession ［J］. Urban Studies, 2018, 55 （8） .

［361］ Lesage J P, Vance C, Chih Y Y. A Bayesian heterogeneous coefficients spatial autoregressive panel data model of retail fuel duopoly pricing ［J］. Regional Science & Urban Economics, 2017 （62） .

［362］ Levy J P, Boisard O, Salingue J. The ASHA model: An alternative to the Markovian approach to housing vacancy chains: An application to the study of population in Lille （Nord, France） ［J］. Urban Studies, 2017, 54 （11） .

［363］ Lewin P A, Watson P, Brown A. Surviving the Great Recession: The influence of income inequality in US urban counties ［J］. Regional Studies, 2018, 52 （6） .

［364］ Lewis B D. Local government spending and service delivery in Indonesia: The perverse effects of substantial fiscal resources ［J］. Regional Studies, 2017, 51 （11） .

［365］ Lewis N M. Canaries in the mine? Gay community, consumption and aspiration in neoliberal Washington, DC ［J］. Urban Studies, 2017 （54） .

［366］ Li B, Liu C. Emerging selective regimes in a fragmented authoritarian environment: The "three old redevelopment policy" in Guangzhou, China from 2009 to 2014 ［J］. Urban Studies, 2018, 55 （7） .

［367］ Li H, Wei Y D, Korinek K. Modelling urban expansion in the transitional Greater

Mekong Region [J]. Urban Studies, 2018, 55 (8).

[368] Li S M, Mao S. Exploring residential mobility in Chinese cities: An empirical analysis of Guangzhou [J]. Urban Studies, 2017, 54 (16).

[369] Li V J, Cheng A W W, Cheong T S. Home purchase restriction and housing price: A distribution dynamics analysis [J]. Regional Science & Urban Economics, 2017 (67).

[370] Li W, Joh K. Exploring the synergistic economic benefit of enhancing neighbourhood bikeability and public transit accessibility based on real estate sale transactions [J]. Urban Studies, 2017, 54 (15).

[371] Li W, Oswald F. Recourse and residential mortgages: The case of Nevada [J]. Journal of Urban Economics, 2017 (101).

[372] Li Z, Wu M, Chen B. Is road infrastructure investment in China excessive? Evidence from productivity of firms [J]. Regional Science & Urban Economics, 2017 (65).

[373] Liang H, Zhang Q. Assessing the public transport service to urban parks on the basis of spatial accessibility for citizens in the compact megacity of Shanghai, China [J]. Urban Studies, 2018, 55 (9).

[374] Liang J. Trade shocks, new industry entry and industry relatedness [J]. Regional Studies, 2017, 51 (12).

[375] Lim J, Loveridge S, Shupp R, et al. Double danger in the double wide: Dimensions of poverty, housing quality and tornado impacts [J]. Regional Science & Urban Economics, 2017 (65).

[376] Lim K F. State rescaling, policy experimentation and path dependency in post – Mao China: A dynamic analytical framework [J]. Regional Studies, 2017, 51 (10).

[377] Lindenblatt A, Egger P. The long shadow of the Iron Curtain for female sex workers in German cities: Border effects and regional differences [J]. Urban Studies, 2017 (54).

[378] Lindenthal T, Eichholtz P, Geltner D. Land assembly in Amsterdam, 1832 – 2015 [J]. Regional Science & Urban Economics, 2017 (64).

[379] Lisciandra M, Millemaci E. The economic effect of corruption in Italy: A regional panel analysis [J]. Regional Studies, 2017, 51 (9).

[380] Litzel N. Does embeddedness in clusters enhance firm survival and growth? An establishment – level analysis using CORIS data [J]. Regional Studies, 2017, 51 (4).

[381] Liu C H, Rosenthal S S, Strange W C. The vertical city: Rent gradients, spatial structure, and agglomeration economies [J]. Journal of Urban Economics, 2018.

[382] Liu L, Huang Y, Zhang W. Residential segregation and perceptions of social integration in Shanghai, China [J]. Urban Studies, 2018, 55 (7).

[383] Liu Q, Wang J, Chen P, et al. How does parking interplay with the built environment and affect automobile commuting in high – density cities? A case study in China [J]. Urban

Studies, 2017, 54 (14).

［384］Liu R, Scholnick B, Finn A. The complexity of outsourced services and the role of international business travel［J］. Journal of Economic Geography, 2017, 17 (3).

［385］Liu Y, Dijst M, Geertman S. The subjective well‐being of older adults in Shanghai: The role of residential environment and individual resources［J］. Urban Studies, 2017, 54 (7).

［386］Liu Y, Xu W, Shen J, et al. Market expansion, state intervention and wage differentials between economic sectors in urban China: A multilevel analysis［J］. Urban Studies, 2017, 54 (11).

［387］Liu Z, Wang Y, Chen S. Does formal housing encourage settlement intention of rural migrants in Chinese cities? A structural equation model analysis［J］. Urban Studies, 2017, 54 (8).

［388］Lopez E, Hewings G J D. Housing price indices for small spatial units［J］. Regional Science & Urban Economics, 2018 (70).

［389］López M A M. Squatters and migrants in Madrid: Interactions, contexts and cycles ［J］. Urban Studies, 2017 (54).

［390］López‐Torres L, Nicolini R, Prior D. Does strategic interaction affect demand for school places? A conditional efficiency approach［J］. Regional Science & Urban Economics, 2017 (65).

［391］Lowe N J, Wolfpowers L. Who works in a working region? Inclusive innovation in the new manufacturing economy［J］. Regional Studies, 2018, 52 (6).

［392］Lu Z, Crittenden J, Southworth F, et al. An integrated framework for managing the complex interdependence between infrastructures and the socioeconomic environment: An application in metropolitan Atlanta［J］. Urban Studies, 2017, 54 (12).

［393］Lundberg J. Does academic research affect local growth? Empirical evidence based on Swedish data［J］. Regional Studies, 2017, 51 (4).

［394］Lymperopoulou K, Finney N. Socio‐spatial factors associated with ethnic inequalities in districts of England and Wales, 2001‐2011［J］. Urban Studies, 2017, 54 (11).

［395］M Fawaz. Exceptions and the actually existing practice of planning: Beirut (Lebanon) as case study［J］. Urban Studies, 2017, 54 (8).

［396］Machin, Stephen丨Murphy, Richard. Paying out and crowding out? The globalisation of higher education［J］. Journal of Economic Geography, 2017, 17 (5).

［397］MacLeavy J, Manley D. (Re) discovering the lost middle: Intergenerational inheritances and economic inequality in urban and regional research［J］. Regional Studies, 2018, 52 (10).

［398］Madden D J. Pushed off the map: Toponymy and the politics of place in New York

City [J]. Urban Studies, 2018, 55 (8).

[399] Maginn P. "Ulster Says No": Regulating the consumption of commercial sex spaces and services in Northern Ireland [J]. Social Science Electronic Publishing, 2017 (54).

[400] Malet Calvo D. Understanding international students beyond studentification: A new class of transnational urban consumers. The example of Erasmus students in Lisbon (Portugal) [J]. Urban Studies, 2018 (10).

[401] Malykhin N, Ushchev P. How market interactions shape the city structure [J]. Regional Science & Urban Economics, 2018 (71).

[402] Manelici I. Terrorism and the value of proximity to public transportation: Evidence from the 2005 London Bombings [J]. Journal of Urban Economics, 2017 (102).

[403] Manzi T, Morrison N. Risk, commercialism and social purpose: Repositioning the English housing association sector [J]. Urban Studies, 2018, 55 (9).

[404] Marcon E, Puech F. A typology of distance – based measures of spatial concentration [J]. Regional Science & Urban Economics, 2017 (62).

[405] Marek P, Titze M, Fuhrmeister C, et al. R&D collaborations and the role of proximity [J]. Regional Studies, 2017, 51 (12).

[406] Mariani F, Mercier M, Verdier T. Diasporas and conflict [J]. Journal of Economic Geography, 2018, 18 (4).

[407] Marius Brülhart, Helen Simpson. Agglomeration economies, taxable rents and government capture: Evidence from a place – based policy [J]. Journal of Economic Geography, 2018, 18 (2).

[408] Marshall D, Dawson J, Nisbet L. Food access in remote rural places: Consumer accounts of food shopping [J]. Regional Studies, 2018, 52 (1).

[409] Martícosta M, Tomàs M. Urban governance in Spain: From democratic transition to austerity policies [J]. Urban Studies, 2017, 54 (9).

[410] Martin A, Crewe L. Sex and the city: Branding, gender and the commodification of sex consumption in contemporary retailing [J]. Urban Studies, 2017 (54).

[411] Martin Pelucha, Viktor Kveton. The role of EU rural development policy in the neo – productivist agricultural paradigm [J]. Regional Studies, 2017, 51 (2).

[412] Martinetti D, Geniaux G. Approximate likelihood estimation of spatial probit models [J]. Regional Science & Urban Economics, 2017 (64).

[413] Martinezcovarrubias J L, Lenihan H, Hart M. Public support for business innovation in Mexico: A cross – sectional analysis [J]. Regional Studies, 2017, 51 (12).

[414] Martinus K, Sigler T J. Global city clusters: Theorizing spatial and non – spatial proximity in inter – urban firm networks [J]. Regional Studies, 2018, 52 (8).

[415] Marvin S, Rutherford J. Controlled environments: An urban research agenda on mi-

croclimatic enclosure ［J］. Urban Studies, 2018, 55 （6）.

［416］ Mascia D, Pallotti F, Angeli F. Don't stand so close to me: Competitive pressures, proximity and inter – organizational collaboration ［J］. Regional Studies, 2017, 51 （9）.

［417］ Masouman A, Harvie C. Regional economic modelling through an embedded econometric – inter – industry framework ［J］. Regional Studies, 2018, 52 （9）.

［418］ Mathews M. Managing local supplier networks: Conflict or compromise? ［J］. Regional Studies, 2018, 52 （7）.

［419］ Mattos E, Politi R, Yamaguchi A. Grants and dispersion of local education spending in Brazil ［J］. Regional Studies, 2018, 52 （2）.

［420］ May T P. Urban crisis: Bonfire of vanities to find opportunities in the ashes ［J］. Urban Studies, 2017, 54 （9）.

［421］ Mayer T, Trevien C. The impact of urban public transportation evidence from the Paris Region ［J］. Journal of Urban Economics, 2017.

［422］ Mayock T, Malacrida R S. Socioeconomic and racial disparities in the financial returns to homeownership ［J］. Regional Science & Urban Economics, 2018 （70）.

［423］ Mccracken S, Ramlogandobson C, Stack M M. A gravity model of remittance determinants: Evidence from latin america and the caribbean ［J］. Regional Studies, 2017, 51 （5）.

［424］ McDonald J F. Minority groups in the metropolitan Chicago housing market: 1970 – 2015 ［J］. Urban Studies, 2018, 55 （11）.

［425］ Mcintyre S G. Personal indebtedness, community characteristics and theft crimes ［J］. Urban Studies, 2017, 54 （10）.

［426］ Mcmillan A, Lee S. Smart growth characteristics and the spatial pattern of multifamily housing in US metropolitan areas ［J］. Urban Studies, 2017, 54 （15）.

［427］ Meier H, Rehdanz K. The amenity value of the British climate ［J］. Urban Studies, 2017, 54 （5）.

［428］ Mellander C, Stolarick K, Lobo J. Distinguishing neighbourhood and workplace network effects on individual income: Evidence from Sweden ［J］. Regional Studies, 2017, 51 （11）.

［429］ Melo P C. People, Places and earnings differentials in Scotland ［J］. Regional Studies, 2017, 51 （3）.

［430］ Melser D. Disaggregated property price appreciation: The mixed repeat sales model ［J］. Regional Science & Urban Economics, 2017 （66）.

［431］ Meltzer R, Capperis S. Neighbourhood differences in retail turnover: Evidence from New York city ［J］. Urban Studies, 2017, 54 （13）.

［432］ Meltzer R, Ghorbani P. Does gentrification increase employment opportunities in low –

income neighborhoods? [J]. Regional Science & Urban Economics, 2017 (66).

[433] Mendez P. Encounters with difference in the subdivided house: The case of secondary suites in Vancouver [J]. Urban Studies, 2018, 55 (6).

[434] Menzel M P, Feldman M P, Broekel T. Institutional change and network evolution: Explorative and exploitative tie formations of co – inventors during the dot – com bubble in the Research Triangle region [J]. Regional Studies, 2017, 51 (8).

[435] Metz N, Burdina M. Neighbourhood income inequality and property crime [J]. Urban Studies, 2017, 55 (1).

[436] Metzger J, Wiberg S. Contested framings of urban qualities: Dis/qualifications of value in urban development controversies [J]. Urban Studies, 2018 (10).

[437] Miao J T. Housing the knowledge economy in China: An examination of housing provision in support of science parks [J]. Urban Studies, 2017, 54 (6).

[438] Miao J T. Parallelism and evolution in transnational policy transfer networks: The case of Sino – Singapore Suzhou Industrial Park (SIP) [J]. Regional Studies, 2018, 52 (9).

[439] Michael Storper. Separate worlds? Explaining the current wave of regional economic polarization [J]. Journal of Economic Geography, 2018, 18 (2).

[440] Millo G. A simple randomization test for spatial correlation in the presence of common factors and serial correlation [J]. Regional Science & Urban Economics, 2017 (66).

[441] Miltenburg E M, Meer T W V D. Lingering neighbourhood effects: A framework to account for residential histories and temporal dynamics [J]. Urban Studies, 2017, 55 (1).

[442] Minale L. Agricultural productivity shocks, labor reallocation, and rural – urban migration in China [J]. Journal of Economic Geography, 2018, 18 (4).

[443] Minner J S, Xiao S. Churn and change along commercial strips: Spatial analysis of patterns in remodeling activity and landscapes of local business [J]. Urban Studies, 2017, 54 (16).

[444] Miquel – Àngel Garcia – López, Moreno – Monroy A I. Income segregation in monocentric and polycentric cities: Does urban form really matter? [J]. Urban Studies, 2018 (71).

[445] Moeller J, Zierer M. Autobahns and jobs – A regional study using historical instrumental variables [J]. Journal of Urban Economics, 2018 (103).

[446] Moon B. Housing investment, default risk, and expectations: Focusing on the chonsei, market in Korea [J]. Regional Science & Urban Economics, 2018 (71).

[447] Morgan K, Munday M, Roberts A. Local economic development opportunities from NHS spending: Evidence from Wales [J]. Urban Studies, 2017, 54 (13).

[448] Moro A. Distribution dynamics of property crime rates in the United States [J]. Ur-

ban Studies, 2017, 54（11）.

［449］ Morrison N. Selling the family silver? Institutional entrepreneurship and asset disposal in the English housing association sector［J］. Urban Studies, 2017, 54（12）.

［450］ Moser M, Schnetzer M. The income – inequality nexus in a developed country: Small – scale regional evidence from Austria［J］. Regional Studies, 2017, 51（3）.

［451］ Mothorpe C. The impact of uncertainty on school quality capitalization using the border method［J］. Regional Science & Urban Economics, 2018（70）.

［452］ Mouratidis K. Is compact city livable? The impact of compact versus sprawled neighbourhoods on neighbourhood satisfaction［J］. Urban Studies, 2018, 55（11）.

［453］ Murakami J, Chang Z. Polycentric development under public leasehold: A spatial analysis of commercial land use rights［J］. Urban Studies, 2018.

［454］ Murphy D. Home production, expenditure, and economic geography［J］. Regional Science & Urban Economics, 2018（70）.

［456］ Musso J, Weare C. Social capital and community representation: How multiform networks promote local democracy in Los Angeles［J］. Urban Studies, 2017, 54（11）.

［457］ N Braakmann. The link between crime risk and property prices in England and Wales: Evidence from street – level data［J］. Urban Studies, 2017, 54（8）.

［458］ Nadalin V, Igliori D. Empty spaces in the crowd. Residential vacancy in Sao Paulos city centre［J］. Urban Studies, 2017, 54（13）.

［459］ Nagayasu J. Regional inflation, spatial locations and the Balassa – Samuelson effect: Evidence from Japan［J］. Urban Studies, 2017, 54（6）.

［460］ Nakamura S. Does slum formalisation without title provision stimulate housing improvement? A case of slum declaration in Pune, India［J］. Urban Studies, 2017, 54（7）.

［461］ Naqvi I. Contesting access to power in urban Pakistan［J］. Urban Studies, 2018, 55（6）.

［462］ Navamuel E L, Vázquez E F, Morollón F R. Higher cost of living in urban areas? An AIDS – based analysis of food in Spain［J］. Regional Studies, 2017, 51（11）.

［463］ Naveed A, Javakhishvililarsen N, Schmidt T D. Labour mobility and local employment: Building a local employment base from labour mobility?［J］. Regional Studies, 2017, 51（11）.

［464］ Ndjio B. Sex and the transnational city: Chinese sex workers in the West African city of Douala［J］. Urban Studies, 2017, 54（4）.

［465］ Neal Z P. The urban metabolism of airline passengers: Scaling and sustainability［J］. Urban Studies, 2017, 55（1）.

［466］ Nichols M W, Tosun M S. The impact of legalized casino gambling on crime［J］. Regional Science & Urban Economics, 2017（66）.

［467］Nieuwenhuis J, Hooimeijer P, Ham M V, et al. Neighbourhood immigrant concentration effects on migrant and native youths educational commitments, an enquiry into personality differences ［J］. Urban Studies, 2017, 54 (10) .

［468］Nitsch V, Wendland N. The IOC's Midas Touch: Summer Olympics and city growth ［J］. Urban Studies, 2017, 54 (4) .

［469］Nogare C D, Kauder B. Term limits for mayors and intergovernmental grants: Evidence from Italian cities ［J］. Regional Science & Urban Economics, 2017 (64) .

［470］Noorloos F V, Kloosterboer M. Africa's new cities: The contested future of urbanisation ［J］. Urban Studies, 2018, 55 (6) .

［471］Normann R H, Johnsen H C G, Knudsen J P, et al. Emergence of regional leadership – a field approach ［J］. Regional Studies, 2017, 51 (2) .

［472］Nyström K. Regional resilience to displacements ［J］. Regional Studies, 2018, 52 (1) .

［473］Or T. Pathways to homeownership among young professionals in urban China: The role of family resources ［J］. Urban Studies, 2018, 55 (11) .

［474］Ortega F, Taspinar S. Rising sea levels and sinking property values: The effects of hurricane sandy on New York's housing market ［J］. Journal of Urban Economics, 2018.

［475］Østbye S, Moilanen M, Tervo H, et al. The creative class: Do jobs follow people or do people follow jobs? ［J］. Regional Studies, 2018, 52 (6) .

［476］Oto - Peralías, Daniel. What do street names tell us? The "City – Text" as socio – cultural data ［J］. Journal of Economic Geography, 2018, 18 (1) .

［477］Owoo N S, Naudé W. Spatial proximity and firm performance: Evidence from non – farm rural enterprises in Ethiopia and Nigeria ［J］. Regional Studies, 2017, 51 (5) .

［478］Paasi A, Metzger J. Foregrounding the region ［J］. Regional Studies, 2017, 51 (1) .

［479］Paccoud A, Mace A. Tenure change in London's suburbs: Spreading gentrification or suburban upscaling? ［J］. Urban Studies, 2018, 55 (6) .

［480］Palma A D, Lindsey R, Monchambert G. The economics of crowding in rail transit ［J］. Journal of Urban Economics, 2017 (101) .

［481］Pan F, Bi W, Lenzer J, et al. Mapping urban networks through inter – firm service relationships: The case of China ［J］. Urban Studies, 2017, 54 (16) .

［482］Pan F, Zhang F, Zhu S, et al. Developing by borrowing? Inter – jurisdictional competition, land finance and local debt accumulation in China ［J］. Urban Studies, 2017, 54 (4) .

［483］Paredes D, Skidmore M. The net benefit of demolishing dilapidated housing: The case of detroit ［J］. Regional Science & Urban Economics, 2017 (66) .

［484］ Parker A. The spatial stereotype: The representation and reception of urban films in Johannesburg ［J］. Urban Studies, 2018, 55 (9).

［485］ Parr J B. The Northern Powerhouse: A commentary ［J］. Regional Studies, 2017, 51 (3).

［486］ Partridge M D, Dan S R, Olfert M R, et al. International trade and local labor markets: Do foreign and domestic shocks affect regions differently? ［J］. Journal of Economic Geography, 2017, 17 (2).

［487］ Pastor J M, Pavía J M, Serrano L, et al. Rich regions, poor regions and bank branch deregulation in Spain ［J］. Regional Studies, 2017, 51 (11).

［488］ Pathak R, Wyczalkowski C K, Huang X. Public transit access and the changing spatial distribution of poverty ［J］. Regional Science & Urban Economics, 2017 (66).

［489］ Patrick C, Mothorpe C. Demand for new cities: Property value capitalization of municipal incorporation ［J］. Regional Science & Urban Economics, 2017.

［490］ Pellegrini G, Muccigrosso T. Do subsidized new firms survive longer? Evidence from a counterfactual approach ［J］. Regional Studies, 2017, 51 (10).

［491］ Pennerstorfer D. Can competition keep the restrooms clean? Price, quality and spatial competition ［J］. Regional Science & Urban Economics, 2017 (64).

［492］ Percoco M. Impact of european cohesion policy on regional growth: Does local economic structure matter? ［J］. Regional Studies, 2017, 51 (6).

［493］ Pereira B Á, Portos M, Vourdas J. Waving goodbye? The determinants of autonomism and secessionism in Western Europe ［J］. Regional Studies, 2018, 52 (2).

［494］ Petchey J D. Inter – regional transfers and the induced under – taxation of economic rents ［J］. Regional Studies, 2018, 52 (2).

［495］ Petraglia C, Pierucci E, Scalera D. Redistribution and risk sharing in Italy: Learning from the past ［J］. Regional Studies, 2018, 52 (2).

［496］ Phelps N A, Silva C. Mind the gaps! A research agenda for urban interstices ［J］. Urban Studies, 2018, 55 (6).

［497］ Phelps N A, Wood A M. The business of location: Site selection consultants and the mobilisation of knowledge in the location decision ［J］. Journal of Economic Geography, 2017, 18 (5).

［498］ Phene A, Tallman S. Subsidiary development of new technologies: Managing technological changes in multinational and geographic space ［J］. Journal of Economic Geography, 2018, 18 (5).

［499］ Pike A, Rodríguezpose A, Tomaney J. Shifting horizons in local and regional development ［J］. Regional Studies, 2017, 51 (1).

［500］ Piza E, Feng S, Kennedy L, et al. Place – based correlates of motor vehicle theft and recovery: Measuring spatial influence across neighbourhood context [J]. Urban Studies, 2017, 54 (13).

[501] Poon J P H, Pollard J, Chow Y W, et al. The rise of Kuala Lumpur as an Islamic financial frontier [J]. Regional Studies, 2017, 51 (10).

[502] Porto E D, Parenti A, Paty S, et al. Local government cooperation at work: A control function approach [J]. Journal of Economic Geography, 2017, 17 (2).

[503] Preece J. Immobility and insecure labour markets: An active response to precarious employment [J]. Urban Studies, 2018, 55 (8).

[504] Prior J, Hubbard P. Time, space, and the authorisation of sex premises in London and Sydney [J]. Urban Studies, 2017 (54).

[505] Pryce G B. Is the housing market blind to religion? A perceived substitutability approach to homophily and social integration [J]. Urban Studies, 2017, 54 (13).

[506] Qian H. Knowledge base differentiation in urban systems of innovation and entrepreneurship [J]. Urban Studies, 2017, 54 (7).

[507] Qian H. Skills and knowledge – based entrepreneurship: Evidence from US cities [J]. Regional Studies, 2017, 51 (10).

[508] Quatraro F, Usai S. Are knowledge flows all alike? Evidence from European regions [J]. Regional Studies, 2017, 51 (8).

[509] Raagmaa G, Keerberg A. Regional higher education institutions in regional leadership and development [J]. Regional Studies, 2017, 51 (2).

[510] Rafail P. Protest in the city: Urban spatial restructuring and dissent in New York, 1960 – 2006 [J]. Urban Studies, 2017, 55 (1).

[511] Ramaciotti L, Muscio A, Rizzo U. The impact of hard and soft policy measures on new technology – based firms [J]. Regional Studies, 2017, 51 (4).

[512] Ramajo J, Hewings G J D. Modelling regional productivity performance across Western Europe [J]. Regional Studies, 2018, 52 (10).

[513] Raynor K, Matthews T, Mayere S. Shaping urban consolidation debates: Social representations in Brisbane newspaper media [J]. Urban Studies, 2017, 54 (6).

[514] Reick P. Gentrification 1. 0: Urban transformations in late – 19th – century Berlin [J]. Urban Studies, 2018, 55 (11).

[515] Reingewertz Y. Corporate taxes and vertical tax externalities: Evidence from narrative federal tax shocks [J]. Regional Science & Urban Economics, 2018 (68).

[516] Ren H, Folmer H. Determinants of residential satisfaction in urban China: A multi – group structural equation analysis [J]. Urban Studies, 2017, 54 (6).

[517] Rios V. What drives unemployment disparities in European regions? A dynamic spatial panel approach [J]. Regional Studies, 2017, 51 (11).

［518］Roca J D L. Selection in initial and return migration：Evidence from moves across Spanish cities［J］. Journal of Urban Economics, 2017（100）.

［519］Rocher L. Governing metropolitan climate – energy transition：A study of Lyons strategic planning［J］. Urban Studies, 2017, 54（5）.

［520］Rossetto T, Andrigo A. Cities in music videos：Audiovisual variations on London's neoliberal skyline［J］. Urban Studies, 2018, 55（6）.

［521］Ruault J F. Beyond tourism – based economic development：City – regions and transient custom［J］. Regional Studies, 2018, 52（8）.

［522］Ruiz I, Vargassilva C. Differences in labour market outcomes between natives, refugees and other migrants in the UK［J］. Journal of Economic Geography, 2018, 18（4）.

［523］Rupasingha A. Local business ownership and local economic performance：Evidence from US counties［J］. Regional Studies, 2017, 51（5）.

［524］Rusenko R M. Imperatives of care and control in the regulation of homelessness in Kuala Lumpur, Malaysia：1880s to present［J］. Urban Studies, 2018（10）.

［525］Ryberg – Webster S, Kinahan K L. Historic preservation in declining city neighbourhoods：Analysing rehabilitation tax credit investments in six US cities［J］. Urban Studies, 2017, 54（7）.

［526］S Burt, U Johansson, J Dawson. Dissecting embeddedness in international retailing［J］. Journal of Economic Geography, 2017, 17（3）.

［527］S Verones. Retrofitting the existing building stock through a development rights market stimulation tool：An assessment of a recent experience in Northern Italy［J］. Urban Studies, 2017, 54（8）.

［528］S Zhu, C He, Y Zhou. How to jump further and catch up? Path – breaking in an uneven industry space［J］. Journal of Economic Geography, 2017, 17（3）.

［529］Sacchi A, Salotti S. The influence of decentralized taxes and intergovernmental grants on local spending volatility［J］. Regional Studies, 2017, 51（4）.

［530］Sadayuki T. Measuring the spatial effect of multiple sites：An application to housing rent and public transportation in Tokyo, Japan［J］. Regional Science & Urban Economics, 2018（70）.

［531］Sandler D H. Externalities of public housing：The effect of public housing demolitions on local crime［J］. Regional Science & Urban Economics, 2017（62）.

［532］Schäffler J, Hecht V, Moritz M. Regional determinants of German FDI in the Czech Republic：New evidence on the role of border regions［J］. Regional Studies, 2017, 51（9）.

［533］Schéele S, Andersson G. Municipality attraction and commuter mobility in urban Sweden：An analysis based on longitudinal population data［J］. Urban Studies, 2018, 55（9）.

［534］Schindler M, Caruso G, Picard P. Equilibrium and first – best city with endogenous exposure to local air pollution from traffic [J]. Regional Science & Urban Economics, 2017 (62).

[535] Schmid C, Karaman O, Hanakata N C, et al. Towards a new vocabulary of urbanisation processes: A comparative approach [J]. Urban Studies, 2017, 55 (1).

[536] Schuetz J, Giuiiano G, Shin E J. Does zoning help or hinder transit – oriented (Re) development? [J]. Urban Studies, 2018, 55 (8).

[537] Sengers F. Cycling the city, re – imagining the city: Envisioning urban sustainability transitions in Thailand [J]. Urban Studies, 2017, 54 (12).

[538] Seo Y J, Jin S P. The role of seaports in regional employment: Evidence from South Korea [J]. Regional Studies, 2018, 52 (1).

[539] Seo Y, Craw M. Is something better than nothing? The impact of foreclosed and lease – purchase properties on residential property values [J]. Urban Studies, 2017, 54 (16).

[540] Severcan Y C. Changing places, changing childhoods: Regeneration and children's use of place in Istanbul [J]. Urban Studies, 2018 (10).

[541] Sharkey P, Torrats – Espinosa G. The Effect of Violent Crime on Economic Mobility [J]. Journal of Urban Economics, 2017 (102).

[542] Sheldrick A, Evans J, Schliwa G. Policy learning and sustainable urban transitions: Mobilising Berlins cycling renaissance [J]. Urban Studies, 2017, 54 (12).

[543] Shen M, Shen J. Governing the countryside through state – led programmes: A case study of Jiangning district in Nanjing, China [J]. Urban Studies, 2018, 55 (7).

[544] Shinde K A. Disruption, resilience, and vernacular heritage in an Indian city: Pune after the 1961 floods [J]. Urban Studies, 2017, 54 (2).

[545] Siano R D, D'Uva M. Fiscal decentralization and spillover effects of local government public spending: The case of Italy [J]. Regional Studies, 2016.

[546] Silva D G D, Hubbard T P, Mccomb R P, et al. Entry, growth and survival in the green industry [J]. Regional Studies, 2017, 51 (12).

[547] Silver J, Marvin S. Powering sub – Saharan Africas urban revolution: An energy transitions approach [J]. Urban Studies, 2017, 54 (4).

[548] Slemrod J B, Weber C, Shan H. The behavioral response to housing transfer taxes: Evidence from a notched change in D. C. policy [J]. Journal of Urban Economics, 2017 (100).

[549] Sletto B, Palmer J. The liminality of open space and rhythms of the everyday in Jallah Town, Monrovia, Liberia [J]. Urban Studies, 2017, 54 (10).

[550] Smart A. Ethnographic perspectives on the mediation of informality between people and plans in urbanising China [J]. Urban Studies, 2018, 55 (7).

[551] Smart M J, Whittemore A H. There goes the gaybourhood? Dispersion and clustering

in a gay and lesbian real estate market in Dallas TX, 1986 – 2012 [J]. Urban Studies, 2017 (54).

［552］Smith N, Thomas E. Regional conditions and innovation in Russia: The impact of foreign direct investment and absorptive capacity [J]. Regional Studies, 2017, 51 (9).

［553］Snehal Awate, Ram Mudambi. On the geography of emerging industry technological networks: The breadth and depth of patented innovations [J]. Journal of Economic Geography, 2018, 18 (2).

［554］Sotarauta M, Beer A. Governance, agency and place leadership: Lessons from a cross – national analysis [J]. Regional Studies, 2017, 51 (2).

［555］Speake J. Urban development and visual culture: Commodifying the gaze in the regeneration of tigné point, malta [J]. Urban Studies, 2017, 54 (13).

［556］Speake J. Urban development and visual culture: Commodifying the gaze in the regeneration of tigné point, malta [J]. Urban Studies, 2017, 55 (1).

［557］Spears S, Boarnet M, Houston D. Driving reduction after the introduction of light rail transit: Evidence from an experimental – control group evaluation of the Los Angeles Expo Line [J]. Urban Studies, 2017, 54 (12).

［558］Stark O, Byra L, Casarico A, et al. A critical comparison of migration policies: Entry fee versus quota [J]. Regional Science & Urban Economics, 2017 (66).

［559］Stefano Baruffaldi, Julio Raffo. The geography of duplicated inventions: Evidence from patent citations [J]. Regional Studies, 2017, 51 (2).

［560］Strøm S, Piazzalunga D, Venturini A, et al. Wage assimilation of immigrants and internal migrants: The role of linguistic distance [J]. Regional Studies, 2018, 52 (10): 1423 – 1434.

［561］Su H, Wei H, Zhao J. Density effect and optimum density of the urban population in China [J]. Urban Studies, 2017, 54 (7).

［562］Sum C Y. A great leap of faith: Limits to Chinaâ€™s university cities [J]. Urban Studies, 2018, 55 (7).

［563］Sun Y, Chan R C. Planning discourses, local state commitment, and the making of a new state space (NSS) for China: Evidence from regional strategic development plans in the Pearl River Delta [J]. Urban Studies, 2017, 54 (14).

［564］Sun Y. Estimation of single – index model with spatial interaction [J]. Regional Science & Urban Economics, 2017 (62).

［565］Surubaru N C. Administrative capacity or quality of political governance? EU cohesion policy in the new Europe, 2007 – 2013 [J]. Regional Studies, 2017, 51 (6).

［566］Takayama Y, Kuwahara M. Bottleneck congestion and residential location of heterogeneous commuterst [J]. Journal of Urban Economics, 2017 (100).

［567］Tan D, Tsui K. Investigating causality in international air freight and business travel: The case of Australia [J]. Urban Studies, 2017, 54 (5).

[568] Tang M, Coulson N E. The impact of China's Housing provident fund on homeownership, housing consumption and housing investment [J]. Regional Science & Urban Economics, 2017 (63).

[569] Tañşpınar S, Doğan O, Bera A K. GMM gradient tests for spatial dynamic panel data models [J]. Regional Science & Urban Economics, 2017 (65).

[570] Tate Twinam. Danger zone: Land use and the geography of neighborhood crime [J]. Journal of Urban Economics, 2017 (100).

[571] Teng H J, Chang C O, Chen M C. Housing bubble contagion from city centre to suburbs [J]. Urban Studies, 2017, 54 (6).

[572] Terra McKinnish. Cross – State differences in the minimum wage and out – of – state commuting by low – wage workers [J]. Regional Science & Urban Economics, 2017 (64).

[573] Terra R, Mattos E. Accountability and yardstick competition in the public provision of education [J]. Journal of Urban Economics, 2017 (99).

[574] Teulings C N, Ossokina I V, Groot H L F D. Land use, worker heterogeneity and welfare benefits of public goods [J]. Journal of Urban Economics, 2018 (103).

[575] Teye A L, Ahelegbey D F. Detecting spatial and temporal house price diffusion in the netherlands: A bayesian network approach [J]. Regional Science & Urban Economics, 2017 (65).

[576] Thomas R, Pojani D, Lenferink S, et al. Is transit – oriented development (TOD) an internationally transferable policy concept? [J]. Regional Studies, 2018, 52 (9).

[577] Thompson P N. Effects of fiscal stress labels on municipal government finances, housing prices, and the quality of public services: Evidence from Ohio [J]. Regional Science & Urban Economics, 2017 (64).

[578] Tian L, Guo X, Yin W. From urban sprawl to land consolidation in suburban Shanghai under the backdrop of increasing versus decreasing balance policy: A perspective of property rights transfer [J]. Urban Studies, 2017, 54 (4).

[579] Tomlinson P R, Robert Branston J. Firms, governance and development in industrial districts [J]. Regional Studies, 2018, 52 (10).

[580] Troy L. The politics of urban renewal in Sydney's residential apartment market [J]. Urban Studies, 2018, 55 (6).

[581] Tsekeris T, Papaioannou S. Regional determinants of technical efficiency: Evidence from the Greek economy [J]. Regional Studies, 2018, 52 (10).

[582] Tselios V, Mccann P, Dijk J V. Understanding the gap between reality and expectation: Local social engagement and ethnic concentration [J]. Urban Studies, 2017, 54 (11).

[583] Tsui W H K, Tan D T W, Shi S. Impacts of airport traffic volumes on house prices

of New Zealands major regions: A panel data approach [J]. Urban Studies, 2017, 54 (12).

[584] Tu Y, Li P, Qiu L. Housing search and housing choice in urban China [J]. Urban Studies, 2017, 54 (8).

[585] Tyndall J. Waiting for the R train: Public transportation and employment [J]. Urban Studies, 2017, 54 (2).

[586] Tzioumis K. Mortgage (mis) pricing: The case of co – borrowers [J]. Journal of Urban Economics, 2017 (99).

[587] Valadkhani A, Smyth R, Worthington A. Regional seasonality in Australian house and apartment price returns [J]. Regional Studies, 2017, 51 (10).

[588] Valadkhani A, Smyth R. Self – Exciting effects of house prices on unit prices in australian capital cities [J]. Urban Studies, 2017, 54 (10).

[589] Verdier T, Zenou Y. The role of social networks in cultural assimilation [J]. Journal of Urban Economics, 2017 (98).

[590] Verhoef E T. Cost recovery of congested infrastructure under market power [J]. Journal of Urban Economics, 2017 (101).

[591] Verloo N. Governing the global locally: Agonistic democracy practices in The Hague's Schilderswijk [J]. Urban Studies, 2018, 55 (11).

[592] Verma V, Lemmi A, Betti G, et al. How precise are poverty measures estimated at the regional level? [J]. Regional Science & Urban Economics, 2017 (66).

[593] Vestrum I, Rasmussen E. How nascent community enterprises build legitimacy in internal and external environments [J]. Regional Studies, 2017, 51 (11).

[594] Victor Yifan Ye, Charles M Becker. The (literally) steepest slope: Spatial, temporal, and elevation variance gradients in urban spatial modelling [J]. Journal of Economic Geography, 2018, 18 (2).

[595] Wachsmuth D. Competitive multi – city regionalism: Growth politics beyond the growth machine [J]. Regional Studies, 2017, 51 (4).

[596] Wagner G A, Komarek T, Martin J. Is the light rail "Tide" lifting property values? Evidence from Hampton Roads, VA [J]. Regional Science & Urban Economics, 2017 (65).

[597] Walker K. Locating neighbourhood diversity in the American metropolis [J]. Urban Studies, 2017, 55 (1).

[598] Waltl S R. Estimating quantile – Specific rental yields for residential housing in sydney [J]. Regional Science & Urban Economics, 2018 (68).

[599] Wang C, Madsen J B, Steiner B. Industry diversity, competition and firm relatedness: The impact on employment before and after the 2008 global financial crisis [J]. Regional Studies, 2017, 51 (12).

[600] Wang L, Qin P. Distance to work in Beijing: Institutional reform and bargaining

power [J]. Urban Studies, 2017, 54 (6).

[601] Wang S, Zhao M. A tale of two distances: A study of technological distance, geographic distance and multilocation firms [J]. Journal of Economic Geography, 2018, 18 (5).

[602] Watkins H M. Beyond sweat equity: Community organising beyond the Third Way [J]. Urban Studies, 2017, 54 (9).

[603] Weaver T. Urban crisis: The genealogy of a concept [J]. Urban Studies, 2017, 54 (9).

[604] Webber M, Crowmiller B, Rogers S. The South – North water transfer project: Remaking the geography of China [J]. Regional Studies, 2017, 51 (3).

[605] Weinstein R. Dynamic responses to labor demand shocks: Evidence from the financial industry in delaware [J]. Journal of Urban Economics, 2018.

[606] Whyman P B. The local economic impact of shale gas extraction [J]. Regional Studies, 2018, 52 (2).

[607] Wicker P, Whitehead J C, Mason D S, et al. Public support for hosting the Olympic Summer Games in Germany: The CVM approach [J]. Urban Studies, 2017, 54 (15).

[608] Williams M, Arkaraprasertkul N. Mobility in a global city: Making sense of Shanghai growing automobile – dominated transport culture [J]. Urban Studies, 2017, 54 (10).

[609] Williams M. Searching for actually existing justice in the city [J]. Urban Studies, 2017, 54 (10).

[610] Winters J V, Li Y. Urbanization, natural amenities, and subjective well – being: Evidence from U. S. counties [J]. Urban Studies, 2017, 54 (8).

[611] Wixe S, Andersson M. Which types of relatedness matter in regional growth? industry, occupation and education [J]. Regional Studies, 2017, 51 (4).

[612] Wójcik D, Macdonaldkorth D, Zhao S X. The political – economic geography of foreign exchange trading [J]. Journal of Economic Geography, 2017, 17 (2).

[613] Wolff M, Haase A, Haase D, et al. The impact of urban regrowth on the built environment [J]. Urban Studies, 2017, 54 (12).

[614] Wu Z, Hou F, Schimmele C, et al. Co – ethnic concentration and trust in Canada's urban neighbourhoods [J]. Urban Studies, 2018 (10).

[615] Xian F B, Hewings G J D. Measuring foreclosure impact mitigation: Evidence from the neighborhood stabilization program in chicago [J]. Regional Science & Urban Economics, 2017 (63).

[616] Xiao Y, Bian Y. The influence of hukou and college education in China's labour market [J]. Urban Studies, 2018, 55 (7).

[617] Xu Y. Mandatory Saving, Credit Access and Homeownership: The Case of the Housing Provident Fund [J]. Urban Studies, 2017, 54 (15).

［618］Yang Z, Dunford M. City shrinkage in China: Scalar processes of urban and hukou population losses ［J］. Regional Studies, 2018, 52（8）.

［619］Yang Z. The urbanisation of rural migrants and the making of urban villages in contemporary China ［J］. Urban Studies, 2018, 55（7）.

［620］Yilmazkuday H. Individual tax rates and regional tax revenues: A cross – state analysis ［J］. Regional Studies, 2017, 51（5）.

［621］Yong S L. Entrepreneurship, small businesses and economic growth in cities ［J］. Journal of Economic Geography, 2017, 17（2）.

［622］Yong S L. International isolation and regional inequality: Evidence from sanctions on North Korea ［J］. Journal of Urban Economics, 2018（103）.

［623］Yu Q. "No county left behind?" The distributional impact of high – speed rail upgrades in China ［J］. Journal of Economic Geography, 2017, 17（3）.

［624］Yu Z, Gibbs D. Sustainability transitions and leapfrogging in latecomer cities: The development of solar thermal energy in Dezhou, China ［J］. Regional Studies, 2018, 52（1）.

［625］Yue A, Leung H S. Notes towards the queer Asian city: Singapore and Hong Kong ［J］. Urban Studies, 2017（54）.

［626］Zaban H. City of go（1）d: Spatial and cultural effects of high – status Jewish immigration from Western countries on the Baka neighbourhood of Jerusalem ［J］. Urban Studies, 2017, 54（7）.

［627］Zebracki M. Urban preservation and the queerying spaces of（un）remembering: Memorial landscapes of the Miami Beach art deco historic district ［J］. Urban Studies, 2018（10）.

［628］Zhang L, Liu H, Wu J. The price premium for green – labelled housing: Evidence from China ［J］. Urban Studies, 2017, 54（15）.

［629］Zhang M, Wu W, Zhong W. Agency and social construction of space under top – down planning: Resettled rural residents in China ［J］. Urban Studies, 2018, 55（7）.

［630］Zhang W, Wrenn D H, Irwin E G. Spatial Heterogeneity, Accessibility, and Zoning: An empirical investigation of leapfrog development ［J］. Journal of Economic Geography, 2017, 17（3）.

［631］Zhang X. Identifying consumerist privately owned public spaces: The ideal type of mass private property ［J］. Urban Studies, 2017, 54（15）.

［632］Zhang X. Multiple creators of knowledge – intensive service networks: A case study of the Pearl River Delta city – region ［J］. Urban Studies, 2018, 55（9）.

［633］Zhao T, Jonesevans D. SMEs, banks and the spatial differentiation of access to finance ［J］. Journal of Economic Geography, 2017, 17（4）.

［634］Zhao W. The unitary elasticity property in a monocentric city with negative exponential population density［J］. Regional Science & Urban Economics，2017（62）.

［635］Zheng S，Sun W，Wu J，et al. The birth of edge cities in China：Measuring the effects of industrial parks policy［J］. Journal of Urban Economics，2017（100）.

［636］Zhu J. Making urbanisation compact and equal：Integrating rural villages into urban communities in kunshan，China［J］. Urban Studies，2017，54（10）.

［637］Zimmerbauer K. Supranational identities in planning［J］. Regional Studies，2018，52（7）.

二、中文文献（以《经济研究》《管理世界》《世界经济》《中国工业经济》《经济学（季刊）》《数量经济技术经济研究》《经济学动态》《财贸经济》《地理学报》《地理研究》《经济地理》《城市规划》等为主要期刊范围）

［1］白洁、王磊：《基于生产要素视角的中国大都市空间扩展——以武汉市为例》，《经济地理》，2016 年第 12 期。

［2］白俊红、王钺、蒋伏心等：《研发要素流动、空间知识溢出与经济增长》，《经济研究》，2017 年第 7 期。

［3］白燕飞、娄帆、李小建等：《地方主管更替与城市空间增长——基于地级市面板数据的分析》，《经济地理》，2017 年第 10 期。

［4］白重恩、冀东星：《交通基础设施与出口：来自中国国道主干线的证据》，《世界经济》，2018 年第 1 期。

［5］毕斗斗、王凯、王龙杰等：《长三角城市群产业生态效率及其时空跃迁特征》，《经济地理》，2018 年第 1 期。

［6］卞元超、吴利华、白俊红：《高铁开通、要素流动与区域经济差距》，财贸经济，2018 年第 6 期。

［7］步丹璐、狄灵瑜：《官员交流与地方政府职能转变——以地区招商引资为例》，《财经研究》，2018 年第 6 期。

［8］蔡永龙、陈忠暖、刘松、张学良等：《快速铁路开通对海南岛空间可达性格局和空间公平性的影响》，《经济地理》，2018 年第 1 期。

［9］曹春方、张婷婷、刘秀梅：《市场分割提升了国企产品市场竞争地位？》，金融研究，2018 年第 3 期。

［10］曹春方、张婷婷、范子英：《地区偏祖下的市场整合》，《经济研究》，2017 年第 12 期。

［11］曹莉萍、周冯琦：《纽约弹性城市建设经验及其对上海的启示》，《生态学报》，2018 年第 1 期。

［12］曹小曙、徐建斌：《中国省际边界区县域经济格局及影响因素的空间异质性》，《地理学报》，2018 年第 6 期。

［13］曹有挥、梁双波、吴威等：《枢纽港口城市港航服务业空间组织机理——以上

海市为例》，《地理学报》，2017年第12期。

［14］曹湛、彭震伟：《全球城市与全球城市—区域"属性与网络"的关联性——以上海和长三角为例》，《经济地理》，2017年第5期。

［15］曾永明、张利国：《新经济地理学框架下人口分布对经济增长的影响效应——全球126个国家空间面板数据的证据：1992—2012》，《经济地理》，2017年第10期。

［16］常晨、陆铭：《新城之殇——密度、距离与债务》，《经济学（季刊）》，2017年第4期。

［17］晁恒、满燕云、王砾、李贵才：《国家级新区设立对城市经济增长的影响分析》，《经济地理》，2018年第6期。

［18］陈丰龙、王美昌、徐康宁：《中国区域经济协调发展的演变特征：空间收敛的视角》，《财贸经济》，2018年第7期。

［19］陈昊、赵春明、杨立强：《户籍所在地"反向歧视之谜"：基于收入补偿的一个解释》，《世界经济》，2017年第5期。

［20］陈浩、张京祥：《功能区与行政区"双轨制"：城市政府空间管理与创新——以南京市区为例》，《经济地理》，2017年第10期。

［21］陈恒、李文硕：《全球化时代的中心城市转型及其路径》，《中国社会科学》，2017年第12期。

［22］陈进华：《中国城市风险化：空间与治理》，《中国社会科学》，2017年第8期。

［23］陈利、朱喜钢、杨阳等：《基于空间计量的云南省县域经济空间格局演变》，《经济地理》，2017年第1期。

［24］陈启斐、巫强：《国内价值链、双重外包与区域经济协调发展：来自长江经济带的证据》，《财贸经济》，2018年第7期。

［25］陈启斐、张为付、唐保庆：《本地服务要素供给与高技术产业出口——来自中国省际细分高技术行业的证据》，《中国工业经济》，2017年第9期。

［26］陈如铁、马健：《辽宁中部城市群城市体系中规模与距离关系的研究》，《地理科学》，2017年第6期。

［27］陈诗一、陈登科：《雾霾污染、政府治理与经济高质量发展》，《经济研究》，2018年第2期。

［28］陈思霞、周思艺、卢盛峰：《官员专业搭配与城市经济发展："技能互补"还是"认知冲突"》，《经济学动态》，2017年第12期。

［29］陈伟、刘卫东、柯文前等：《基于公路客流的中国城市网络结构与空间组织模式》，《地理学报》，2017年第2期。

［30］陈小卉、钟睿：《跨界协调规划：区域治理的新探索——基于江苏的实证》，《城市规划》，2017年第9期。

［31］陈小勇：《产业集群的虚拟转型》，《中国工业经济》，2017年第12期。

［32］陈甬军、丛子薇：《更好发挥政府在区域市场一体化中的作用》，《财贸经济》，

2017 年第 2 期。

　　［33］陈宗胜、吴志强：《我国城乡平均消费倾向与消费差别变动趋势——基于城乡平均消费倾向差异视角的研究》，《经济学动态》，2017 年第 8 期。

　　［34］程进文、杨利宏：《空间关联、劳动集聚与工资分布》，《世界经济》，2018 年第 3 期。

　　［35］程鹏、唐子来：《上海中心城区的职住空间匹配及其演化特征研究》，《城市规划学刊》，2017 年第 3 期。

　　［36］仇方道、金娜、袁荷等：《徐州都市圈产业结构转型城镇空间响应的时空异质性》，《地理科学》，2017 年第 10 期。

　　［37］储德银、韩一多、张景华：《中国式分权与城乡居民收入不平等——基于预算内外双重维度的实证考察》，《财贸经济》，2017 年第 2 期。

　　［38］丛海彬、段巍、吴福象：《新型城镇化中的产城融合及其福利效应》，《中国工业经济》，2017 年第 11 期。

　　［39］丛海彬、邹德玲、刘程军：《新型城镇化背景下产城融合的时空格局分析——来自中国 285 个地级市的实际考察》，《经济地理》，2017 年第 7 期。

　　［40］崔学刚、方创琳、张蔷：《京津冀城市群环境规制强度与城镇化质量的协调性分析》，《自然资源学报》，2018 年第 4 期。

　　［41］崔元硕、黄昊、张琼：《全要素生产率中的加成定价与规模报酬效应》，《数量经济技术经济研究》，2017 年第 10 期。

　　［42］邓楚雄、李民、宾津佑：《湖南省人口分布格局时空变化特征及主要影响因素分析》，《经济地理》，2017 年第 12 期。

　　［43］邓慧慧、赵家羚、虞义华：《地方政府建设开发区：左顾右盼的选择?》，《财经研究》，2018 年第 3 期。

　　［44］邓慧慧、赵家羚：《地方政府经济决策中的"同群效应"》，《中国工业经济》，2018 年第 4 期。

　　［45］邓涛涛、王丹丹、程少勇：《高速铁路对城市服务业集聚的影响》，《财经研究》，2017 年第 7 期。

　　［46］邓羽：《轨道交通站域的城市物质空间更新轨迹与组织模式——以北京为例》，《地理科学》，2017 年第 6 期。

　　［47］狄乾斌、孟雪：《基于非期望产出的城市发展效率时空差异探讨——以中国东部沿海地区城市为例》，《地理科学》，2017 年第 6 期。

　　［48］丁剑平、方琛琳：《"一带一路"中的宗教风险研究》，《财经研究》，2017 年第 9 期。

　　［49］丁亮、钮心毅、宋小冬：《上海中心城区商业中心空间特征研究》，《城市规划学刊》，2017 年第 1 期。

　　［50］丁如曦、倪鹏飞：《中国经济空间的新格局：基于城市房地产视角》，《中国工

业经济》，2017 年第 5 期。

［51］董磊、王浩、赵红蕊：《城市范围界定与标度律》，《地理学报》，2017 年第 2 期。

［52］董文丽、李王鸣：《气候与城市人口密度的关联性研究》，《城市规划》，2017 年 第 7 期。

［53］董香书、肖翔：《"振兴东北老工业基地"有利于产值还是利润？——来自中国工业企业数据的证据》，《管理世界》，2017 年第 7 期。

［54］杜志威、李郇：《珠三角快速城镇化地区发展的增长与收缩新现象》，《地理学报》，2017 年第 10 期。

［55］段德忠、杜德斌、谌颖等：《中国城市创新技术转移格局与影响因素》，《地理学报》，2018 年第 4 期。

［56］樊茂清：《中国产业部门产能利用率的测度以及影响因素研究》，《世界经济》，2017 年第 9 期。

［57］范建双、虞晓芬、周琳：《城镇化、城乡差距与中国经济的包容性增长》，《数量经济技术经济研究》，2018 年第 4 期。

［58］范科科、段利民、张强：《基于多种高分辨率卫星数据的 TRMM 降水数据降尺度研究——以内蒙古地区为例》，《地理科学》，2017 年第 9 期。

［59］范庆泉：《环境规制、收入分配失衡与政府补偿机制》，《经济研究》，2018 年第 5 期。

［60］范欣、宋冬林、赵新宇：《基础设施建设打破了国内市场分割吗?》，《经济研究》，2017 年第 2 期。

［61］范子英、张航、陈杰：《公共交通对住房市场的溢出效应与虹吸效应：以地铁为例》，《中国工业经济》，2018 年第 5 期。

［62］范子英、彭飞：《"营改增"的减税效应和分工效应：基于产业互联的视角》，《经济研究》，2017 年第 2 期。

［63］方创琳、刘海猛、罗奎等：《中国人文地理综合区划》，《地理学报》，2017 年第 2 期。

［64］方创琳、王振波、马海涛：《中国城市群形成发育规律的理论认知与地理学贡献》，《地理学报》，2018 年第 4 期。

［65］符文颖、邓金玲：《产业转型背景下创业区位选择和集群空间演化》，《地理科学》，2017 年第 6 期。

［66］付强：《市场分割促进区域经济增长的实现机制与经验辨识》，《经济研究》，2017 年第 3 期。

［67］傅鹏、张鹏、周颖：《多维贫困的空间集聚与金融减贫的空间溢出——来自中国的经验证据》，《财经研究》，2018 年第 2 期。

［68］高舒琦：《收缩城市的现象、概念与研究溯源》，《城市规划学刊》，2017 年第

3 期。

［69］耿纯、赵艳朋：《交通基础设施对新建制造业企业选址的异质影响研究》，《经济学动态》，2018 年第 8 期。

［70］顾振华、陈强远：《中央和地方的双重政策保护与产能过剩》，《财经研究》，2017 年第 11 期。

［71］郭进、徐盈之、顾紫荆：《我国产业发展的低端锁定困境与破解路径——基于矫正城镇化扭曲视角的实证分析》，《财经研究》，2018 年第 6 期。

［72］郭婧、贾俊雪：《地方政府预算是以收定支吗？——一个结构性因果关系理论假说》，《经济研究》，2017 年第 10 期。

［73］郭念枝：《金融自由化与中国居民消费水平波动》，《经济学（季刊）》，2018 年第 4 期。

［74］郭庆宾、张中华：《长江中游城市群要素集聚能力的时空演变》，《地理学报》，2017 年第 10 期。

［75］郭淑芬、李晓琪、阎晓：《环渤海地区合作背景下京津冀产业转移趋势与山西承接行业拣选》，《经济地理》，2017 年第 9 期。

［76］郭细根、宁越敏：《政府视角下长江中游城市群的培育与建设》，《经济地理》，2017 年第 7 期。

［77］韩永辉、黄亮雄、王贤彬：《产业政策推动地方产业结构升级了吗？——基于发展型地方政府的理论解释与实证检验》，《经济研究》，2017 年第 8 期。

［78］韩峰、谢锐：《生产性服务业集聚降低碳排放了吗？》，《数量经济技术经济研究》，2017 年第 3 期。

［79］韩国高：《环境规制能提升产能利用率吗？——基于中国制造业行业面板数据的经验研究》，《财经研究》，2017 年第 6 期。

［80］韩会然、杨成凤、宋金平：《北京批发企业空间格局演化与区位选择因素》，《地理学报》，2018 年第 2 期。

［81］韩剑、冯帆、李妍：《FTA 知识产权保护与国际贸易：来自中国进出口贸易的证据》，《世界经济》，2018 年第 9 期。

［82］韩增林、孙嘉泽、刘天宝：《东北三省创新全要素生产率增长的时空特征及其发展趋势预测》，《地理科学》，2017 年第 2 期。

［83］韩增林、温秀丽、刘天宝：《中国人口半城镇化率时空分异特征及影响因素》，《经济地理》，2017 年第 11 期。

［84］郝项超、梁琪、李政：《融资融券与企业创新：基于数量与质量视角的分析》，《经济研究》，2018 年第 6 期。

［85］何丹、高鹏：《长江中游港口腹地演变及港口—腹地经济协调发展研究》，《地理科学》，2016 年第 12 期。

［86］贺灿飞、陈航航：《参与全球生产网络与中国出口产品升级》，《地理学报》，

2017 年第 8 期。

［87］胡彬、万道侠：《产业集聚如何影响制造业企业的技术创新模式——兼论企业"创新惰性"的形成原因》，《财经研究》，2017 年第 11 期。

［88］胡波、王姗、喻涛：《协同发展视角下的首都特大城市地区分圈层空间布局策略》，《城市规划学刊》，2017 年第 3 期。

［89］胡颖之、袁宇菲：《中国住宅销售价格对居民消费的影响》，《经济学（季刊)》，2017 年第 3 期。

［90］黄建中、黄亮、周有军：《价值链空间关联视角下的产城融合规划研究——以西宁市南川片区整合规划为例》，《城市规划》，2017 年第 10 期。

［91］黄金川、刘倩倩、陈明：《基于 GIS 的中国城市群发育格局识别研究》，《城市规划学刊》，2017 年第 4 期。

［92］黄丽娟、马晓冬：《江苏省县域经济与乡村转型发展的空间协同性分析》，《经济地理》，2018 年第 6 期。

［93］黄麟、郑瑜晗、肖桐：《中国县域尺度生态保护的地域分异及其适宜性》，《地理学报》，2017 年第 7 期。

［94］黄明华、张然、贺琦等：《回归本源——对城市增长边界"永久性"与"阶段性"的探讨》，《城市规划》，2017 年第 2 期。

［95］黄木易、岳文泽、何翔：《长江经济带城市扩张与经济增长脱钩关系及其空间异质性》，《自然资源学报》，2018 年第 2 期。

［96］黄群慧、黄阳华、贺俊等：《面向中上等收入阶段的中国工业化战略研究》，《中国社会科学》，2017 年第 12 期。

［97］黄泰、席建超、葛全胜：《高铁影响下城市群旅游空间的竞争格局分异》，《经济地理》，2017 年第 8 期。

［98］黄婷、郑荣宝、张雅琪：《基于文献计量的国内外城市更新研究对比分析》，《城市规划》，2017 年第 5 期。

［99］黄彦彦、李雪松：《涉房决策与中国制造业企业研发投入》，《财贸经济》，2017 年第 8 期。

［100］季书涵、朱英明：《产业集聚的资源错配效应研究》，《数量经济技术经济研究》，2017 年第 4 期。

［101］贾静、张强：《墨西哥的城镇化与"去中心化"趋势》，《国际城市规划》，2017 年第 5 期。

［102］江艇、孙鲲鹏、聂辉华：《城市级别、全要素生产率和资源错配》，《管理世界》，2018 年第 3 期。

［103］姜会明、孙雨、王健等：《中国农民收入区域差异及影响因素分析》，《地理科学》，2017 年第 10 期。

［104］姜磊、柏玲、吴玉鸣：《中国省域经济、资源与环境协调分析——兼论三系统

耦合公式及其扩展形式》,《自然资源学报》, 2017 年第 5 期。

[105] 蒋辉、张康洁、张怀英等:《我国三次产业融合发展的时空分异特征》,《经济地理》, 2017 年第 7 期。

[106] 蒋小荣、杨永春、汪胜兰:《基于上市公司数据的中国城市网络空间结构》,《城市规划》, 2017 年第 6 期。

[107] 焦敬娟、王姣娥、程珂:《中国区域创新能力空间演化及其空间溢出效应》,《经济地理》, 2017 年第 9 期。

[108] 焦利民、李泽慧、许刚等:《武汉市城市空间集聚要素的分布特征与模式》,《地理学报》, 2017 年第 8 期。

[109] 解垩:《公共转移支付对再分配及贫困的影响研究》,《经济研究》, 2017 年第 9 期。

[110] 金贵、吴锋、李兆华等:《快速城镇化地区土地利用及生态效率测算与分析》,《生态学报》, 2017 年第 23 期。

[111] 金晓雨:《政府补贴、资源误置与制造业生产率》,《财贸经济》, 2018 年第 6 期。

[112] 靳诚、徐菁、黄震方等:《基于高速公路联网收费数据的江苏省交通流动特征与影响因素》,《地理学报》, 2018 年第 2 期。

[113] 靳涛、陶新宇:《政府支出和对外开放如何影响中国居民消费?——基于中国转型式增长模式对消费影响的探究》,《经济学(季刊)》, 2017 年第 1 期。

[114] 康志勇、张宁、汤学良、刘馨:《"减碳"政策制约了中国企业出口吗》,《中国工业经济》, 2018 年第 9 期。

[115] 孔令池、高波、黄妍妮:《中国省区市场开放、地方政府投资与制造业结构差异》,《财经研究》, 2017 年第 7 期。

[116] 匡兵、卢新海、周敏等:《中国地级以上城市土地经济密度差异的时空演化分析》,《地理科学》, 2017 年第 12 期。

[117] 冷方兴、孙施文:《争地与空间权威运作——一个土地政策视角大城市边缘区空间形态演变机制的解释框架》,《城市规划》, 2017 年第 3 期。

[118] 李贲、吴利华:《开发区设立与企业成长:异质性与机制研究》,《中国工业经济》, 2018 年第 4 期。

[119] 李波、杨先明:《贸易便利化与企业生产率:基于产业集聚的视角》,《世界经济》, 2018 年第 3 期。

[120] 李博、张全红、周强、Mark Yu:《中国收入贫困和多维贫困的静态与动态比较分析》,《数量经济技术经济研究》, 2018 年第 8 期。

[121] 李超:《老龄化、抚幼负担与微观人力资本投资——基于 CFPS 家庭数据的实证研究》,《经济学动态》, 2016 年第 12 期。

[122] 李传成、谢育全、胡雯等:《高速铁路站点周边城市空间演变研究——以日本

东海道新干线站点为例》，《城市规划》，2017 年第 6 期。

[123] 李峰清：《基于高铁网络的我国城镇化空间模式再探——基于上海—长三角腹地的检验及辨析》，《城市规划》，2018 年第 3 期。

[124] 李光勤、曹建华、邵帅：《维权、工会与工资上涨》，《经济学动态》，2017 年第 5 期。

[125] 李光勤、曹建华、邵帅：《语言多样性与地区对外开放》，《世界经济》，2017 年第 3 期。

[126] 李佳洺、陆大道、徐成东等：《胡焕庸线两侧人口的空间分异性及其变化》，《地理学报》，2017 年第 1 期。

[127] 李佳洺、杨宇、樊杰等：《中印城镇化区域差异及城镇体系空间演化比较》，《地理学报》，2017 年第 6 期。

[128] 李江一、李涵：《新型农村社会养老保险对老年人劳动参与的影响——来自断点回归的经验证据》，《经济学动态》，2017 年第 3 期。

[129] 李江一：《"房奴效应"导致居民消费低迷了吗?》，《经济学（季刊）》，2018 年第 1 期。

[130] 李杰、王兴棠、李捷瑜：《研发补贴政策、中间品贸易自由化与企业研发投入》，《世界经济》，2018 年第 8 期。

[131] 李菁、胡碧霞、匡兵等：《中国城市土地利用效率测度及其动态演进特征》，《经济地理》，2017 年第 8 期。

[132] 李磊、蒋殿春、王小霞：《企业异质性与中国服务业对外直接投资》，《世界经济》，2017 年第 11 期。

[133] 李蕾蕾、盛丹：《地方环境立法与中国制造业的行业资源配置效率优化》，《中国工业经济》，2018 年第 7 期。

[134] 李平、付一夫、张艳芳：《生产性服务业能成为中国经济高质量增长新动能吗》，《中国工业经济》，2017 年第 12 期。

[135] 李平：《环境技术效率、绿色生产率与可持续发展：长三角与珠三角城市群的比较》，《数量经济技术经济研究》，2017 年第 11 期。

[136] 李强：《环境分权与企业全要素生产率——基于我国制造业微观数据的分析》，《财经研究》，2017 年第 3 期。

[137] 李汝资、刘耀彬、谢德金：《中国产业结构变迁中的经济效率演进及影响因素》，《地理学报》，2017 年第 12 期。

[138] 李瑞琴、孙浦阳：《地理集聚与企业的自选择效应——基于上、下游关联集聚和专业化集聚的比较研究》，《财贸经济》，2018 年第 4 期。

[139] 李绍荣、李雯轩：《我国区域间产业集群的"雁阵模式"———基于各省优势产业的分析》，《经济学动态》，2018 年第 2 期。

[140] 李世刚、尹恒：《政府—企业间人才配置与经济增长——基于中国地级市数据

的经验研究》,《经济研究》,2017 年第 4 期。

[141] 李双双、芦佳玉、延军平:《1970 - 2015 年秦岭南北气温时空变化及其气候分界意义》,《地理学报》,2018 年第 1 期。

[142] 李松林、刘修岩:《中国城市体系规模分布扁平化:多维区域验证与经济解释》,《世界经济》,2017 年第 11 期。

[143] 李涛、马卫、高兴川:《基于 Super - DEA 模型的厦深高铁可达性效应综合评估与空间分异》,《经济地理》,2017 年第 8 期。

[144] 李涛、王燚、缪家驹:《2006—2014 年中国指令和控制中心城市的演化》,《国际城市规划》,2017 年第 1 期。

[145] 李涛、朱俊兵、伏霖:《聪明人更愿意创业吗?——来自中国的经验发现》,《经济研究》,2017 年第 3 期。

[146] 李伟、贺灿飞:《劳动力成本上升与中国制造业空间转移》,《地理科学》,2017 年第 9 期。

[147] 李晓斌:《产业升级与城市增长的双向驱动——基于中国数据的理论和实证研究》,《城市规划》,2017 年第 5 期。

[148] 李欣、孟德友:《基于路网相关性的分布式增量交通流大数据预测方法》,《地理科学》,2017 年第 2 期。

[149] 李欣、杨朝远、曹建华:《网络舆论有助于缓解雾霾污染吗?——兼论雾霾污染的空间溢出效应》,《经济学动态》,2017 年第 6 期。

[150] 李新春、肖宵:《制度逃离还是创新驱动?——制度约束与民营企业的对外直接投资》,《管理世界》,2017 年第 10 期。

[151] 李新光、黄安民:《高铁对县域经济增长溢出效应的影响研究——以福建省为例》,《地理科学》,2018 年第 2 期。

[152] 李旭超、罗德明、金祥荣:《资源错置与中国企业规模分布特征》,《中国社会科学》,2017 年第 2 期。

[153] 李雪松、赵宸宇、聂菁:《对外投资与企业异质性产能利用率》,《世界经济》,2017 年第 5 期。

[154] 李郁、吴康、龙瀛、李志刚、罗小龙、张学良等:《局部收缩:后增长时代下的城市可持续发展争鸣》,《地理研究》,2017 年第 10 期。

[155] 李郁、谢石营、杜志威等:《从行政区划调整到同城化规划——中国区域管治的转向》,《城市规划》,2016 年第 11 期。

[156] 李艳、杨汝岱:《地方国企依赖、资源配置效率改善与供给侧改革》,《经济研究》,2018 年第 2 期。

[157] 李逸飞、李静、许明:《制造业就业与服务业就业的交互乘数及空间溢出效应》,《财贸经济》,2017 年第 4 期。

[158] 李永友、张子楠:《转移支付提高了政府社会性公共品供给激励吗?》,《经济

研究》，2017 年第 1 期。

［159］李勇刚、罗海艳：《土地资源错配阻碍了产业结构升级吗？——来自中国 35 个大中城市的经验证据》，《财经研究》，2017 年第 9 期。

［160］李玉梅：《中国产业结构变迁中"逆库兹涅茨化"效应测量及分析》，《数量经济技术经济研究》，2017 年第 11 期。

［161］李昭华、吴梦：《改革开放以来中国出口增长推动力的阶段性演进及地区分布差异》，《数量经济技术经济研究》，2017 年第 7 期。

［162］梁琦、李建成、陈建隆：《异质性劳动力区位选择研究进展》，《经济学动态》，2018 年第 4 期。

［163］梁伟：《城镇化率的提升必然加剧雾霾污染么？——兼论城镇化与雾霾污染的空间溢出效应》，《地理研究》，2017 年第 10 期。

［164］梁文泉：《不安居，则不消费：为什么排斥外来人口不利于提高本地人口的收入？》，《管理世界》，2018 年第 1 期。

［165］梁育填、周政可、刘逸：《东南亚华人华侨网络与中国企业海外投资的区位选择关系研究》，《地理学报》，2018 年第 8 期。

［166］廖建江、祝平衡：《湖南"省直管县"财政体制改革对县域经济发展影响实证分析》，《经济地理》，2017 年第 4 期。

［167］廖茂林、许召元、胡翠、喻崇武：《基础设施投资，是否还能促进经济增长？——基于 1994~2016 年省际面板数据的实证检验》，《管理世界》，2018 年第 5 期。

［168］廖伟华、聂鑫：《基于大数据的城市服务业空间关联分析》，《地理科学》，2017 年第 9 期。

［169］林晨、陈斌开：《重工业优先发展战略对经济发展的长期影响——基于历史投入产出表的理论和实证研究》，《经济学（季刊）》，2018 年第 2 期。

［170］林建浩、赵子乐：《均衡发展的隐形壁垒：方言、制度与技术扩散》，《经济研究》，2017 年第 9 期。

［171］林善浪、叶炜、张丽华：《时间效应对制造业企业选址的影响》，《中国工业经济》，2018 年第 2 期。

［172］林忆南、金晓斌、杨绪红等：《近两百年江苏省城乡建设用地数量估算与空间重建》，《地理学报》，2017 年第 3 期。

［173］林毅夫、向为、余淼杰：《区域型产业政策与企业生产率》，《经济学（季刊）》，2018 年第 2 期。

［174］凌永辉、张月友、沈凯玲：《中国的产业互动发展被低估了吗》，《数量经济技术经济研究》，2018 年第 1 期。

［175］刘彬彬、林滨、冯博等：《劳动力流动与农村社会治安：模型与实证》，《管理世界》，2017 年第 8 期。

［176］刘晨晖、陈长石：《土地出让如何影响城市间发展不平衡——基于财政缺口弥

补视角的实证分析》，《财贸经济》，2017 年第 11 期。

［177］刘诚、钟春平：《产能扩张中的行政审批：成也萧何，败也萧何》，《财贸经济》，2018 年第 3 期。

［178］刘承良、管明明、段德忠：《中国城际技术转移网络的空间格局及影响因素》，《地理学报》，2018 年第 8 期。

［179］刘贯春、张晓云、邓光耀：《要素重置、经济增长与区域非平衡发展》，《数量经济技术经济研究》，2017 年第 7 期。

［180］刘海龙、石培基：《绿洲型城市空间扩展的模拟及多情景预测——以酒泉、嘉峪关市为例》，《自然资源学报》，2017 年第 12 期。

［181］刘海猛、方创琳、黄解军等：《京津冀城市群大气污染的时空特征与影响因素解析》，《地理学报》，2018 年第 1 期。

［182］刘海洋、林令涛、黄顺武：《地方官员变更与企业兴衰——来自地级市层面的证据》，《中国工业经济》，2017 年第 1 期。

［183］刘浩龙、戴君虎、闫军辉等：《基于杭州偏晚终雪记录的南宋（1131－1270 年）气候再推断》，《地理学报》，2017 年第 3 期。

［184］刘华军、彭莹、裴延峰、贾文星：《全要素生产率是否已经成为中国地区经济差距的决定力量？》，《财经研究》，2018 年第 6 期。

［185］刘华军、杜广杰：《中国经济发展的地区差距与随机收敛检验》，《数量经济技术经济研究》，2017 年第 10 期。

［186］刘欢、邓宏宾、谢伟伟：《长江经济带市域人口城镇化的时空特征及影响因素》，《经济地理》，2017 年第 3 期。

［187］刘辉、张志赟、税伟等：《资源枯竭型城市增长边界划定研究——以淮北市为例》，《自然资源学报》，2017 年第 3 期。

［188］刘慧、綦建红：《"邻居"对中国企业出口生存的影响有多大——基于信息溢出的视角》，《财贸经济》，2018 年第 8 期。

［189］刘菁华、李伟峰、周伟奇等：《京津冀城市群扩张模式对区域生态安全的影响预测》，《生态学报》，2018 年第 5 期。

［190］刘晶、金晓斌、张志飞等：《低效（闲置）铁路存量用地综合开发利用策略分析：方法与实证》，《自然资源学报》，2017 年第 3 期。

［191］刘军辉：《多米诺效应、空间不平衡性与区域贸易集团稳定性——简析英国脱欧的原因及对中国的启示》，《财经研究》，2018 年第 9 期。

［192］刘珺、王德、朱玮：《基于行为偏好的休闲步行环境改善研究》，《城市规划》，2017 年第 9 期。

［193］刘莉文、张明：《高速铁路对中国城市可达性和区域经济的影响》，《国际城市规划》，2017 年第 4 期。

［194］刘莉文、张明：《国外高速铁路对区域空间经济的影响研究及启示》，《国际城

市规划》，2018 年第 1 期。

[195] 刘民权：《全球化中的中国中小企业：交通基础设施的作用》，《金融研究》，2018 年第 4 期。

[196] 刘乃全、吴友：《长三角扩容能促进区域经济共同增长吗》，《中国工业经济》，2017 年第 6 期。

[197] 刘青、陶攀、洪俊杰：《中国海外并购的动因研究——基于广延边际与集约边际的视角》，《经济研究》，2017 年第 1 期。

[198] 刘瑞明、赵仁杰：《匿名审稿制度推动了中国的经济学进步吗？——基于双重差分方法的研究》，《经济学（季刊）》，2017 年第 1 期。

[199] 刘瑞翔、颜银根、范金：《全球空间关联视角下的中国经济增长》，《经济研究》，2017 年第 5 期。

[200] 刘盛宇、尹恒：《资本调整成本及其对资本错配的影响：基于生产率波动的分析》，《中国工业经济》，2018 年第 3 期。

[201] 刘维刚、倪红福、夏杰长：《生产分割对企业生产率的影响》，《世界经济》，2017 年第 8 期。

[202] 刘小鹏、李永红、王亚娟：《县域空间贫困的地理识别研究——以宁夏泾源县为例》，《地理学报》，2017 年第 3 期。

[203] 刘修岩、李松林、陈子扬：《多中心空间发展模式与地区收入差距》，《中国工业经济》，2017 年第 10 期。

[204] 刘修岩、李松林、秦蒙：《城市空间结构与地区经济效率——兼论中国城镇化发展道路的模式选择》，《管理世界》，2017 年第 1 期。

[205] 刘修岩、李松林：《房价、迁移摩擦与中国城市的规模分布——理论模型与结构式估计》，《经济研究》，2017 年第 7 期。

[206] 刘彦随、李进涛：《中国县域农村贫困化分异机制的地理探测与优化决策》，《地理学报》，2017 年第 1 期。

[207] 刘杨、蔡宏波：《契约环境与服务业集聚——基于中国服务业企业数据的分析》，《经济学动态》，2017 年第 5 期。

[208] 刘一伟、汪润泉：《收入差距、社会资本与居民贫困》，《数量经济技术经济研究》，2017 年第 9 期。

[209] 刘奕、夏杰长：《生产性服务业集聚与制造业升级》，《中国工业经济》，2017 年第 7 期。

[210] 刘颖、邓伟、宋雪茜：《基于综合城镇化视角的省际人口迁移格局空间分析》，《地理科学》，2017 年第 8 期。

[211] 刘友金、易秋平、贺灵：《产学研协同创新对地区创新绩效的影响——以长江经济带 11 省市为例》，《经济地理》，2017 年第 9 期。

[212] 刘玉博、李鲁、张学良：《超越城市行政边界的都市经济区划分：先发国家实

践及启示》，《城市规划学刊》，2017年第3期。

［213］刘玉博、吴万宗、张学良：《中国收缩城市存在生产率悖论吗——基于人口总量和分布的分析》，《经济学动态》，2017年第1期。

［214］刘玉博、吴万宗：《中国OFDI与东道国环境质量：影响机制与实证检验》，《财贸经济》，2017年第1期。

［215］刘毓芸、戴天仕、徐现祥：《汉语方言、市场分割与资源错配》，《经济学（季刊）》，2017年第4期。

［216］刘悦、周默涵：《环境规制是否会妨碍企业竞争力：基于异质性企业的理论分析》，《世界经济》，2018年第4期。

［217］刘兆德、刘聪、刘强等：《中国地级及以上城市区域综合发展水平及其类型》，《经济地理》，2017年第3期。

［218］刘正兵、戴特奇、廖聪等：《中国城际公路货运空间网络特征——基于"第一物流"网站数据》，《经济地理》，2017年第6期。

［219］刘志国、JamesMa：《收入流动性与我国居民长期收入不平等的动态变化：基于CHNS数据的分析》，《财经研究》，2017年第2期。

［220］刘竹青、佟家栋：《要素市场扭曲、异质性因素与中国企业的出口—生产率关系》，《世界经济》，2017年第12期。

［221］柳思维、周洪洋：《人口城镇化、土地城镇化对流通业产出效率影响的空间计量分析》，《经济地理》，2016年第12期。

［222］龙花楼、屠爽爽：《论乡村重构》，《地理学报》，2017年第4期。

［223］龙亮军、王霞、郭兵：《基于改进DEA模型的城市生态福利绩效评价研究——以我国35个大中城市为例》，《自然资源学报》，2017年第4期。

［224］龙瀛：《新城新区的发展、空间品质与活力》，《国际城市规划》，2017年第2期。

［225］龙瀛、刘伦：《新数据环境下定量城市研究的四个变革》，《国际城市规划》，2017年第1期。

［226］龙玉、赵海龙、张新德等：《时空压缩下的风险投资——高铁通车与风险投资区域变化》，《经济研究》，2017年第4期。

［227］卢晶亮：《资本积累与技能工资差距——来自中国的经验证据》，《经济学季刊》，2017年第2期。

［228］卢盛峰、陈思霞、杨子涵：《"官出数字"：官员晋升激励下的GDP失真》，《中国工业经济》，2017年第7期。

［229］鲁继通：《京津冀国家级经开区地位作用评估》，《地理科学》，2018年第1期。

［230］陆大道：《关于珠江三角洲大城市群与泛珠三角经济合作区的发展问题》，《经济地理》，2017年第4期。

［231］陆铭：《城市、区域和国家发展——空间政治经济学的现在与未来》，《经济学（季刊）》，2017 年第 4 期。

［232］逯建、杜清源、孙浦阳：《时间成本、城市规模与人均经济增长——基于铁路时刻数据的实证分析》，《管理世界》，2018 年第 5 期。

［233］罗超、王国恩、孙靓雯：《从土地利用规划到空间规划：英国规划体系的演进》，《国际城市规划》，2017 年第 4 期。

［234］罗敏、古丽·加帕尔、郭浩等：《2000—2013 年塔里木河流域生长季 NDVI 时空变化特征及其影响因素分析》，《自然资源学报》，2017 年第 1 期。

［235］罗涛、黄婷婷、张天海：《小城镇居民参与本地城镇化进程的潜力与途径——以福建闽北地区为例》，《城市规划》，2016 年第 11 期。

［236］罗小龙：《城市收缩的机制与类型》，《城市规划》，2018 年第 3 期。

［237］吕晨、蓝修婷、孙威：《地理探测器方法下北京市人口空间格局变化与自然因素的关系研究》，《自然资源学报》，2017 年第 8 期。

［238］吕捷、鄢一龙、唐啸：《"碎片化"还是"耦合"？五年规划视角下的央地目标治理》，《管理世界》，2018 年第 4 期。

［239］吕炜、高帅雄、周潮：《供给侧结构性改革加剧价格波动吗》，《中国工业经济》，2017 年第 8 期。

［240］吕延方、王冬：《"一带一路"有效实施：经济规模、地理与文化距离》，《经济学动态》，2017 年第 4 期。

［241］吕永龙、王尘辰、曹祥会：《城市化的生态风险及其管理》，《生态学报》，2018 年第 2 期。

［242］吕越、陈帅、盛斌：《嵌入全球价值链会导致中国制造的"低端锁定"吗？》，《管理世界》，2018 年第 8 期。

［243］吕越、盛斌、吕云龙：《中国的市场分割会导致企业出口国内附加值率下降吗》，《中国工业经济》，2018 年第 5 期。

［244］吕云龙、吕越：《上游垄断与制造业出口的比较优势——基于全球价值链视角的经验证据》，《财贸经济》，2017 年第 8 期。

［245］马蓓蓓、李海玲、魏也华、薛东前、江军：《西安市贫困空间结构特征与发生机理》，《地理学报》，2018 年第 6 期。

［246］马本、张莉、郑新业：《收入水平、污染密度与公众环境质量需求》，《世界经济》，2017 年第 9 期。

［247］马草原、马文涛、李成：《中国劳动力市场所有制分割的根源与表现》，《管理世界》，2017 年第 11 期。

［248］马洪福、郝寿义：《产业转型升级水平测度及其对劳动生产率的影响——以长江中游城市群 26 个城市为例》，《经济地理》，2017 年第 10 期。

［249］马淑琴、邹志文、邵宇佳、王江杭：《基础设施对出口产品质量非对称双元异

质性影响——来自中国省际数据的证据》，《财贸经济》，2018 年第 9 期。

　　［250］马述忠、张洪胜、王笑笑：《融资约束与全球价值链地位提升——来自中国加工贸易企业的理论与证据》，《中国社会科学》，2017 年第 1 期。

　　［251］马双、曾刚、张翼鸥等：《中国地方政府质量与区域创新绩效的关系》，《经济地理》，2017 年第 5 期。

　　［252］马学广、李鲁奇：《基于铁路客运流的环渤海城市空间联系及其网络结构》，《经济地理》，2017 年第 5 期。

　　［253］马雪莹、邵景安、徐新良：《乡村路网对三峡库区社区水平森林结构的影响》，《自然资源学报》，2017 年第 9 期。

　　［254］马志飞、李在军、张雅倩：《非均衡发展条件下地级市经济差距时空特征》，《经济地理》，2017 年第 2 期。

　　［255］苗洪亮、周慧：《中国三大城市群内部经济联系和等级结构的比较——基于综合引力模型的分析》，《经济地理》，2017 年第 6 期。

　　［256］缪小林、王婷、高跃光：《转移支付对城乡公共服务差距的影响——不同经济赶超省份的分组比较》，《经济研究》，2017 年第 2 期。

　　［257］南晓莉、张敏：《政府补助是否强化了战略性新兴产业的成本粘性?》，《财经研究》，2018 年第 8 期。

　　［258］楠玉、刘霞辉：《中国区域增长动力差异与持续稳定增长》，《经济学动态》，2017 年第 3 期。

　　［259］聂春祺、谷人旭、王春萌等：《城市空间自相关特征及腹地空间格局研究——以福建省为例》，《经济地理》，2017 年第 10 期。

　　［260］聂国卿、郭晓东：《环境规制对中国制造业创新转型发展的影响》，《经济地理》，2018 年第 7 期。

　　［261］宁越敏、张凡：《关于城市群研究的几个问题》，《城市规划学刊》，2017 年第 3 期。

　　［262］钮心毅、丁亮、宋小冬：《基于职住空间关系分析上海郊区新城发展状况》，《城市规划》，2017 年第 8 期。

　　［263］潘安：《对外贸易、区域间贸易与碳排放转移——基于中国地区投入产出表的研究》，《财经研究》，2017 年第 11 期。

　　［264］潘文卿、李跟强：《中国区域间贸易成本：测度与分解》，《数量经济技术经济研究》，2016 年第 2 期。

　　［265］潘文卿、吴天颖、胡晓：《中国技术进步方向的空间扩散效应》，《中国工业经济》，2017 年第 4 期。

　　［266］潘雄锋、彭晓雪、李斌：《市场扭曲、技术进步与能源效率：基于省际异质性的政策选择》，《世界经济》，2017 年第 1 期。

　　［267］彭红星、王国顺：《中国政府创新补贴的效应测度与分析》，《数量经济技术经

济研究》，2018 年第 1 期。

［268］彭继增、邓梨红、曾荣平：《长江中上游地区承接东部地区产业转移的实证分析》，《经济地理》，2017 年第 1 期。

［269］彭建、李慧蕾、刘焱序等：《雄安新区生态安全格局识别与优化策略》，《地理学报》，2018 年第 4 期。

［270］彭坤焘、赵民：《大都市区空间演进的机理研究——"空间—经济一体化分析框架"的建构与应用》，《城市规划学刊》，2017 年第 2 期。

［271］彭坤焘、赵民：《大都市区空间演进的机理研究——"空间—经济一体化分析框架"的建构与应用》，《城市规划学刊》，2017 年第 3 期。

［272］彭坤焘、赵民：《大都市区空间演进的机理研究——"空间—经济一体化分析框架"的建构与应用》，《城市规划学刊》，2018 年第 1 期。

［273］彭坤焘、赵民：《大都市区空间演进的机理研究——"空间—经济一体化分析框架"的建构与应用》，《城市规划学刊》，2018 年第 2 期。

［274］彭宇文、谭凤连、谌岚：《城镇化对区域经济增长质量的影响》，《经济地理》，2017 年第 8 期。

［275］蒲艳萍、成肖：《经济集聚、市场一体化与地方政府税收竞争》，《财贸经济》，2017 年第 10 期。

［276］戚伟、赵美风、刘盛和：《1982－2010 年中国县市尺度流动人口核算及地域类型演化》，《地理学报》，2017 年第 12 期。

［277］齐建超、刘慧平、伊尧国：《应用自组织映射方法的北京市 2005－2013 年土地利用时空演变分析》，《生态学报》，2017 年第 9 期。

［278］钱学锋、毛海涛、徐小聪：《中国贸易利益评估的新框架——基于双重偏向型政策引致的资源误置视角》，《中国社会科学》，2016 年第 12 期。

［279］钱雪松、金芳吉、杜立：《地理距离影响企业内部资本市场的贷款价格吗？——来自企业集团内部借贷交易的证据》，《经济学动态》，2017 年第 6 期。

［280］乔家君、周洋：《县域经济的空间分异及其机理研究》，《经济地理》，2017 年第 7 期。

［281］渠慎宁、李鹏飞、吕铁：《"两驾马车"驱动延缓了中国产业结构转型？》，《管理世界》，2018 年第 1 期。

［282］曲衍波、姜广辉、张佰林：《山东省农村居民点转型的空间特征及其经济梯度分异》，《地理学报》，2017 年第 10 期。

［283］冉泽泽：《基于 ESDA 的经济空间差异实证研究——以丝绸之路经济带中国西北段核心节点城市为例》，《经济地理》，2017 年第 5 期。

［284］任国平、刘黎明、孙锦等：《基于"胞—链—形"分析的都市郊区村域空间发展模式识别与划分》，《地理学报》，2017 年第 12 期。

［285］任强、侯一麟、马海涛：《公共服务资本化与房产市值：对中国是否应当开征

房地产税的启示》,《财贸经济》,2017 年第 12 期。

[286] 任胜钢、张如波、袁宝龙：《长江经济带工业生态效率评价及区域差异研究》，《生态学报》，2018 年第 15 期。

[287] 任宇飞、方创琳、蔺雪芹：《中国东部沿海地区四大城市群生态效率评价》，《地理学报》，2017 年第 11 期。

[288] 任远：《城镇化的升级和新型城镇化》，《城市规划学刊》，2018 年第 1 期。

[289] 阮建青、王凌：《语言差异与市场制度发展》，《管理世界》，2017 年第 4 期。

[290] 邵朝对、李坤望，苏丹妮：《国内价值链与区域经济周期协同：来自中国的经验证据》，《经济研究》，2018 年第 3 期。

[291] 邵朝对、苏丹妮、李坤望：《跨越边界的集聚：空间特征与驱动因素》，《财贸经济》，2018 年第 4 期。

[292] 邵朝对、苏丹妮：《全球价值链生产率效应的空间溢出》，《中国工业经济》，2017 年第 4 期。

[293] 邵帅、张曦、赵兴荣：《中国制造业碳排放的经验分解与达峰路径——广义迪氏指数分解和动态情景分析》，《中国工业经济》，2017 年第 3 期。

[294] 邵挺、王瑞民、王微：《中国社会流动性的测度和影响机制——基于高校毕业生就业数据的实证研究》，《管理世界》，2017 年第 2 期。

[295] 邵宜航、李泽扬：《空间集聚、企业动态与经济增长：基于中国制造业的分析》，《中国工业经济》，2017 年第 2 期。

[296] 申广军、邹静娴：《企业规模、政企关系与实际税率——来自世界银行"投资环境调查"的证据》，《管理世界》，2017 年第 6 期。

[297] 申云、贾晋：《香烟社交、圈子文化与居民社会阶层认同》，《经济学动态》，2017 年第 4 期。

[298] 沈鸿、向训勇：《专业化、相关多样化与企业成本加成———检验产业集聚外部性的一个新视角》，《经济学动态》，2017 年第 10 期。

[299] 沈剑飞：《流通活动、市场分割与国内价值链分工深度》，《财贸经济》，2018 年第 9 期。

[300] 沈坤荣、金刚：《中国地方政府环境治理的政策效应——基于"河长制"演进的研究》，《中国社会科学》，2018 年第 5 期。

[301] 沈坤荣、金刚、方娴：《环境规制引起了污染就近转移吗?》，《经济研究》，2017 年第 5 期。

[302] 沈小波、林伯强：《中国工业部门投入体现的和非体现的技术进步》，《数量经济技术经济研究》，2017 年第 5 期。

[303] 沈晓艳、王广洪、黄贤金：《1997—2013 年中国绿色 GDP 核算及时空格局研究》，《自然资源学报》，2017 年第 10 期。

[304] 盛丹、张国峰：《开发区与企业成本加成率分布》，《经济学（季刊）》，2018

年第 1 期。

[305] 盛来运、郑鑫、周平、李拓：《我国经济发展南北差距扩大的原因分析》，《管理世界》，2018 年第 9 期。

[306] 施震凯、邵军、浦正宁：《交通基础设施改善与生产率增长：来自铁路大提速的证据》，《世界经济》，2018 年第 6 期。

[307] 施卓敏、郑婉怡：《面子文化中消费者生态产品偏好的眼动研究》，《管理世界》，2017 年第 8 期。

[308] 石大千、丁海、卫平、刘建江：《智慧城市建设能否降低环境污染》，《中国工业经济》，2018 年第 6 期。

[309] 石敏俊、逄瑞、郑丹等：《中国制造业产业结构演进的区域分异与环境效应》，《经济地理》，2017 年第 10 期。

[310] 石晓军、闫竹：《城镇化一定能促进寿险业发展吗？——基于人类发展指数的异质性分析》，《财经研究》，2017 年第 6 期。

[311] 史丹、张成：《中国制造业产业结构的系统性优化——从产出结构优化和要素结构配套视角的分析》，《经济研究》，2017 年第 10 期。

[312] 史新杰、卫龙宝、方师乐等：《中国收入分配中的机会不平等》，《管理世界》，2018 年第 3 期。

[313] 史雅娟、朱永彬、黄金川：《中原城市群产业分工格局演变与功能定位研究》，《经济地理》，2017 年第 11 期。

[314] 宋建、王静：《"扭曲之手"会加重"成本病"吗——基于经济增长分解框架下的测算与分析》，《财贸经济》，2018 年第 2 期。

[315] 宋涛、程艺、刘卫东等：《中国边境地缘经济的空间差异及影响机制》，《地理学报》，2017 年第 10 期。

[316] 宋伟轩、刘春卉、汪毅等：《基于"租差"理论的城市居住空间中产阶层化研究——以南京内城为例》，《地理学报》，2017 年第 12 期。

[317] 宋小青、麻战洪、赵国松、吴志峰：《城市空地：城市化热潮的冷思考》，《地理学报》，2018 年第 6 期。

[318] 宋扬：《中国的机会不均等程度与作用机制——基于 CGSS 数据的实证分析》，《财贸经济》，2017 年第 1 期。

[319] 苏王新、孙然好：《中国典型城市群城镇化碳排放驱动因子》，《生态学报》，2018 年第 7 期。

[320] 苏屹、林周周：《区域创新活动的空间效应及影响因素研究》，《数量经济技术经济研究》，2017 年第 11 期。

[321] 孙爱丽、顾晓敏、吴慧：《研发投入对高新区集群企业创新绩效的影响》，《经济地理》，2017 年第 7 期。

[322] 孙斌栋：《京津冀存在"集聚阴影"吗？——大城市的区域经济影响》，《地

理研究》，2017 年第 10 期。

　　［323］孙才志、姜坤、赵良仕：《中国水资源绿色效率测度及空间格局研究》，《自然资源学报》，2017 年第 12 期。

　　［324］孙楚仁、陈瑾：《企业生产率异质性是否会影响工业集聚》，《世界经济》，2017 年第 2 期。

　　［325］孙豪、胡志军、陈建东：《中国消费基尼系数估算及社会福利分析》，《数量经济技术经济研究》，2017 年第 12 期。

　　［326］孙婧芳：《城市劳动力市场中户籍歧视的变化：农民工的就业与工资》，《经济研究》，2017 年第 8 期。

　　［327］孙久文、孙翔宇：《区域经济韧性研究进展和在中国应用的探索》，《经济地理》，2017 年第 10 期。

　　［328］孙军、高彦彦、宣昌勇：《"一带一路"倡议下的中国省际贸易演变特征与流向蜕变》，《财贸经济》，2018 年第 8 期。

　　［329］孙克、聂坚、游细斌等：《长江中游城市群生产性服务业的分工特征及空间效应分析》，《经济地理》，2018 年第 2 期。

　　［330］孙三百、万广华：《城市蔓延对居民福利的影响———对城市空间异质性的考察》，《经济学动态》，2017 年第 12 期。

　　［331］孙施文：《中国城乡规划学科发展的历史与展望》，《城市规划》，2016 年第 12 期。

　　［332］孙涛、逯苗苗、张卫国：《生肖偏好的经济解释和现实影响》，《经济学动态》，2018 年第 3 期。

　　［333］孙通、封志明、杨艳昭：《2003—2013 年中国县域单元粮食增产格局及贡献因素研究》，《自然资源学报》，2017 年第 2 期。

　　［334］孙晓华、郭旭、王昀：《产业转移、要素集聚与地区经济发展》，《管理世界》，2018 年第 5 期.

　　［335］孙阳、姚士谋、陆大道等：《中国城市群人口流动问题探析——以沿海三大城市群为例》，《地理科学》，2016 年第 12 期。

　　［336］孙元元、张建清：《市场一体化、技术外部性与地区生产率差距——产业集聚与企业异质互动的视角》，《世界经济》，2017 年第 4 期。

　　［337］孙战秀、栾维新、马瑜等：《中国沿海不同区位经济园区空间扩张特征研究》，《自然资源学报》，2018 年第 2 期。

　　［338］塔娜、柴彦威：《基于收入群体差异的北京典型郊区低收入居民的行为空间困境》，《地理学报》，2017 年第 10 期。

　　［339］覃成林、杨晴晴：《高速铁路对生产性服务业空间格局变迁的影响》，《经济地理》，2017 年第 2 期。

　　［340］覃成林、杨霞：《先富地区带动了其他地区共同富裕吗——基于空间外溢效应

的分析》，《中国工业经济》，2017 年第 10 期。

［341］谭章智、李少英、黎夏：《城市轨道交通对土地利用变化的时空效应》，《地理学报》，2017 年第 5 期。

［342］汤二子：《中国企业"出口—生产率悖论"：理论裂变与检验重塑》，《管理世界》，2017 年第 2 期。

［343］唐保庆、邱斌、孙少勤：《中国服务业增长的区域失衡研究——知识产权保护实际强度与最适强度偏离度的视角》，《经济研究》，2018 年第 8 期。

［344］唐保庆、吴飞飞：《知识产权保护、地方保护主义与区域间服务业结构发散》，《经济学动态》，2018 年第 7 期。

［345］唐承丽、吴佳敏、贺艳华、周国华等：《城市群—开发区—产业集群互动研究的理论思考》，《地理科学》，2018 年第 1 期。

［346］唐琦、夏庆杰、李实：《中国城市居民家庭的消费结构分析：1995—2013》，《经济研究》，2018 年第 2 期。

［347］唐伟成：《改革开放以来的经济周期波动与空间政策响应——发展主义视角的解析及反思》，《城市规划》，2018 年第 1 期。

［348］唐晓华、张欣钰、李阳：《制造业与生产性服务业协同发展对制造效率影响的差异性研究》，《数量经济技术经济研究》，2018 年第 3 期。

［349］唐志鹏、郑蕾、李方一：《环境约束下的中国八大经济区出口结构优化模拟研究》，《自然资源学报》，2017 年第 10 期。

［350］唐子来、李涛、李粲：《中国主要城市关联网络研究》，《城市规划》，2017 年第 1 期。

［351］陶岸君、王兴平：《面向协同规划的县域空间功能分区实践研究——以安徽省郎溪县为例》，《城市规划》，2016 年第 11 期。

［352］陶新宇、靳涛、杨伊婧：《"东亚模式"的启迪与中国经济增长"结构之谜"的揭示》，《经济研究》，2017 年第 11 期。

［353］陶长琪、彭永樟：《从要素驱动到创新驱动：制度质量视角下的经济增长动力转换与路径选择》，《数量经济技术经济研究》，2018 年第 7 期。

［354］陶卓霖、戴特奇、郑清菁等：《空间相互作用模型中的目的地竞争效应——基于中国城市间铁路客流数据的实证研究》，《地理科学》，2017 年第 2 期。

［355］滕堂伟、覃柳婷、胡森林：《长三角地区众创空间的地理分布及影响机制》，《地理科学》，2018 年第 8 期。

［356］滕堂伟、方文婷：《新长三角城市群创新空间格局演化与机理》，《经济地理》，2017 年第 4 期。

［357］田莉、王博祎、欧阳伟等：《外来与本地社区公共服务设施供应的比较研究——基于空间剥夺的视角》，《城市规划》，2017 年第 3 期。

［358］田友春、卢盛荣、靳来群：《方法、数据与全要素生产率测算差异》，《数量经

济技术经济研究》，2017年第12期。

[359] 涂建军、刘莉、张跃等：《1996—2015年我国经济重心的时空演变轨迹——基于291个地级市》，《经济地理》，2018年第2期。

[360] 涂建军、朱月、李琪：《基于网络空间结构的长江经济带城市影响区划定》，《经济地理》，2017年第12期。

[361] 万红莲、宋海龙、朱婵婵等：《明清时期宝鸡地区旱涝灾害链及其对气候变化的响应》，《地理学报》，2017年第4期。

[362] 万智巍、贾玉连、蒋梅鑫：《民国时期江西省城市用地与城市化水平》，《地理学报》，2018年第3期。

[363] 汪川：《工业化、城镇化与经济增长：孰为因孰为果》，《财贸经济》，2017年第9期。

[364] 汪芳：《文化景观安全格局：概念和框架》，《地理研究》，2017年第10期。

[365] 汪伟：《人口老龄化、生育政策调整与中国经济增长》，《经济学（季刊）》，2017年第1期。

[366] 王波、甄峰：《城市实体特征对城市网络空间影响力的作用机制——基于互联网新闻媒体的分析》，《地理科学》，2017年第8期。

[367] 王昌海：《中国自然保护区给予周边社区了什么——基于1998～2014年陕西、四川和甘肃三省农户调查数据》，《管理世界》，2017年第3期。

[368] 王春超、冯大威：《中国城镇创业行为与收入溢价》，《经济学动态》，2018年第4期。

[369] 王翠平、丁黎：《城市扩张背景下城市群环境问题的区域性特征分析》，《生态学报》，2017年第23期。

[370] 王岱霞、施德浩、吴一洲等：《区域小城镇发展的分类评估与空间格局特征研究：以浙江省为例》，《城市规划学刊》，2018年第2期。

[371] 王德、钟炜菁、谢栋灿等：《手机信令数据在城市建成环境评价中的应用——以上海市宝山区为例》，《城市规划学刊》，2018年第1期。

[372] 王刚、张华兵、薛菲等：《成都市县域土地利用碳收支与经济发展关系研究》，《自然资源学报》，2017年第7期。

[373] 王海、尹俊雅：《政府驻地迁移的资源配置效应》，《管理世界》，2018年第6期。

[374] 王海江、苗长红、乔旭宁：《黄河经济带中心城市服务能力的空间格局》，《经济地理》，2017年第7期。

[375] 王红建、汤泰劼、宋献中：《谁驱动了企业环境治理：官员任期考核还是五年规划目标考核》，《财贸经济》，2017年第11期。

[376] 王卉彤、刘传明、赵浚竹：《交通拥堵与雾霾污染：基于职住平衡的新视角》，《财贸经济》，2018年第1期。

［377］王家庭、臧家新、卢星辰等：《城市私人交通和公共交通对城市蔓延的不同影响——基于我国 65 个大中城市面板数据的实证检验》，《经济地理》，2018 年第 2 期。

［378］王姣娥、焦敬娟、黄洁等：《交通发展区位测度的理论与方法》，《地理学报》，2018 年第 4 期。

［379］王姣娥、景悦：《中国城市网络等级结构特征及组织模式——基于铁路和航空流的比较》，《地理学报》，2017 年第 8 期。

［380］王婧、刘奔腾、李裕瑞：《京津冀地区人口发展格局与问题区域识别》，《经济地理》，2017 年第 8 期。

［381］王开泳、陈田：《行政区划研究的地理学支撑与展望》，《地理学报》，2018 年第 4 期。

［382］王克敏、刘静、李晓溪：《产业政策、政府支持与公司投资效率研究》，《管理世界》，2017 年第 3 期。

［383］王磊、段学军、杨清可：《长江经济带区域合作的格局与演变》，《地理科学》，2017 年第 12 期。

［384］王录仓、武荣伟、李巍：《中国城市群人口老龄化时空格局》，《地理学报》，2017 年第 6 期。

［385］王猛、姜照君：《服务业集聚区、全球价值链与服务业创新》，《财贸经济》，2017 年第 1 期。

［386］王少剑、苏泳娴、赵亚博等：《中国城市能源消费碳排放的区域差异、空间溢出效应及影响因素》，《地理学报》，2018 年第 3 期。

［387］王士君、田俊峰、王彬燕等：《精准扶贫视角下中国东北农村贫困地域性特征及成因》，《地理科学》，2017 年第 10 期。

［388］王书斌：《国家扶贫开发政策对工业企业全要素生产率存在溢出效应吗？》，《数量经济技术经济研究》，2018 年第 3 期。

［389］王淑强、青秀玲、王晶等：《基于文献计量方法的国际地理科学研究机构竞争力分析》，《地理学报》，2017 年第 9 期。

［390］王维：《长江经济带"4E"协调发展时空格局研究》，《地理科学》，2017 年第 9 期。

［391］王伟同、魏胜广：《员工性别结构如何影响企业生产率——对"男女搭配干活不累"的一个解释》，《财贸经济》，2017 年第 6 期。

［392］王卫、綦良群：《中国装备制造业全要素生产率增长的波动与异质性》，《数量经济技术经济研究》，2017 年第 10 期。

［393］王文、孙早：《制造业需求与中国生产性服务业效率——经济发展水平的门槛效应》，《财贸经济》，2017 年第 7 期。

［394］王曦、陈中飞：《发达国家长期停滞现象的成因解析》，《世界经济》，2018 年第 1 期。

［395］王贤彬、黄亮雄、徐现祥等：《中国地区经济差距动态趋势重估——基于卫星灯光数据的考察》，《经济学（季刊）》，2017 年第 3 期。

［396］王孝松、吕越、赵春明：《贸易壁垒与全球价值链嵌入——以中国遭遇反倾销为例》，《中国社会科学》，2017 年第 1 期。

［397］王兴平、谢亚、陈宏胜等：《新时期中国开发区流动人口集聚与再流动研究》，《城市规划学刊》，2018 年第 2 期。

［398］王兴平：《城镇化进程中家庭离散化及其应对策略初探》，《城市规划》，2016 年第 12 期。

［399］王旭、黄亚平、贺雪峰：《乡村社会关系网络与中国村庄规划范式的探讨》，《城市规划》，2017 年第 7 期。

［400］王雪辉、谷国锋：《基于市场潜能的城市经济增长空间格局及溢出效应》，《地理科学》，2017 年第 11 期。

［401］王垚、年猛、王春华：《产业结构、最优规模与中国城市化路径选择》，《经济学（季刊）》，2017 年第 2 期。

［402］王颖、顾朝林：《基于格网分析法的城市弹性增长边界划定研究——以苏州市为例》，《城市规划》，2017 年第 2 期。

［403］王永进、黄青：《交通基础设施质量、时间敏感度和出口绩效》，《财经研究》，2017 年第 10 期。

［404］王永进、盛丹、李坤望：《中国企业成长中的规模分布——基于大企业的研究》，《中国社会科学》，2017 年第 3 期。

［405］王永明、王美霞、吴殿廷：《贵州省乡村贫困空间格局与形成机制分析》，《地理科学》，2017 年第 2 期。

［406］王勇、沈仲凯：《禀赋结构、收入不平等与产业升级》，《经济学（季刊）》，2018 年第 2 期。

［407］王勇：《产业动态、国际贸易与经济增长》，《经济学（季刊）》，2018 年第 2 期。

［408］王宇宁、运迎霞、高长宽：《轨道交通影响下大城市边缘城镇发展模式研究——巴黎和天津的对比分析》，《城市规划》，2017 年第 1 期。

［409］王钊、杨山、龚富华等：《基于城市流空间的城市群变形结构识别——以长江三角洲城市群为例》，《地理科学》，2017 年第 9 期。

［410］王钊、杨山、刘帅宾：《基于复杂网络的长三角城市对外服务群落结构研究》，《生态学报》，2018 年第 6 期。

［411］魏丽华：《论城市群经济联系对区域协同发展的影响——基于京津冀与沪苏浙的比较》，《地理科学》，2018 年第 5 期。

［412］魏守华、孙宁、姜悦：《Zipf 定律与 Gibrat 定律在中国城市规模分布中的适用性》，《世界经济》，2018 年第 9 期。

［413］魏翔、刘文霞：《通勤与偷懒：交通时间影响工作效果的现场追踪研究》，《财经研究》，2017 年第 8 期。

［414］吴常艳、黄贤金、陈博文等：《长江经济带经济联系空间格局及其经济一体化趋势》，《经济地理》，2017 年第 7 期。

［415］吴放、竺越、沈济黄：《空间环境对交通出行特征的影响——拥有大规模公交体系的城市比较研究》，《城市规划》，2017 年第 8 期。

［416］吴福象、段巍：《国际产能合作与重塑中国经济地理》，《中国社会科学》，2017 年第 2 期。

［417］吴光周、杨家文：《中国城市规模幂律分布实证研究》，《经济地理》，2017 年第 1 期。

［418］吴康、孙东琪：《城市收缩的研究进展与展望》，《经济地理》，2017 年第 11 期。

［419］吴敏、黄玖立：《省级开发区、主导产业与县域工业发展》，《经济学动态》，2017 年第 1 期。

［420］吴万宗、谭诗羽、夏大慰：《产业政策对企业间工资差距的影响——来自中国工业企业的经验证据》，《财经研究》，2018 年第 2 期。

［421］吴小强、韩立彬：《中国地方政府债务竞争：基于省级空间面板数据的实证研究》，《财贸经济》，2017 年第 9 期。

［422］伍骏骞、阮建青、徐广彤：《经济集聚、经济距离与农民增收：直接影响与空间溢出效应》，《经济学（季刊）》，2017 年第 1 期。

［423］夏柱智、贺雪峰：《半工半耕与中国渐进城镇化模式》，《中国社会科学》，2017 年第 12 期。

［424］项后军、巫姣、谢杰：《地方债务影响经济波动吗》，《中国工业经济》，2017 年第 1 期。

［425］肖燕飞：《中国区域资本时空演变特征及其对经济增长影响》，《经济地理》，2017 年第 11 期。

［426］晓东、刘京军：《不确定性与中国出口增长》，《经济研究》，2017 年第 9 期。

［427］谢小平、汤萱、傅元海：《高行政层级城市是否更有利于企业生产率的提升》，《世界经济》，2017 年第 6 期。

［428］谢晓闻、方意、李胜兰：《中国碳市场一体化程度研究——基于中国试点省市样本数据的分析》，《财经研究》，2017 年第 2 期。

［429］谢宜章、赵玉奇、何青松：《经济梯度、俱乐部合作与区域协调新机制》，经济地理，2018 年第 7 期。

［430］谢贞发、严瑾、李培：《中国式"压力型"财政激励的财源增长效应》，《管理世界》，2017 年第 12 期。

［431］邢有为、姜旭朝、黎晓峰：《环境治理投入对经济增长的异质性影响研究——

基于城市化的视角》，《自然资源学报》，2018 年第 4 期。

［432］熊湘辉、徐璋勇：《中国新型城镇化水平及动力因素测度研究》，《数量经济技术经济研究》，2018 年第 2 期。

［433］徐超、李林木：《城乡低保是否有助于未来减贫——基于贫困脆弱性的实证分析？》，《财贸经济》，2017 年第 5 期。

［434］徐芳、齐明珠：《经济新常态下大都市人口管理研究——以北京市为例》，《管理世界》，2017 年第 5 期。

［435］徐浩、冯涛：《制度环境优化有助于推动技术创新吗？——基于中国省际动态空间面板的经验分析》，《财经研究》，2017 年第 4 期。

［436］徐利权、谭刚毅、周均清：《都市圈新城规划建设实效评估方法研究——以武汉城市圈为例》，《城市规划学刊》，2018 年第 1 期。

［437］徐维祥、杨蕾、刘程军等：《长江经济带创新产出的时空演化特征及其成因》，《地理科学》，2017 年第 4 期。

［438］徐维祥、张凌燕、刘程军等：《城市功能与区域创新耦合协调的空间联系研究——以长江经济带 107 个城市为实证》，《地理科学》，2017 年第 11 期。

［439］徐现祥、刘毓芸：《经济增长目标管理》，《经济研究》，2017 年第 7 期。

［440］徐孝勇、封莎：《中国 14 个集中连片特困地区自我发展能力测算及时空演变分析》，《经济地理》，2017 年第 11 期。

［441］徐业坤、杨帅、李维安：《政治晋升、寻租与企业并购——来自市委书记升迁的证据》，《经济学动态》，2017 年第 4 期。

［442］许岩、尹希果：《技术选择："因势利导"还是"适度赶超"？》，《数量经济技术经济研究》，2017 年第 8 期。

［443］宣烨、陈启斐：《生产性服务品进口技术复杂度与技术创新能力——来自全球高科技行业的证据》，《财贸经济》，2017 年第 9 期。

［444］鄢莉莉、吴利学：《投入产出结构、行业异质性与中国经济波动》，《世界经济》，2017 年第 8 期。

［445］闫东升、杨槿：《中国县域市民化需求人口分布时空格局演变》，《地理科学》，2017 年第 10 期。

［446］杨本建、黄海珊：《城区人口密度、厚劳动力市场与开发区企业生产率》，《中国工业经济》，2018 年第 8 期。

［447］杨春华、吴晋峰、周芳如等：《铁路通达性变化对区域旅游业的影响——以京津冀、长三角地区对比为例》，《经济地理》，2018 年第 2 期。

［448］杨得前、刘仁济：《地方财政支出对产业生态化的空间溢出效应研究》，《财贸经济》，2018 年第 7 期。

［449］杨德明、赵璨、曹伟：《寻租与企业绩效："绊脚石"还是"润滑剂"》，《财贸经济》，2017 年第 1 期。

［450］杨凡、杜德斌、段德忠等：《城市内部研发密集型制造业的空间分布与区位选择模式——以北京、上海为例》，《地理科学》，2017年第4期。

［451］杨飞：《市场化、技能偏向性技术进步与技能溢价》，《世界经济》，2017年第2期。

［452］杨浩、张京祥：《土地财政驱动城市空间生产的机制与效应研究——以南京河西新城为例》，《国际城市规划》，2018年第1期。

［453］杨经国、周灵灵、邹恒甫：《我国经济特区设立的经济增长效应评估——基于合成控制法的分析》，《经济学动态》，2017年第1期。

［454］杨俊宴、史宜：《城市区级中心的空间选址机制与布局方法研究》，《城市规划》，2018年第1期。

［455］杨开忠、陆军、王彦博：《基于相对效用函数的新经济地理模型》，《经济学（季刊）》，2018年第3期。

［456］杨克泉、赵大平、彭飞：《中国突破中等收入陷阱的经济学分析》，《数量经济技术经济研究》，2017年第7期。

［457］杨坤矗、毕润成、孙然好：《京津冀地区城市化发展时空差异特征》，《生态学报》，2017年第12期。

［458］杨玲：《破解困扰"中国制造"升级的"生产性服务业发展悖论"的经验研究》，《数量经济技术经济研究》，2017年第7期。

［459］杨孟禹、梁双陆、蔡之兵：《中国城市规模为何两极分化：一个空间竞争的经验解释》，《财贸经济》，2018年第8期。

［460］杨孟禹、蔡之兵、张可云：《中国城市规模的度量及其空间竞争的来源——基于全球夜间灯光数据的研究》，《财贸经济》，2017年第3期。

［461］杨明海、张红霞、孙亚男：《七大城市群创新能力的区域差距及其分布动态演进》，《数量经济技术经济研究》，2017年第3期。

［462］杨明海、张红霞、孙亚男等：《中国八大综合经济区科技创新能力的区域差距及其影响因素研究》，《数量经济技术经济研究》，2018年第4期。

［463］杨谱：《中国制造业劳动力效率损失及其分解：理论与实证》，《财经研究》，2017年第6期。

［464］杨曦：《城市规模与城镇化、农民工市民化的经济效应——基于城市生产率与宜居度差异的定量分析》，《经济学（季刊）》，2017年第4期。

［465］杨先明、王巧然：《城市化进程中居民能源消费的阶段性效应》，《经济学动态》，2017年第12期。

［466］杨鑫、张琦、吴思琦：《特大城市绿地格局多尺度、系统化比较研究——以北京、伦敦、巴黎、纽约为例》，《城市规划学刊》，2017年第3期。

［467］杨屹、梁砺波、张景乾：《关中城市群生态足迹演变趋势及公平性评价》，《自然资源学报》，2017年第8期。

[468] 杨勇：《产业关联、市场竞争与地区新生企业产能累积》，《中国工业经济》，2017 年第 9 期。

[469] 杨珍丽、唐承丽、周国华等：《城市群—开发区—产业集群协同发展研究——以长株潭城市群为例》，《经济地理》，2018 年第 1 期。

[470] 杨振宇、张程：《东迁、自选择与劳动力溢价："孔雀东南飞"背后的故事》，《经济学（季刊）》，2017 年第 4 期。

[471] 杨子晖、田磊：《"污染天堂"假说与影响因素的中国省际研究》，《世界经济》，2017 年第 5 期。

[472] 姚昕、潘是英、孙传旺：《城市规模、空间集聚与电力强度》，《经济研究》，2017 年第 11 期。

[473] 叶迪、朱林可：《地区质量声誉与企业出口表现》，《经济研究》，2017 年第 6 期。

[474] 叶金珍、安虎森：《开征环保税能有效治理空气污染吗》，《中国工业经济》，2017 年第 5 期。

[475] 叶林、邢忠、颜文涛：《城市边缘区绿色空间精明规划研究——核心议题、概念框架和策略探讨》，《城市规划学刊》，2017 年第 1 期。

[476] 叶宁华、张伯伟：《地方保护、所有制差异与企业市场扩张选择》，《世界经济》，2017 年第 6 期。

[477] 叶宁华、张伯伟：《企业异质性与国内市场进入——来自中国出口企业的微观证据》，《经济学动态》，2017 年第 9 期。

[478] 叶文平、李新春、陈强远：《流动人口对城市创业活跃度的影响：机制与证据》，《经济研究》，2018 年第 6 期。

[479] 叶文平、李新春、朱沆：《地区差距、社会嵌入与异地创业——"过江龙"企业家现象研究》，《管理世界》，2018 年第 1 期。

[480] 易靖韬、蒙双：《多产品出口企业、生产率与产品范围研究》，《管理世界》，2017 年第 5 期。

[481] 易先忠、高凌云：《融入全球产品内分工为何不应脱离本土需求》，《世界经济》，2018 年第 6 期。

[482] 银马华、王群、杨兴柱、司新新：《区域旅游扶贫类型与模式研究——以大别山集中连片特困区 36 个县（市）为例》，《经济地理》，2018 年第 4 期。

[483] 尹宏玲、吴志强：《极化 & 扁平：美国湾区与长三角创新活动空间格局比较研究》，《城市规划学刊》，2018 年第 1 期。

[484] 尹斯斯、杨连星、孔令熠等：《异质性企业贸易理论是否服从卢卡斯批判》，《世界经济》，2017 年第 10 期。

[485] 游猎、陈晨、赵民：《跨越我国城乡发展的刘易斯拐点——"机器换人"现象引发的理论研究及政策思考》，《城市规划》，2017 年第 6 期。

［486］余东华、孙婷：《环境规制、技能溢价与制造业国际竞争力》，《中国工业经济》，2017 年第 5 期。

［487］余建辉、李佳洺、张文忠：《中国资源型城市识别与综合类型划分》，《地理学报》，2018 年第 4 期。

［488］余泳泽、刘大勇：《"中国式财政分权"与全要素生产率："竞次"还是"竞优"》，《财贸经济》，2018 年第 1 期。

［489］余泳泽、杨晓章：《官员任期、官员特征与经济增长目标制定——来自 230 个地级市的经验证据》，《经济学动态》，2017 年第 2 期。

［490］余泳泽、张少辉：《城市房价、限购政策与技术创新》，《中国工业经济》，2017 年第 6 期。

［491］余泳泽：《异质性视角下中国省际全要素生产率再估算：1978—2012》，《经济学（季刊）》，2017 年第 3 期。

［492］余运江、高向东：《市场潜能与流动人口工资差异：基于异质性视角的分析》，《世界经济》，2017 年第 12 期。

［493］俞佳立、钱芝网：《长江经济带物流产业效率的时空演化及其影响因素》，《经济地理》，2018 年第 8 期。

［494］袁航、朱承亮：《国家高新区推动了中国产业结构转型升级吗》，《中国工业经济》，2018 年第 8 期。

［495］原磊、邹宗森：《中国制造业出口企业是否存在绩效优势——基于不同产业类型的检验》，《财贸经济》，2017 年第 5 期。

［496］苑德宇、李德刚、杨志勇：《外商直接投资进入是否增进了中国城市基础设施绩效》，《世界经济》，2017 年第 8 期。

［497］岳文、韩剑：《异质性企业、出口强度与技术升级》，《世界经济》，2017 年第 10 期。

［498］张成、史丹、李鹏飞：《中国实施省际碳排放权交易的潜在成效》，《财贸经济》，2017 年第 2 期。

［499］张萃：《什么使城市更有利于创业？》，《经济研究》，2018 年第 4 期。

［500］张改素、王发曾、康珈瑜：《长江经济带县域城乡收入差距的空间格局及其影响因素》，《经济地理》，2017 年第 4 期。

［501］张国峰、李强、王永进：《大城市生产率优势：集聚、选择还是群分效应》，《世界经济》，2017 年第 8 期。

［502］张海洋、金则杨：《中国工业 TFP 的新产品动能变化研究》，《经济研究》，2017 年第 9 期。

［503］张航空：《流动人口统计归属对城镇化水平的影响》，《城市规划》，2018 年第 3 期。

［504］张豪、戴静、张建华：《政策不确定、官员异质性与企业全要素生产率》，《经

济学动态》，2017 年第 8 期。

[505] 张浩然：《日照间距约束、人口密度与中国城市增长》，《经济学（季刊）》，2018 年第 1 期。

[506] 张虎、韩爱华：《中国城市制造业与生产性服务业规模分布的空间特征研究》，《数量经济技术经济研究》，2018 年第 9 期。

[507] 张虎、韩爱华、杨青龙：《中国制造业与生产性服务业协同集聚的空间效应分析》，《数量经济技术经济研究》，2016 年第 2 期。

[508] 张欢、徐康宁、孙文远：《城镇化、教育质量与中等收入陷阱——基于跨国面板数据的实证分析》，《数量经济技术经济研究》，2018 年第 5 期。

[509] 张俊：《高铁建设与县域经济发展——基于卫星灯光数据的研究》，《经济学（季刊）》，2017 年第 4 期。

[510] 张可云、沈洁：《北京核心功能内涵、本质及其疏解可行性分析》，《城市规划》，2017 年第 6 期。

[511] 张丽娟、姚子艳、唐世浩等：《20 世纪 80 年代以来全球耕地变化的基本特征及空间格局》，《地理学报》，2017 年第 7 期。

[512] 张莉、年永威、刘京军：《土地市场波动与地方债——以城投债为例》，《经济学（季刊）》，2018 年第 3 期。

[513] 张莉、何晶、马润泓：《房价如何影响劳动力流动?》，《经济研究》，2017 年第 8 期。

[514] 张莉、皮嘉勇、宋光祥：《地方政府竞争与生产性支出偏向——撤县设区的政治经济学分析》，《财贸经济》，2018 年第 3 期。

[515] 张莉、朱光顺、李夏洋：《重点产业政策与地方政府的资源配置》，《中国工业经济》，2017 年第 9 期。

[516] 张亮靓、孙斌栋：《极化还是均衡：重塑大国经济地理的战略选择——城市规模分布变化和影响因素的跨国分析》，《地理学报》，2017 年第 8 期。

[517] 张梦婷、俞峰、钟昌标、林发勤：《高铁网络、市场准入与企业生产率》，《中国工业经济》，2018 年第 5 期。

[518] 张清源、苏国灿、梁若冰：《谁在影响二手房的交易价格——来自北京市的经验证据》，《财贸经济》，2017 年第 2 期。

[519] 张清源、苏国灿、梁若冰：《增加土地供给能否有效抑制房价上涨——利用"撤县设区"的准实验研究》，《财贸经济》，2018 年第 4 期。

[520] 张全红、李博、周强：《中国多维贫困的动态测算、结构分解与精准扶贫》，《财经研究》，2017 年第 4 期。

[521] 张荣天：《长三角城市群网络结构时空演变分析》，《经济地理》，2017 年第 2 期。

[522] 张睿、张勋、戴若尘：《基础设施与企业生产率：市场扩张与外资竞争的视

角》，《管理世界》，2018 年第 1 期。

［523］张少华、蒋伟杰：《中国的产能过剩：程度测算与行业分布》，《经济研究》，2017 年第 1 期。

［524］张少军、李善同：《省际贸易对中国经济增长的贡献研究》，《数量经济技术经济研究》，2016 年第 2 期。

［525］张天华、陈力、董志强：《高速公路建设、企业演化与区域经济效率》，《中国工业经济》，2018 年第 1 期。

［526］张天华、高翔、步晓宁等：《中国交通基础设施建设改善了企业资源配置效率吗？——基于高速公路建设与制造业企业要素投入的分析》，《财经研究》，2017 年第 8 期。

［527］张婷麟、孙斌栋：《都市区空间结构与经济发展的互动关系研究》，《地理科学》，2017 年第 4 期。

［528］张挺、李闽榕、徐艳梅：《村振兴评价指标体系构建与实证研究》，《管理世界》，2018 年第 8 期。

［529］张同斌、王树贞、鲍曙明：《"中国制造"对世界经济增长的贡献及分解研究》，《数量经济技术经济研究》，2017 年第 11 期。

［530］张同斌：《补贴、要素价格扭曲与中国工业企业增长》，《经济学动态》，2017 年第 9 期。

［531］张童、姚士谋、胡伟平、崔锋艳：《基于交通可达性的广佛都市区城市扩展的模拟与分析》，《地理科学》，2018 年第 5 期。

［532］张伟丽：《区域经济增长俱乐部趋同：假说检验及解释》，《地理科学》，2018 年第 1 期。

［533］张晓晶、李成、李育黄：《扭曲、赶超与可持续增长——对政府与市场关系的重新审视》，《经济研究》，2018 年第 1 期。

［534］张鑫、沈清基、李豫泽：《中国十大城市群差异性及空间结构特征研究》，《城市规划学刊》，2017 年第 2 期。

［535］张旭亮、史晋川、李仙德：《互联网对中国区域创新的作用机理与效应》，《经济地理》，2017 年第 12 期。

［536］张学良、李培鑫、李丽霞：《政府合作、市场整合与城市群经济绩效——基于长三角城市经济协调会的实证检验》，《经济学（季刊）》，2017 年第 4 期。

［537］张勋、王旭、万广华等：《交通基础设施促进经济增长的一个综合框架》，《经济研究》，2018 年第 1 期。

［538］张艳、辜智慧、周维：《大城市职住空间匹配及其与轨道交通的协调发展研究：以深圳市为例》，《城市规划学刊》，2018 年第 1 期。

［539］张意翔、成金华、汤尚颖等：《技术进步偏向性、产权结构与中国区域能源效率》，《数量经济技术经济研究》，2017 年第 8 期。

［540］张友国：《中国三大地域间供需双向溢出—反馈效应研究》，《数量经济技术经济研究》，2017 年第 5 期。

［541］张宇：《地方保护与经济增长的囚徒困境》，《世界经济》，2018 年第 3 期。

［542］张毓、孙根年：《城市规模与旅游成长空间关系、演变及驱动因子——长江三角洲城市级别体系新认识》，《地理科学》，2016 年第 12 期。

［543］张月玲、林锋：《中国区域要素替代弹性变迁及其增长效应——基于异质劳动视角的随机前沿生产函数分析》，《财经研究》，2017 年第 6 期。

［544］赵彪：《1954 年以来中国县级行政区划特征演变》，《经济地理》，2018 年第 2 期。

［545］赵达、谭之博、张军：《中国城镇地区消费不平等演变趋势——新视角与新证据》，《财贸经济》，2017 年第 6 期。

［546］赵德昭：《FDI 对农村剩余劳动力转移的影响：集聚抑或是扩散》，《财贸经济》，2018 年第 1 期。

［547］赵方、袁超文：《中国城市化发展——基于空间均衡模型的研究》，《经济学（季刊）》，2017 年第 4 期。

［548］赵建吉、王艳华、吕可文等：《内陆区域中心城市金融产业集聚的演化机理——以郑东新区为例》，《地理学报》，2017 年第 8 期。

［549］赵金彩、钟章奇、卢鹤立等：《基于夜间灯光的城市居民直接碳排放及影响因素——以中原经济区为例》，《自然资源学报》，2017 年第 12 期。

［550］赵磊、张晨：《旅游减贫的门槛效应及其实证检验——基于中国西部地区省际面板数据的研究》，《财贸经济》，2018 年第 5 期。

［551］赵美风、戚伟、刘盛和：《北京市流动人口聚居区空间分异及形成机理》，《地理学报》，2018 年第 8 期。

［552］赵娜、王博、刘燕：《城市群、集聚效应与"投资潮涌"——基于中国 20 个城市群的实证研究》，《中国工业经济》，2017 年第 11 期。

［553］赵巧芝、闫庆友：《基于投入产出的中国行业碳排放及减排效果模拟》，《自然资源学报》，2017 年第 9 期。

［554］赵秋叶、施晓清：《城市产业生态网络特征与演进规律——以北京市为例》，《生态学报》，2017 年第 14 期。

［555］赵烁、钱晓彤、胡心磊等：《高铁出行的分时段区域可达性评价方法——以湖南省为例》，《经济地理》，2017 年第 7 期。

［556］赵西亮：《农民工与城市工资——来自中国内部移民的证据》，《经济学（季刊）》，2018 年第 3 期。

［557］赵祥、曹佳斌：《地方政府"两手"供地策略促进产业结构升级了吗——基于 105 个城市面板数据的实证分析》，《财贸经济》，2017 年第 7 期。

［558］赵星烁、杨滔：《美国新城新区发展回顾与借鉴》，《国际城市规划》，2017 年

第 2 期。

［559］赵曜、柯善咨：《筛选效应、异质企业内生集聚与城市生产率》，《财贸经济》，2017 年第 3 期。

［560］赵映慧、初楠臣、郭晶鹏等：《中国三大城市群高速铁路网络结构与特征》，《经济地理》，2017 年第 10 期。

［561］赵映慧、郭晶鹏、毛克彪等：《1949 - 2015 年中国典型自然灾害及粮食灾损特征》，《地理学报》，2017 年第 7 期。

［562］赵正、王佳昊、冯骥：《京津冀城市群核心城市的空间联系及影响测度》，《经济地理》，2017 年第 6 期。

［563］赵梓渝、魏冶、庞瑞秋：《基于人口省际流动的中国城市网络转变中心性与控制力研究——兼论递归理论用于城市网络研究的条件性》，《地理学报》，2017 年第 6 期。

［564］甄小鹏、凌晨：《农村劳动力流动对农村收入及收入差距的影响——基于劳动异质性的视角》，《经济学（季刊）》，2017 年第 3 期。

［565］郑德高、朱雯娟、陈阳等：《区域空间格局再平衡与国家魅力景观区构建》，《城市规划》，2017 年第 2 期。

［566］郑蔚、周法、董双强：《城市经济网络研究的理论共识与观点探析》，《城市规划》，2016 年第 11 期。

［567］周亮、周成虎、杨帆等：《2000 - 2011 年中国 PM2.5 时空演化特征及驱动因素解析》，《地理学报》，2017 年第 11 期。

［568］周凌：《特大城市边缘区空间演化机制与对策的实例剖析——以上海为例》，《城市规划学刊》，2017 年第 3 期。

［569］周茂、陆毅、杜艳等：《开发区设立与地区制造业升级》，《中国工业经济》，2018 年第 3 期。

［570］周敏敏、Jean - Louis ARCAND、陶然：《企业家精神代际传递与农村迁移人口的城市创业》，《经济研究》，2017 年第 11 期。

［571］周末、高方澍、张宇杰：《劳动力供给变化会影响中国工业企业的生产率和利润率吗？》，《财经研究》，2017 年第 8 期。

［572］周盼、吴佳雨、吴雪飞：《基于绿色基础设施建设的收缩城市更新策略研究》，《国际城市规划》，2017 年第 1 期。

［573］周其仁：《体制成本与中国经济》，《经济学（季刊）》，2017 年第 3 期。

［574］周强、张全红：《中国家庭长期多维贫困状态转化及教育因素研究》，《数量经济技术经济研究》，2017 年第 4 期。

［575］周尚意、王星：《制度对工业企业区位选择影响的新古典经济学分析——以北京原料药企业外迁至河北沧州为例》，《经济地理》，2017 年第 2 期。

［576］周文、赵方、杨飞等：《土地流转、户籍制度改革与中国城市化：理论与模拟》，《经济研究》，2017 年第 6 期。

［577］周小亮、吴武林：《中国包容性绿色增长的测度及分析》，《数量经济技术经济研究》，2018 年第 8 期。

［578］周璇、陶长琪：《含空间自回归误差项的空间动态面板模型的检验与模拟》，《数量经济技术经济研究》，2017 年第 9 期。

［579］周扬、郭远智、刘彦随：《中国县域贫困综合测度及 2020 年后减贫瞄准》，《地理学报》，2018 年第 8 期。

［580］周玉龙、杨继东、黄阳华、Geoffrey J. D. Hewings：《高铁对城市地价的影响及其机制研究——来自微观土地交易的证据》，《中国工业经济》，2018 年第 5 期。

［581］周云波、田柳、陈岑：《经济发展中的技术创新、技术溢出与行业收入差距演变 ——对 U 形假说的理论解释与实证检验》，《管理世界》，2017 年第 11 期。

［582］朱诚、姜逢清、吴立等：《对全球变化背景下长三角地区城镇化发展科学问题的思考》，《地理学报》，2017 年第 4 期。

［583］朱高立、王雪琪、李发志、邹伟：《房地产经济对人口城镇化与土地城镇化协调发展的作用机理——基于中国 30 个省会城市面板数据的经验分析》，《经济地理》，2018 年第 5 期。

［584］朱建华、陈曦、戚伟等：《行政区划调整的城镇化效应——以江苏省为例》，《经济地理》，2017 年第 4 期。

［585］朱健、陈湘满、袁旭宏：《我国农民工市民化的影响因素分析》，《经济地理》，2017 年第 1 期。

［586］朱军、许志伟：《财政分权、地区间竞争与中国经济波动》，《经济研究》，2018 年第 1 期。

［587］朱梦冰、李实：《精准扶贫重在精准识别贫困人口——农村低保政策的瞄准效果分析》，《中国社会科学》，2017 年第 9 期。

［588］朱天、张军、刘芳：《中国的投资数据有多准确?》，《经济学（季刊）》，2017 年第 3 期。

［589］朱奕蒙、徐现祥：《创业的宏观环境对企业的长期影响：中国工业企业的证据》，《世界经济》，2017 年第 12 期。

［590］诸竹君、黄先海、宋学印等：《劳动力成本上升、倒逼式创新与中国企业加成率动态》，《世界经济》，2017 年第 8 期。

［591］邹卓君、郑伯红：《高铁站区与城郊产业园区协同发展研究——以京沪、京广高铁沿线城市为例》，《经济地理》，2017 年第 3 期。

后 记

2017 年以来，我国进入新时代中国特色社会主义发展阶段，2018 年又恰逢改革开放 40 周年，我国区域经济学的理论深化和实践创新都迈入一个新阶段。一方面，在党的十九大报告中，习近平总书记重点指出了我国当前经济社会发展的主要矛盾，其中发展的不平衡不充分是我国区域协调发展要解决的主要问题，区域协调发展理论需要对如何解决发展不平衡的问题给出理论上的解释，并以此作为理论深化的突破口。另一方面，党的十九大报告提出区域协调发展在实践方面的创新领域和方向，需要我们研究具体的途径与实践的方法，实践研究方面的创新更加迫切。包括：区域政策的调整与空间模式的创新相结合，将特殊区域发展战略、经济带发展战略、城市化战略、问题区域战略、陆海统筹战略纳入政策体系之中，从新机制的完善上推动区域政策的可执行性的提升。

本书总结归纳了 2017~2018 年国内外学者关注的热点，主要如下：

国际上，以 2018 年北美区域科学协会年会的学者观点为代表，很多关注人力资本、区域经济发展与不平等。多位学者对当前全球范围内的人口迁移、产业再布局和乡村社区发展问题做了深入分析，尤其是全球化背景下。对于亚洲区域经济发展，学者们更为关注空气污染、灾害防治、气候变化等生态环境与经济发展的相互影响机制。

我国学者关注的方向注重与供给侧结构性改革、贫困以及高质量发展等热点问题的结合，研究开始向理论经济学和区域政策评估方面纵深。由于国情和学科背景的差异，国内外学者的研究范式、研究方法存在较大的差异，如何西为中用、兼收并蓄将是我们这本书的任务之一。

感谢书中所列文章和图书的作者，感谢大家给区域经济学学科带来的新的学术血液和学术视野。与往年一样，这本书是我们团队合作的结果，在研读国内外主要学术著作和论文的基础上，将最新的一些热点与学术界同仁分享。

区域经济学是一个快速发展的经济学科，学术热点具有全球性和区域性，我们在书中概括不够全面、不够准确之处，请学界同仁不吝赐教。

各章分工如下：第一章，孙久文、夏添；第二章，李恒森、苏玺鉴、夏添、卢怡贤、程妍、易淑昶、林文贵、张静；第三章，夏添、易淑昶、闫昊生、卢怡贤、张静、苏玺鉴、李恒森；第四章，宋准；第五章，夏添。

孙久文、夏添

2019 年 5 月 6 日于中国人民大学